Ich laß' mein Herz in Heidelberg verloren, an eine liebe Waschbärin

zum Einjährigen Dein Pingu

Heidelberg – von Hölderlin »Mutter« genannter Sehnsuchtsort der Romantiker, ist ein Mythos, entzündet an der »idealen« Landschaft, am Zusammenspiel von Natur und Architektur und ein wenig auch geprägt von der geistigen Atmosphäre der nunmehr sechshundert Jahre alten Universität. Dieser Mythos, in Hölderlins Heidelberg-Ode endgültig formuliert, ist trotz touristischer und sanierungsbedingter Beschädigungen immer noch wirksam.

Das Lesebuch will die Metamorphosen des Mythos Heidelberg dokumentieren. Es setzt, Text und Bild einander konfrontierend, um 1800 ein, mit Goethe, Hölderlin und den Romantikern, führt über Lenau, Hebbel, Keller und Feuerbach, Stefan George, den Max-Weber-Kreis in die zwanziger Jahre und über den Nazismus in die unmittelbare Gegenwart. Bislang wenig beachtete Stadt-Bilder werden berücksichtigt, Texte von Ernst Toller, Ernst Jünger, Gustav Regler, Walter Benjamin, Joseph Goebbels, Harry Domela, Karl Jaspers, Bert Brecht, Alfred Mombert, Ernst Blass, Carl Zuckmayer, Walter Helmut Fritz, Hilde Domin und Charles Bukowski; ferner Beispiele der sich um Heidelberg rankenden Trivialliteratur.

Michael Buselmeier, geboren 1938, lebt als freier Autor in Heidelberg. Ausbildung als Schauspieler, Studium der Germanistik und Kunstgeschichte, Veröffentlichungen u. a.: *Nichts soll sich ändern* (Gedichte, 1978); *Die Rückkehr der Schwäne* (Neue Gedichte, 1980); *Der Untergang von Heidelberg* (Roman, 1981, edition suhrkamp 1057); *Radfahrt gegen Ende des Winters* (Gedichte, 1982, edition suhrkamp 1148).

insel taschenbuch 913
Heidelberg-Lesebuch

Heidelberg-Lesebuch

STADT-BILDER VON 1800 BIS HEUTE

HERAUSGEGEBEN
VON MICHAEL BUSELMEIER

INSEL VERLAG

insel taschenbuch 913
Erste Auflage 1986
Originalausgabe
© Insel Verlag Frankfurt am Main 1986
Alle Rechte vorbehalten
Text- und Bildnachweise am Schluß des Bandes
Vertrieb durch den Suhrkamp Taschenbuch Verlag
Umschlag nach Entwürfen von Willy Fleckhaus
Satz: Fotosatz Gutfreund, Darmstadt
Druck: Ebner Ulm · Printed in Germany

3 4 5 6 – 91 90 89

Heidelberg-Lesebuch

JOHANN WOLFGANG GOETHE

Heidelberg

26. August 1797

Ich sah Heidelberg an einem völlig klaren Morgen, der durch
eine angenehme Luft zugleich kühl und erquicklich war. Die
Stadt in ihrer Lage und mit ihrer ganzen Umgebung hat, man
darf sagen, etwas Ideales, das man sich erst recht deutlich machen kann, wenn man mit der Landschaftsmalerei bekannt ist
und wenn man weiß, was denkende Künstler aus der Natur
genommen und in die Natur hineingelegt haben. Ich ging in
Erinnerung früherer Zeiten über die schöne Brücke und am
rechten Ufer des Neckars hinauf. Etwas weiter oben, wenn
man zurücksieht, sieht man die Stadt und die ganze Lage in
ihrem schönsten Verhältnisse. Sie ist in der Länge auf einen
schmalen Raum zwischen den Bergen und dem Flusse gebaut,
das obere Tor schließt sich unmittelbar an die Felsen an, an
deren Fuß nur die Landstraße nach Neckargemünd die nötige
Breite hat. Über dem Tore steht das alte verfallene Schloß in
seinen großen und ernsten Halbruinen. Den Weg hinauf bezeichnet, durch Bäume und Büsche blickend, eine Straße kleiner Häuser, die einen sehr angenehmen Anblick gewährt, indem man die Verbindung des alten Schlosses und der Stadt bewohnt und belebt sieht. Darunter zeigt sich die Masse einer
wohlgebauten Kirche und so weiter die Stadt mit ihren Häusern und Türmen, über die sich ein völlig bewachsener Berg
erhebt, höher als der Schloßberg, indem er in großen Partien
den roten Felsen, aus dem er besteht, sehen läßt. Wirft man den
Blick auf den Fluß hinaufwärts, so sieht man eine große Fläche
davon zugunsten einer Mühle, die gleich unter dem unteren

Tor liegt, zu einer schönen Fläche gestemmt, indessen der übrige Strom über abgerundete Granitbänke in dieser Jahreszeit seicht dahin und nach der Brücke zu fließt, welche, im echten guten Sinne gebaut, dem Ganzen eine edle Würde verleiht, besonders in den Augen desjenigen, der sich noch der alten hölzernen Brücke erinnert. Die Statue des Kurfürsten, die hier mit doppeltem Rechte steht, so wie die Statue der Minerva von der anderen Seite, wünscht man um einen Bogen weiter nach der Mitte zu, wo sie am Anfang der horizontalen Brücke, um so viel höher, sich viel besser und freier in der Luft zeigen würden. Allein bei näherer Betrachtung der Konstruktion möchte sich finden, daß die starken Pfeiler, auf welchen die Statuen stehen, hier zur Festigkeit der Brücke nötig sind; da denn die Schönheit wie billig der Notwendigkeit weichen mußte.

Der Granit, der an dem Wege heraussteht, machte mir mit seinen Feldspatkristallen einen angenehmen Eindruck. Wenn man diese Steinarten an so ganz entfernten Orten gekannt hat und wiederfindet, so machen sie einen angenehmen Eindruck des stillen und großen Verhältnisses der Grundlagen unserer bewohnten Welt gegeneinander. Daß der Granit noch so ganz kurz an einer großen Plaine hervorspringt und spätere Gebirgsarten im Rücken hat, ist ein Fall, der mehr vorkommt; besonders ist der vom Roßtrapp merkwürdig. Zwischen dem Brocken und zwischen diesen ungeheuren Granitfelsen, die so weit vorliegen, finden sich verschiedene Arten Porphyre, Kieselschiefer usw. Doch ich kehre vom rauhen Harz in diese heitere Gegend gern und geschwind zurück und sehe durch diese Granitfelsen eine schöne Straße geebnet; ich sehe hohe Mauern aufgeführt, um das Erdreich der untersten Weinberge zusammenzuhalten, die sich auf dieser rechten Seite des Flusses den Berg hinauf, gegen die Sonne gekehrt, verbreiten.

Ich ging in die Stadt zurück, eine Freundin zu besuchen, und sodann zum Obertor hinaus. Hier hat die Lage und Gegend keinen malerischen, aber einen sehr natürlich schönen Anblick. Gegenüber sieht man nun die hohen gut gebauten Wein-

1 *J. Cousen: Heidelberg, um 1830*

berge, an deren Mauer man erst hingehen muß, in ihrer ganzen
Ausdehnung. Die kleinen Häuser darin machen mit ihren Lau-
ben sehr artige Partien, und es sind einige, die als die schönsten
malerischen Studien gelten könnten. Die Sonne machte Licht
und Schatten sowie die Farben deutlich, wenige Wolken stiegen
auf.

Die Brücke zeigt sich von hier aus in einer Schönheit, wie
vielleicht keine Brücke der Welt. Durch die Bogen sieht man
den Neckar nach den flachen Rheingegenden fließen, und über
ihr die lichtblauen Gebirge jenseits des Rheins in der Ferne. An
der rechten Seite schließt ein bewachsener Fels mit rötlichen
Seiten, der sich mit der Region der Weinberge verbindet, die
Aussicht.

Gegend Abend ging ich mit Demoiselle Delph nach der
Plaine zu, erst an den Weinbergen hin, dann auf die große
Chaussee herunter, bis dahin, wo man Rohrbach sehen kann.
Hier wird die Lage von Heidelberg doppelt interessant, da

man die wohlgebauten Weinberge im Rücken, die herrliche fruchtbare Plaine bis gegen den Rhein und dann die überrheinischen blauen Gebirge in ihrer ganzen Reihe vor sich sieht.

FRIEDRICH MATTHISSON

Elegie

In den Ruinen eines alten Bergschlosses geschrieben

Schweigend, in der Abenddämmrung Schleier,
  Ruht die Flur, das Lied der Haine stirbt;
Nur daß hier, im alternden Gemäuer,
  Melancholisch noch ein Heimchen zirpt;
Stille sinkt aus unbewölkten Lüften,
Langsam ziehn die Herden von den Triften,
  Und der müde Landmann eilt der Ruh'
  Seiner väterlichen Hütte zu.

Hier auf diesen waldumkränzten Höhen,
  Unter Trümmern der Vergangenheit,
Wo der Vorwelt Schauer mich umwehen,
  Sei dies Lied, o Wehmut, dir geweiht!
Trauernd denk' ich, was, vor grauen Jahren,
Diese morschen Überreste waren:
  Ein betürmtes Schloß, voll Majestät
  Auf des Berges Felsenstirn erhöht!

[...]

O der Wandlung! Graun und Nacht umdüstern
  Nun den Schauplatz jener Herrlichkeit!
Schwermutsvolle Abendwinde flüstern,
  Wo die Starken sich des Mahls gefreut!
Disteln wanken einsam auf der Stätte,

2 *Carl Rottmann: Heidelberg mit Blick auf die Rheinebene, 1815*

Wo um Schild und Speer der Knabe flehte,
　Wann der Schlachtdrommete Ruf erklang,
　Und sich rasch aufs Roß der Vater schwang.

Asche sind die ehernen Gebeine,
　Staub der Helden Felsenstirnen nun!
Kaum daß halbversunkene Leichensteine
　Noch die Stätte zeigen, wo sie ruhn.
Viele wurden längst ein Spiel der Lüfte,
Ihr Gedächtnis sank, wie ihre Grüfte;
　Und den Tatenglanz der Heldenzeit
　Deckt der Schleier der Vergessenheit!

So vergehn des Lebens Herrlichkeiten,
　So entfleucht das Traumbild eitler Macht!
So versinkt im schnellen Lauf der Zeiten,
　Was die Erde trägt, in öde Nacht!

Lorbeern, die des Siegers Stirn umkränzen,
Taten, die in Erz und Marmor glänzen,
      Urnen, der Erinnerung geweiht,
      Und Gesänge der Unsterblichkeit!

Alles, was mit Sehnsucht und Entzücken
      Hier am Staub ein edles Herz erfüllt,
Schwindet gleich des Herbstes Sonnenblicken,
      Wann ein Sturm den Horizont umhüllt.
Die am Abend freudig sich umfassen,
Sieht die Morgenröte schon erblassen;
      Selbst der Freundschaft und der Liebe Glück
      Läßt auf Erden keine Spur zurück.

Süße Liebe! deine Rosenauen
      Grenzen an bedornte Wüstenei'n,
Und ein plötzliches Gewittergrauen
      Düstert oft der Freundschaft Himmelsschein.
Hoheit, Ehre, Macht und Ruhm sind eitel!
Eines Weltgebieters stolze Scheitel,
      Und ein zitternd Haupt am Pilgerstab
      Deckt mit seiner Dunkelheit das Grab!

(1786)

FRIEDRICH HÖLDERLIN

Heidelberg

Lange lieb ich dich schon, möchte dich, mir zur Lust,
Mutter nennen, und dir schenken ein kunstlos Lied,
      Du, der Vaterlandsstädte
      Ländlichschönste, so viel ich sah.

Wie der Vogel des Walds über die Gipfel fliegt,
Schwingt sich über den Strom, wo er vorbei dir glänzt,
Leicht und kräftig die Brücke,
Die von Wagen und Menschen tönt.

Wie von Göttern gesandt, fesselt' ein Zauber einst
Auf die Brücke mich an, da ich vorüber ging,
Und herein in die Berge
Mir die reizende Ferne schien,

Und der Jüngling, der Strom, fort in die Ebne zog,
Traurigfroh, wie das Herz, wenn es, sich selbst zu schön,
Liebend unterzugehen,
In die Fluten der Zeit sich wirft.

Quellen hattest du ihm, hattest dem Flüchtigen
Kühle Schatten geschenkt, und die Gestade sahn
All ihm nach, und es bebte
Aus den Wellen ihr lieblich Bild.

Aber schwer in das Tal hing die gigantische
Schicksalskundige Burg, nieder bis auf den Grund
Von den Wettern zerrissen;
Doch die ewige Sonne goß

Ihr verjüngendes Licht über das alternde
Riesenbild, und umher grünte lebendiger
Efeu; freundliche Wälder
Rauschten über die Burg herab.

Sträuche blühten herab, bis wo im heitern Tal,
An den Hügel gelehnt, oder dem Ufer hold,
Deine fröhlichen Gassen
Unter duftenden Gärten ruhn.

(1800)

3 Peter Friedrich von Walpergen: Die Schloßbleiche, 1792

Anonym

Hunde auf den Straßen

Man hat bemerkt, daß sowohl die Metzgers- als andere Hunde ohne alle Begleitung den ganzen Tag auf der Straße herumlaufen und nebst den dabei entstehenden Unanständigkeiten die Vorübergehenden nicht selten in Verlegenheit und selbst in Gefahr setzen, von solchen beschädigt zu werden. Es wird daher bekannt gemacht, daß diejenigen, welche ihre Hunde nicht zu Hause halten, sondern ohne alle Begleitung auf den Straßen herumlaufen lassen, ohne Rücksicht jedesmal mit einer Strafe von 30 Kreuzern belegt werden sollen.   *(Heidelberg, 25. Juni 1804)*

LUDWIG UHLAND

Auf dem Schlosse zu Heidelberg

Ihr grauen Ahnenbilder seid gegrüßt,
Ihr Monumente an der Vorwelt Grab!
Wie über euch der Wolken Strom entfließt,
So ziehn die Alter unter euch hinab.

Sie wandeln hin; die Richterwaage tönt,
Und manches Urteil hallt im Zeitenlauf;
Ihr aber steht an eure Burg gelehnt
Und schaut zum Himmel still und ruhig hinauf.

(1804)

CLEMENS BRENTANO

*Lied von eines Studenten Ankunft
in Heidelberg.*

Im achtzehnhundertsechsten Jahr
Der sechsundzwanzigst' Juli war
Für mich ein schöner Reisetag,
Mein Bündlein leichter auf mir lag,
Ein Säbel oben drüber hing,
Ganz froh ich durch die Bergstraß' ging,
Und sah mich ganz vergnüget um
In Gottes Welt, dem Heiligtum,
Die Berge rechts mit Wein bekränzt,
Die Ebne links wie Gold erglänzt,
Von mancherlei Frucht und Getreid',
Darin viel schwäb'sche Schnittersleut',
Die Sonn' sank nieder überm Rhein,
Gab Himmel und Erd' ein' schönen Schein,

Die Wölklein, die am Himmel schwammen,
Die zogen gülden sich zusammen,
Ein warmer Regen goß herab,
Den wart' ich unterm Nußbaum ab,
Ein Bäuerlein trat auch darunter
Und grüßt mich da ganz froh und munter:
»Ein' guten Abend, ein' gute Zeit,
Wohin geht noch die Reise heut'?«
»Nach Heidelberg, bin ein Student,
Von Jena komm ich hergerennt,
Die Sonn' sich neigt, hab ich noch weit?«
Der Landmann sprach: »Nehm' er sich Zeit,
Ein' kleine Stund'; dort um die Eck',
Da schaut es ihm entgegen keck.«
Da bot ich ihm ein' gute Nacht
Und hab' mich auf den Weg gemacht.
Und da ich um die Ecke bog,
Ein kühl' Lüftlein mir entgegenzog,
Der Neckar rauscht aus grünen Hallen
Und gibt am Fels ein freudig Schallen,
Die Stadt streckt sich den Fluß hinunter,
Mit viel Geräusch und lärmt ganz munter,
Und drüber an grüner Berge Brust,
Ruht groß das Schloß und sieht die Lust,
Und da ich auf zum Himmel schaut,
Sah ich ein Gotteswerk gebaut,
Vom Königstuhl zum heil'gen Bergesrücken
Sah ich gesprengt eine goldne Brücken,
Sah ich gewölbt des Friedens Regenbogen,
Und sah ihn wieder in Flusses Wogen.
Da war er doch nicht also klar,
Der wilde Fluß zerriß ihn gar,
Gab mir so recht ein Beispiel breit
Von Gottes Fried' und Menschenstreit.
Und wie ich denk' und seh' in Fluß,

4 *Clemens Brentano, Büste von Friedrich Tieck, 1803*

Da fällt ein schwerer Kanonenschuß,
Frau Echo murrt im Tal noch lang,
Da hebt sich aber ein froher Klang,
In allen Türmen die Glocken schwanken,
Beginnen ein hell harmonisch Zanken,
Da war mein Herz mir ganz bewegt,
All Bangigkeit ich von mir legt,
Den Sinn in freud'gen Ernst gestellt
War mir's beinah als einem Held,
Tat auch den Säbel um mich schnallen,
Ein' Efeukranz vom Hut ließ wallen,
Und grüßte froh die werte Stadt,
Die mein Ahnherr besungen hat,
Mir war, als wär' das Läuten und Schießen
Für mich ein freudiges Begrüßen,
Mein Herz auch ganz in Jugend sprang,
Und erzittert im hellen Glockenklang,
Da eilt' ich schnell, sah nicht zurück,
Bis auf die kühne Neckarbrück',
Dragoner fragten sehr höflich
Um meinen Stand und Namen mich.
»Opitz von Boberfeld, Student«,
– »Passiert!« – ich macht ein Kompliment.
Und auf der Brücken, die fest und rein,
Sah ich zwei künstlich Bild' von Stein,
Frau Pallas schaut ernst ins grüne Tal
Mit vier Fakultäten allzumal,
Ich tat sie höflich salutieren
Und meinen Säbel präsentieren,
Steckt ihn doch wieder ein gar schnell
Als ein bescheidener Gesell
Beim zweiten Bild, gleich an dem Tor,
Dem verstorbnen Fürst, Karl Theodor.
Mein Bündel legt ich ab im Hecht,
Der Wirt, der Kellner und Hausknecht

Erquickten mich auf alle Weis'
Mit Wasser, Wein und guter Speis'.
Nach Tisch konnt ich nicht sitzen bleiben,
Wollt mich noch durch die Stadt 'rumtreiben,
Es fiel ein heller Mondenschein
Gar lockend in die Straßen ein;
Viel Volks sah ich herummerschweifen,
Den einen singen, den andern pfeifen,
Viel Jungfern, sich in Arm gehängt,
Kamen da auf und ab geschwenkt,
Auf einmal geht es an ein Laufen,
Sie rennen sich gar übern Haufen,
Stehn auf und hören's gar nicht an,
Spricht einer: »Hab's nicht gern getan!«
Einen Trompeter hört man blasen,
Musik sticht ihnen in die Nasen,
Da lauf ich immer hintendrein
Bis zu dem Mitteltor hinein,
Da steht gedrückt ein großer Klumpen
Von Mägd' und Knechten, die sich stumpen,
Ein' lebend'ge Schanz, von Leuten dick,
Drückt rings sich um die Nachtmusik.
Am Wachthaus schleich' ich mich heran
Und komm auf einen weiten Plan,
Da war mir's wohl, da hört ich's schallen,
Von hohen Häusern widerhallen,
Oben über eine andre Welt
Grüne Berge herum gestellt,
Fagott und Flöt' und Klarinetten
Beginnen da ein lieblich Wetten,
Die süßen Pfeifen drumher schleifen,
Trompeten scharf in die Nacht eingreifen,
Waldhorn bald fern, bald nahe ruft,
Musik schwamm selig in Sommerluft.
[...]

Und wie ich gen die Brücke schaut,
Hört ich den Neckar rauschen laut,
Der Mond schien hell zum Tor herein,
Die feste Brück' gab klaren Schein,
Und hinten an der grüne Berg!
Ich ging noch nicht in mein' Herberg,
Der Mond, der Berg, das Flußgebraus
Lockt' mich noch auf die Brück' hinaus.
Da war so klar und tief die Welt,
So himmelhoch das Sterngezelt,
So ernstlich-denkend schaut' das Schloß,
Und dunkel, still das Tal sich schloß,
Und ums Gestein erbraust' der Fluß,
Ein Spiegel all dem Überfluß,
Er nimmt gen Abend seinen Lauf,
Da tut das Land sich herrlich auf,
Da wandelt fest und unverwandt
Der heil'ge Rhein ums Vaterland,
Und wie ans Vaterland ich dacht',
Das Herz mir weint', das Herz mir lacht',
Setzt' nieder mich auf einen Stein,
Als wär' ich auf der Erd' allein.

(1806)

CLEMENS BRENTANO

An Sophie Brentano-Mereau

Heidelberg, 15. August 1804

Liebe Herzensfrau!

[...] Ich habe eine schöne Wohnung gemietet, es wird Dir
hier wohl sein, die Natur ist wunderschön, die Menschen froh,
Tanz und Sang vor allen Türen, es wird uns sehr wohl werden.
Ich logiere bei Creuzer, der Dich grüßt, die Günderode ist seit

gestern hier, sie grüßt Dich, morgen reise ich zu Dir, übermorgen küsse ich Deinen Leib, das Herz pocht mir, wenn ich es sage, o Sophie, Du sollst gewiß noch froh werden, erhalte mich im Herzen.

CLEMENS BRENTANO

An Achim von Arnim

Heidelberg, 2. April 1805

Heute habe ich Deinen zweiten fröhlichen Brief, von dem Troubadour begleitet, Deinen vorigen wollte ich alle Augenblicke beantworten. Dieser mein Brief nun redet vor allem an Dich, in baldiger umgehender Antwort mir Deine Abreise von Berlin bestimmt anzumelden. Mein Plan ist nämlich, Du sollst Ende April hier eintreffen, ein paar Tage hier sein und dann nach Frankfurt mit mir gehen, bis Sophie niedergekommen ist. Dann eilen wir hierher zurück, und Du hältst mein Kind zur Taufe. Hier, mein Lieber, schwätzen die Bäume schon ganz anders als in Pistors Garten, hier ist schon von mehr als Knospen, hier ist schon von Blüte und Blatt die Rede. Auf! auf! ermuntere Dich, breche auf, ehe die Knospen bei euch aufbrechen. Ich lege Dir hier ein Stück Frühlingslied aus der Trutznachtigall des Jesuiten Spee 1696 her. [...]

Dieser Mann ist ein Dichter, mehr als mancher Minnesänger, ich will ihn herausgeben, er soll uns vieles zu den Volksliedern bieten. [...] Daß Dir Andreas Gryphius lieb geworden ist, freut mich, das ist *per sympathiam*. Ein paar Szenen aus dem vortrefflichen Cardenio, beinahe unverändert, hat meine Frau bereits in ihre Bunte Reihe, die Ostern erscheint, eingerückt und hat, um Dich zu zwingen, Deine Privataussage einst öffentlich zu halten, in ihrer Vorrede gemeldet, daß Du das Ganze bearbeiten würdest. [...] Alle mir gemeldeten Liedersammlungen bringe mit, wir wollen sie zu den Volksliedern ausziehen. In

5 *Titelblatt des zweiten Bandes der Liedersammlung*
»Des Knaben Wunderhorn«, Heidelberg 1808

Weimar wird den 15. April Herders Bibliothek versteigert, die der unbekannteren besseren Dichter jener Zeit einen Schatz enthält: da wir uns mit unseren Kommissionen leicht kollidieren können, so rate ich Dir, keine Aufträge zu geben, ich will für Dich und mich kaufen, und wir wollen redlich teilen und mitteilen. Daß der englische Kasten da ist, heisa Viktoria! schreibe mir den Inhalt der Arche, daß ich die Opfertiere auswähle. Deine Gitarre könntest Du, da sie doch ein unbeholfenes Reiseorchester ist, zurücklassen, Du findest hier zwei; es sei denn, daß Du Dein Reuterlied unterwegs als eine Ermunterung der Pferde exerzieren wolltest, und eile so schneller zu uns! Ich mache gewissermaßen die Augen gar nicht auf vor dem bereits hereinbrechenden Frühling, der mir nur ein vorbereiteter Triumphbogen ist, unter dem mein Kind und sein Genius, Du, und das Leben zusammentreffen sollen. […] Einer meiner lebendigsten und liebsten literarischen Pläne ist eine fortlaufende Zeitschrift für deutsche Volkssage. In einem Zirkular werden Prediger und andere taugliche Männer bestimmter Distrikte zur Einsendung der Sagen an ein Hauptbureau aufgefordert. Durch Hessen, Schwaben und den Rhein habe ich und andere Bekannte genug, die sich wie einzelne Wurzelzweige wieder zerfasern können, die Sage einzusaugen; im Norden mußt Du anspinnen. Alles Eingesandte wird geordnet, der Stiel und Stil werden weggeworfen und die Sache so kurz gesagt, als der Artikel eines Wörterbuchs; sooft eine gehörige Anzahl da ist, wird ein Band wohlfeil gedruckt. […] In Koch Literatur II S. 99 steht der Anfang einer Partie älterer interessanter Volkslieder, die er besitzt. Sieh zu, ob Du sie von ihm erhalten kannst, und laß abschreiben. Vieles könnte ich Dir noch schreiben, aber ich habe soeben in meinem Haushof auf einer Matraze in der Sonne gelegen; über mich wälzen sich ein halbes Dutzend Kinder herum; das alte Schloß, zu welchem ich kaum ein paar hundert Schritte habe, guckt mich zugleich an, und so habe ich eine Art von Sonnenstich erhalten an einem Sonnenstrahl auf der Matraze, ich bin noch so dumm im Kopfe! Aber nun adieu für heut! schreibe gleich, daß Du gleich kommst. Was sitzst Du länger in Berlin? komme in dies schöne Land, es ist hier schön, unbegreiflich schön!

CLEMENS BRENTANO

An Achim von Arnim

Heidelberg, 1. Juni 1806

Bester Bruder!

> Auf einen Pfingsttag es geschach,
> Daß man die Wälde und Felde sach
> Schön lustig stehen mit Laub und Gras
> Und mannich Vogel lustig was

und ich in Heidelberg Kirschen aß! Kirschen, lieber Junge, Kirschen! welche Du in Göttingen, der Tebel hol mer, so artlich in die Schnautze stecken kunntest, daß ich Dir oft mit großer Liebe nach dem Maul sah. Warum bist Du nun nicht hier? Ich habe mit meiner Frau Pfingsten einen herrlichen Spaziergang gemacht. Um drei Uhr morgens über Ziegelhausen und Schönau durch ein überirdisch schönes Tal nach Neckarsteinach, wo in einem Halbkreis um den Fluß auf einem Bergrücken vier wunderschöne alte Ruinen lauern. Vier Brüder, die Landschaden von Steinach genannt, erbauten sie, der die vierte baute, muß ein seltsames Genie gewesen sein. Sie hängt wie eine Auster an dem steilen Fels und ist inwendig so nett und fest und eng und rein wie aus einem Stück geschnitten. In der Kirche stehen die vier Landschaden in Stein, jeder eine Harfe an seiner Seite, denn sie hießen eigentlich Harfenberger und erhielten ihres großen Raubens wegen den Namen Landschaden, und zwar offiziell vom Kaiser. Übrigens haben sie Friedrich dem Siegreichen von der Pfalz immer treu gedient und bei der »ungeheuren« Schlacht von Seckenheim waren sie auch. Ich habe dort etwas erlebt, was am Rhein nicht zu finden ist, Gesang und Unschuld. Auf einem der Schlösser saßen sechs Mädchen auf einem flachen Turm, der weit über den Neckar und alle Berge hinsieht, und sangen in reinem, gleichem Orchesterton eine Reihe schöner Lieder in das sonnige Land hinaus. Ich setzte mich zu ihnen und bat sie, sich nicht stören zu lassen. Sie machten keine Miene und sangen herrlich weiter; die Lieder, die ich · wollte, sagten sie mir ruhig her. Da ich ihnen meine Freude über ihren Gesang erklärte, sagten sie: »Sie sind auch recht in die wahre Kitte gekommen«; Kitte, Kette von Rebhühnern. In dem anderen Schlosse hatte ich eine Szene, wie wir im Rüdesheimer, nur trauriger. Das Meckern einer Ziege führte mich in ein Gewölbe. In der Mitte stand ein Bett, eine rüstige alte Frau stand schnell auf und sprach wunderlich geschwind und leise, es war, als sei sie eine Hexe: »Hier in diesem Bett hat mein verstorbener Mann vier Jahre krank gelegen. Fünfzehn Jahre bin ich hier oben, mein Mann war ein Schuhflicker, aber ich hab nie seit der Zeit ein paar Schuh angehabt.« Ich fragte sie, ob sie keine Lieder wisse? sie sagte: »Ich habe acht Kinder gehabt, fünf tot geboren, zwei sind gestorben, und das ich noch habe, ist ein Stumm.« Ich fragte sie abermals, da sagte sie schnell

> Ich hab ein Hirsch geschossen,
> Davon hab ich ein' Hosen,
> Und wann ich die zerreiß,
> Schieß ich sie dutzendweis.

Da ich sie fragte, was die vielen Kreuze hintern Stubenofen bedeuteten, klagte sie, daß alle Nacht ein schwarzes Gespenst sich dort sehen lasse. Wir verließen sie, und ich dachte Deiner, denn dicht neben dem Schloß steht einsam und allein in der ganzen Gegend eine ungeheure Kiefer. Dieser Dein herrlicher vaterländischer Baum wird Dir zu sehen viel Freude machen.

6 Achim von Arnim, Gemälde von E. H. Ströhling

ACHIM VON ARNIM

An Bettina Brentano

Heidelberg, 6. Februar 1808

[...] Ich bin heute einsam den Heiligen Berg hinaufgestiegen zu den Mauern, die nichts umschließen und nichts bedecken, und wollte da die Natur suchen, »an der keine Menschenhände sichtbar sind, wo Gottes Hand alles gemacht haben soll«, von der Du mir schreibst. Und ich sah alle Ufer der Ströme und das Land zwischen den Bergen, und ich sah in die Berge, wo sie herkamen, wo die Wege sich verloren, und alles war voll Menschenwerk, die Bäume waren von Menschenhand gesäet, die Steine gesammelt, die Flüsse gelenkt, und ich sah Gottes Hand in der Hand des Menschen, der sein Ebenbild ist – verachte den Menschen nicht und was er geschaffen: denn was ganz menschlich ist, das ist auch ganz göttlich, und das ist das Gesetz, was mehr ist als die Übertretung. Auch die Natur ist nur gegen den wahr, der sie kennen will; dieses Lernen in Demut ist das Glauben ohne Sehen: aber glaubet, so werdet ihr sehen. O ihr armen Eingesperrten, die ihr aus der Natur nichts als eine Verachtung gegen das heilige Alltägliche mitbringt, was euch umgibt, und die ganze Qual ewiger Betrachtung über euch, die Gott in seinem Schöpfungswerke selbst in Verlegenheit setzt, weil er ihm unwillkürlich zuruft: wird es denn nichts weiter, wie hab ich das schon besser gedacht. Das alles ist wiederum keine Strafrede, es kann nur so sein und soll nur zeigen, wie empfänglich ich bin für alles Unmittelbare, was in der Welt vorhanden, was da nichts will, sondern nur durch sein Dasein in der Welteinigkeit ganz und vollständig vorhanden, das in seiner Liebe alle erkennt.

JOHANN HEINRICH VOSS

An Schmeelke

Heidelberg, 5. November 1809
Ich tauche aus dem kritischen Meerstrudel hervor, wo ich Perlen für Tibull fische, um Ihnen zu danken für den herzlichen Brief, wobei mir, als wir ihn unter dem blühenden Holunder lasen, die Augen naß wurden. Gern denken wir des Lebens in Otterndorf vor dem Quartanfieber, am liebsten des Umgangs mit dem treuen Schmeelke und seiner Frau. Ich vergesse es Ihnen nicht, daß Sie mir, mir Einsamen zu Gefallen, sogar meine Grübeleien anhörten und sich über den Fund der homerischen Tür mit freuten. Aus dem gutherzigen Rektorhause mit dem Gärtchen, worin Sie so oft unsers Glücks sich freuten, wer hätte geglaubt, daß mich der liebe Gott einmal nach Heidelberg in ein solches Haus und solchen Garten versetzen würde, um bei einer zwiefachen Pension meine übrigen Tage ganz frei den Wissenschaften zu verleben? Könnten wir doch einmal unsern teilnehmenden Jugendfreund hier einige Wochen beherbergen und in den paradiesischen Gegenden des Rheins und des Neckars herumführen! Der Herzog von Oldenburg sagte mir auf der Durchreise, er kenne in Deutschland nichts so Schönes als Heidelberg; und alle Heidelberger gestehen, daß wir in Heidelberg das gesündeste, bequemste und freundlichste Haus bewohnen. Wenn Sie bald wieder schreiben, so soll Ihnen mein Hans einen Riß von Haus, Hof und Garten machen. Unter den gepflanzten Bäumen ist ein Gravensteiner; eine norddeutsche Winterbergamotte, die der Pfälzer nicht kennt, hoffe ich auch noch zu bekommen. Von Pfirsichen, die man hier größtenteils wild, als freistehende Bäume hat, habe ich edle Sorten aus Darmstadt an meine gegen Süden blickende Mauer gepflanzt, und darunter baue ich Melonen, wie Gurken, selbst ohne Glasglocken. Zwei Sommer habe ich weit über hundert reif erhalten, und dies ungünstige Jahr doch über fünfzig.

Einzug in Heidelberg

Doch da sie jetzt um einen Fels sich wandten,
Tat's plötzlich einen wunderbaren Schein,
Kirchtürme, Fluren, Fels und Wipfel brannten,
Und weit ins farbentrunkne Land hinein
Schlang sich ein Feuerstrom mit Funkensprühen,
Als sollt' die Welt in Himmelsloh'n verglühen.

Geblendet sahen zwischen Rebenhügeln
Sie eine Stadt, von Blüten wie verschneit,
Im klaren Strome träumerisch sich spiegeln,
Aus lichtdurchblitzter Waldeseinsamkeit
Hoch über Fluß und Stadt und Weilern
Die Trümmer eines alten Schlosses pfeilern.

Und wie sie an das Tor der Stadt gelangen,
Die Brunnen rauschend in den Gassen gehn,
Und Hirten ferne von den Bergen sangen,
Und fröhliche Gesell'n beim duft'gen Wehn
Der Gärten rings in wunderlichen Trachten
Vor ihrer Liebsten Türen Ständchen brachten.

Der Wald indes rauscht von uralten Sagen,
Und von des Schlosses Zinnen über'm Fluß,
Die wie aus andrer Zeit herüberragen,
Spricht abendlich der Burggeist seinen Gruß,
Die Stadt gesegnend seit viel hundert Jahren
Und Schiff und Schiffer, die vorüberfahren.

In dieses Märchens Bann verzaubert stehen
Die Wandrer still. – Zieh' weiter, wer da kann!
So hatten sie's in Träumen wohl gesehen,

Und jeden blickt's wie seine Heimat an,
Und keinem hat der Zauber noch gelogen,
Denn *Heidelberg* war's, wo sie eingezogen.

(*1855*)

JOSEPH VON EICHENDORFF

Aus den Tagebüchern

17. Mai 1807

Endlich, um 4 Uhr morgens, fuhren wir mit Herzklopfen durch das schöne Triumphtor in Heidelberg ein, das eine über alle unsere Erwartung unbeschreiblich wunderschöne Lage hat. Enges, blühendes Tal, in der Mitte der Neckar, rechts und links hohe felsichte, laubichte Berge. Am linken Ufer Heidelberg, groß und schön, fast wie Karlsbad. Nur eine Hauptstraße mit mehreren Toren und Märkten. Links, überschaut von dem Abhange eines Berges, die alte Pfalzburg, gewiß die größte und schönste Ruine Deutschlands, majestätisch die ganze Stadt. Alles schlief noch. Nur Studenten, wie überall gleich zu erkennen, durchzogen mit ihren Tabakspfeifen schon die Straßen. Wir kehrten im Karlsberge auf dem Paradeplatze ein und legten uns noch einige Stunden schlafen. Zu Mittag an dem glänzenden Table d'hote, wo über 30 Studenten, auch frei, aber artiger und galanter als die Hallenser, speisten. [...] Nachmittags bestieg ich zum ersten Male den Heiligen Berg, dessen untere Hälfte mit Weingärten, die obere mit Laubholz bedeckt ist..., und obschon ich mich so verirrte, daß ich durchaus den Gipfel nicht erreichen konnte, so genoß ich doch die himmlische Aussicht ganz unten auf die ganze Stadt, vor mir auf eine unendliche schimmernde Ebene, die sich bis Frankreich hin erstreckt, in der sich die Türme von Mannheim erheben, und die vom Rhein, wie von einem Silberfaden durchschnitten, und rechts von den blauen Rheingebirgen begrenzt wird. Gen Abend die

7 *Joseph von Eichendorff, Jugendbildnis von Joseph Raabe, 1809*

Wirtstöchter in dem Gärtchen unter unseren Fenstern kokettierend zur Gitarre bekannte Lieder gesungen, die in mir alte Erinnerungen erweckten. Abends wieder im Saale gespeist, wo wir Bekanntschaft mit mehreren Studenten machten. Burschenlieder bis spät. Pereat dem Napoleon gebracht.

18. Mai 1807

Nachmittags schwärmte ich oben in dem paradiesischen Hofgarten herum, wo sich eine Terrasse über der anderen erhebt, voll Alleen und Brunnen, Klüften… und durchkroch alle Treppen und Winkel der alten herrlichen Burg. Eine Brücke über ein blühendes Tal führt durch ein antikes Tor in einen weiten gepflasterten Hof. Zwei Hauptgebäude, eines von Friedrich, eines von Otto Heinrich, voll alter Statuen. Herrliche Altane, von wo man die ganze Stadt übersieht. Alter Turm, dessen eine Hälfte abgerissen und gesunken, so daß man in alle Gewölbe sieht. Herrlich, himmlisch.

19. Mai 1807

Von 11 bis 12 bei Prof. Görres über den Himmelsbau hospitiert. Blaß, jung, wildbewachsen, feuriges Auge, fast wie Steffens, aber monotonen Vortrag. Nach dem Kollegium führte uns H. Julius bei ihm auf, wobei wir uns lange über Steffens und über die Franzosen (er wahr und witzig) unterhielten. […] Darauf in unser eigentliches Logis – Prinz Karl (Aussicht auf die Burg) – umgezogen.

21. Mai 1807

Gen Abend Musik im Schloßgarten, die ich über dem Garten auf dem Berge, rauchend auf und ab wandelnd, genoß. Himmlische Aussicht bei Sonnenuntergang (nirgends so schön) in das ferne himmlische Tal, ganz in rosigem Duft schwimmend, der lieblich an den Ruinen der Burg schimmert, aus der die Töne durch die Berge hallen.

28. Mai 1807

Früh feierliche Fronleichnamsprozession, die durch alle Gassen zog, wobei sich die kleinen Fahnenträger, die Manöver der Bürgerwehr und der Donner der Kanonen von den Bergen in das Glockengeläute sehr herrlich ausnahmen. Abends mit Julius oben im Schloßgarten bei Bier und Tabak disputiert. Schiff mit Musik den Neckar hinunter. Kanonen, die in dem Tale vier- bis fünfmal widerhallten. Jauchzen von allen Bergen in der Abenddämmerung.

1. Juni 1807

... Abends im Karlsberge mit der sämtlichen Schauspielergesellschaft aus Mannheim gespeist (die Aktricen ziemlich unausstehlich), nachdem ich vorher einer Steinstürmung des Tores durch Studenten beigewohnt.

3. Juni 1807

... Abends im Karlsberge. Um diese Zeit auch fürchterliche Massakre zwischen der Wache und Studenten im Schwetzinger Garten, wo letztere gegen den Großherzog renommiert hatten. Ein Student bekam dabei einen Bajonettstich und mußte heimgefahren werden.

11. Juni 1807

Wir beide mit Julius abends jenseits am Neckar herab spazieren gegangen. Der mondschimmernde Neckar, das dunkle Tal, der Mond über den Bergen und die vielen Johanniswürmchen wie kleine Sterne, herrlich.

21. Juni 1807

Ich und Wilhelm frühzeitig auf der Burg. Herrliche Aussicht von der Altane in den schönen Morgen. Die Ruinen durchkrochen, sowie auch den unterirdischen Gang, der unter dem Nekkar bis zum Heiligen Berge fortgeht. Der herrliche Garten noch leer und still erblühend. Unter der Brücke in dem engen Tale Schlegels Almanach gelesen.

8 *Schloßaltan mit Friedrichsbau, Andenken-Teller, um 1820.*

29. Juni 1807

Gen Abend mit zur Kirchweih nach Neuenheim. Es wurde heute in dem schönen Saale bei der Base getanzt. Großes Ballgewimmel. [...] Liebesszenen unten im Garten. Nach 10 Uhr gingen wir ermattet wieder nach Heidelberg zurück.

1. Juli 1807

Zogen wir schon früh um 4 Uhr aus unserem alten Quartiere (»Prinz Karl«), wo wir also einen Monat gestört und ziemlich unangenehm gewohnt hatten und 111 Gulden hinterlassen mußten, in unsere neue Wohnung in der Mannheimer Vorstadt beim Bäcker Förster, wo in den neun unteren sommrigen Stuben ein schöneres, stilleres und fleißigeres Leben begann.

9. Juli 1807

Zeigte uns Görres in der ästhetischen Stunde die vier himmlischen Kupferstiche von Runge, die diesmal den Preis in Weimar erhalten. Arabesken. Unendliche Deutung.

10. Juli 1807

Abends mit Wilhelm zum ersten Male im Neckar geschwommen. Unzählige Steine auf dem Grunde von dem zersprengten Turme, über dessen Ruinen man hinab- und hinaufklettert. Tiefer Keller unter dem Wasser. Am jenseitigen Ufer in Neuenheim schoß und spektakelte ein Haufen Studenten fürchterlich.

11. Juli 1807

Nachmittags ich allein wieder im Neckar geschwommen, in dem heute die halbe Universität nackt wimmelte. Die mittendurchschiffenden Philister nach Neuenheim.

20. Juli 1807

[...] Heute war auch der Tag, wo der hiesige Erbgroßherzog das erstemal nach seinem jetzigen Feldzuge wieder Heidelberg besuchte. Bald nachmittags sprengten Trompeter in der Stadt herum, um die Bürgerschaft zusammenzurufen, die denn auch später zu Pferde und in reicher Uniform dem Großherzog entgegenritt. Darauf gingen wir beide hinauf in den Schloßgarten, wo man die hohen Herrschaften mit einem Konzert empfangen wollte. Gen 7 Uhr abends endlich kam der Zug von drei Sechsspännern, begrüßt von dem Donner der Kanonen, die von allen Bergen gelöst wurden, als der Erbgroßherzog das Tor von Heidelberg erreichte und eskortiert von den reitenden Bürgern und Kurieren, die vorn und hinten und zur Seite herumsprengten. Am Gartentore, wo ich stand, stieg alles aus und defilierte an mir vorbei. Der Erbgroßherzog, ein junger schöner und kräftiger Mann. Die Herzogin Stephanie fast zu frech. Der französische Abbé mit dem schwarzen Käppchen. Später kam auch die Markgräfin, eine würdige Dame. Die hohen Herrschaften saßen während des Konzerte in der Mitte in einem umzäunten Kreise. Nach dem Konzerte wurde die alte Burg durch innen angemachte große Flammen erleuchtet, welches allgemein überraschte und durch die dunkle Nacht einen fürchterlichschönen Anblick gewährte. Darauf soupierte der Hof in einer offenen erleuchteten Laube; ich aber balancierte dermaßen mit dem Livländer Baron v. Brunnow auf einem Stuhle, daß ich den ganzen Tisch übersehen konnte, wobei denn besonders die Augenkoketterie und das schmachtende Herzandrücken der Stephanie sehr notabel.

25. Juli 1807

Kam der König von Württemberg, der den Napoleon in Frankfurt salutiert hatte, nach Heidelberg. Ich ging daher in den Karlsberg, wo er übernachtete, und sah ihn dort absteigen. Echte Karikatur. Dicker Kopf, noch mit zwei Locken verziert. Ungeheuerer Bauch in Bandagen, sonderbar herabhängend. Kurze Beinchen. Grüner Frack, kurze Stiefeln. Großes Getümmel von Kammerhusaren und Kurieren.

13. September 1807

[...] Nachmittags ergriffen wir, um doch den sonst immer so fröhlichen Ablaßtag nicht ganz ungefeiert zu lassen, Hut und Pfeife und gingen allein über Haarlaß, Stift Neuburg und das lange Ziegelhausen immer fort und fort auf Lubowitz zu in das enge, dunkle Felsental hinein. Die schönen Gärten mit fast unglaublichem Obste und samtnen Rasen, die langen Windungen des Tales, die dunklen Felsschluchten und die Waldmühle, die einsam am Felsen steht, ergötzten uns sehr. Unter einem Steinbruche, wo man eine herrliche Aussicht auf die runde, lieblich bebaute und ganz zum Malen geschaffene Bergkuppel über Ziegelhausen hat, streckten wir uns am Neckar hin und schauten, dicht von Felsen eingeschlossen, über die Berge hinüber nach Lubowitz, wo man eben jetzt ohne uns fröhlich war. [...]

20. September 1807

Heute nachmittag, als an dem Tage der heiligen Kirchweih in Lubowitz, gingen wir beide allein, durch Erinnerungen und Clara du Plessis romantisch, zum ersten Male zum Wolfsbrunnen. Mit wunderbaren Gefühlen gingen wir über die linken Berge durch Gärten, Sträucher und enge Felsenpfade, mit der immerwährenden Aussicht auf das liebliche Neckartal unter uns und die gegenüberstehenden flaumig belaubten Berge, bis sich endlich der Weg senkte und uns das unbeschreiblich einsame Tal des Wolfsbrunnens in seine ganz eigene magische dunkle Stille aufnahm. Ein kleines uraltes steinernes Haus nebst einem ebenso alten, ganz schwarzen Springbrunnen steht bedeutungsvoll am Eingange in dieses Feental, wo der gehörnte Siegfried auf der Jagd von einer Prinzessin erschossen worden und andere altdeutsche Märchen ruhen. In dem alten Hause war alles öde und still; nachdem wir aber einigemal gegen die Türe Sturm gelaufen waren, erschien endlich ein kleines Mädchen, das uns den Eingang zu den ausgemauerten Bassins, in die der klare Wolfsbrunnen aufgefangen wird, und die sich terrassenförmig übereinander erheben, eröffnete. Hier standen wir nun, im Hintergrunde rings von fast ganz kahlen grauen Bergen umschlossen, auf demselben Orte, wo Clara stand, als sie ihren Clairant wiedersah, und fütterten mit Brotkrumen die Forellen, die größtenteils Riesen in ihrer Art sind. Darauf verließen wir mit wahrer Rührung diesen merkwürdigen Ort wieder, dessen tiefste Einsamkeit mit einer ganz eigenen großen Bangsamkeit fast das Herz erdrückt. Es war ein trüber Tag, und der Himmel lag schwer und dunkel auf den Bergen.

15. November 1807

Nachmittag auf den jetzt öden Bergen, wo sich die vielen Fußsteige teilen, allein spazieren gewesen. Darauf zu Budde und Strauß, wo ich den Grafen von Löben (Isidorus) aus Dresden kennen lernte. Wunderbar poetische Natur in stiller Verklärung. Philosophische Gespräche. Kurzer Spaziergang nach Haarlaß zu.

9. Januar 1808

Gab die Heidelberger Bürgerschaft den Studenten einen großen Ball, wozu auch wir Billets bekamen. Wilhelm ging hin. Ich blieb zu Hause und las Manuskripte von Isidorus. Wunderbar zogen sie mich in ihre innerste Mitte, und die göttlichen Flammen schlugen über mir zusammen. Meine Sonette an Isidorus. Erst um 1 Uhr legte ich mich nieder, während die Straße von Fackeln und Ballwagen wimmelte.

2. Februar 1808

[...] Auflösung des Kollegiums für heute. Daher Spaziergang mit Isidorus bei mildem Frühlingswetter nach Neuenheim zu, wo wir H. v. Arnim begegneten. Grüner polnischer Pelz. Groß, schön und bedeutend. Spät abends noch mit Budde von der Brücke die himmlische Mondscheingegend besehen.

10. März 1808

An einem blauen Frühlingsnachmittag mit Isidorus über die Berge nach Neckargemünd zu spazieren gegangen. Mappe in der Felsenkluft versteckt. [...] Nicht ohne martialische Curaggi klimmten wir daher sämtlich keuchend auf dem steilsten Felsenpfade den nächsten Berg hinan. Mühsame Irrgänge über die noch beschneiten Berge. Engelswiese. Himmlische Aussichten dazwischen auf das Heidelberger Tal. Von der Brücke den Sonnenuntergang betrachtet. Feuersäule im Neckar und Orangenduft.

29. März 1808

Schloß abends Görres von einem zahlreichen Auditorio (v. Arnim) sein himmlisches Kollegium herrlich.

3. April 1808

[...] Als ich eben vom Spaziergange zurückkam, K. mit Schwester und Kameradin nach Rohrbach hinaus, unerwarteterweise Heidelberg ganz verlassend. [...] Schöner, warmer Abend. K. umschlungen und sehr lieb. An der wohlbekannten Hecke am Bache langer herzlicher Abschied.

OTTO HEINRICH GRAF VON LOEBEN

(Isidorus Orientalis)

Brief

Heidelberg, 24. Mai 1807

Ich schreibe Ihnen nichts über Heidelberg, als daß nie genug von ihm gesagt werden kann, und daß jeder hier ein glücklicher Mensch sein muß, der diese einzige Natur verstehen lernt und mit ihr wie mit seiner besten Freundin und Geliebten umgeht. Alle Beschreibungen bleiben so weit hinter diesen Phantasien der großen Mutter Isis zurück, daß es Entweihung wäre, sie

41

immerfort durch solche Veruntreuungen zu profanieren. [...]
Die Ruine ist mein liebster Platz, und ich möchte gleich hier in
den Boden wachsen und dann in tausend Blumen, Zweigen
und Wasseradern wieder hervorspringen. Wo man um Heidelberg steht, steht man auch schön. Man weiß oft gar nicht, wo
man hin soll mit all der Lust, die man empfindet; man möchte
manchmal gern ein Kind sein, um jauchzen und springen zu
können oder sich von den schönen grünseidnen Kissen, den
Bergen, herabzuwälzen. Das Sonnenlicht ist ganz rot vor Lust
und Kraft, der Himmel scheint ein einziger Saphir und der
Neckar ein schillernder Atlas zu sein. Die Bäume, die Kräuter,
das Gras, alles brennt vor jugendlicher Frische. Es ist wahrhaftig ein Land, wo Wein, Gesang und Musik fließt; denn beide
Ufer, alle Berge tönen des Abends davon wider. Kurz, beschrei-
ben läßt sich Heidelberg nicht; man muß nur seinen Namen
nennen und dann schweigen.

WILHELM BUDDE

Abschied von Heidelberg

11. April 1808
Wir eilten noch einmal aufs Schloß, um das freundliche Tal und
die Stadt und die Berge und den Neckar zu übersehen. Ich kam
zum vollen Bewußtsein meiner selbst. Vom Altan herab sah ich
das unten liegende freundliche Heidelberg, so lockend und lieb
– fernhin den ruhigen Rhein und das starre Gebirge, voll des
Wortes, daß nur das Flüchtige und das Menschenleben Ewigkeit sei. Alles zog mich noch einmal mit aller Gewalt an; alle
Reize zeigte noch einmal die Natur, um den Abschied nur recht
schwer zu machen. Eine heilige Träne weinte ich oben vom Altan herab, hinunter auf den Rasen. Ich wankte am Arme des
Grafen Loeben und Strauss' in die Ruinen der alten Ritterburg.
Jede Stelle rief eine schöne Erinnerung zurück. Die Granitsäu-

len deuteten auf eine bessere Dauer. Alle Gänge des Gartens wurden betreten, auch der Olympus und der Pavillon und die herrliche Partie mit dem Baum beim Lustgarten. Den Weg durch Klein-Heidelberg, der, so oft ohne Ursache, meist von uns der Kürze wegen vorgezogen, gingen wir hinunter. Isidor trank bei uns Kaffee. Unsere Herzen waren zerrissen. Es wollte zu keinem ruhigen Gespräch kommen. Auch mußten wir bald zu Schreiber, um Abschied zu nehmen. Schreiber war innig und tief gerührt und hatte kein Wort zum Abschied. Der gute Schreiber dauerte mich; ihre ganze Lage, ihre Leiden, ihre Güte, alles vermischte sich wundersam in meinem Bewußtsein. Dem kleinen Theodor gab ich den letzten Kuß.

Voß hatte uns ein Zeugnis geschrieben, mehr ein Stammblatt, nur die Form eines Zeugnisses. Ein teures und ehrenvolles Geschenk, das nur zu viel unverdienten Wert hatte. – Aus diesem treubiederen Kreise zu scheiden, von dem Vater voll wahrhaftiger Rechtschaffenheit, von der freundlichen, gutmeinenden Ernestine, vom milden Voß, o wer da kalt bliebe, der verdiente nie froher und einfacher Menschen Liebe zu besitzen. Ein Besuch wie bei Görres, kalt und trocken wie seine Gestalt, war unsrem Herzen not. v. Arnims und seine Empfehlung an Schlegel gaben uns vollends unsre Ruhe wieder. Noch ein Gang zu der guten Schwarz, und wir waren von den meisten Besuchen frei. Isidor wollte mit uns gehn und bis 8 Uhr dort bleiben. Dann wollten wir ohne Abschied scheiden. So war es beschlossen, aber der Erfolg war ein anderer. Die Kirchenrätin war nicht zu Hause, und wir gingen noch einmal über die Brücke, immer weiter am Neckar hin. Bald sank auch das letzte Rot des Abends. Die Sterne schimmerten immer heller und heller, die Nacht wogte herbei, unser Herz wogte und war in heftigem Stürmen und zuckte. Schweigend gingen wir Hand in Hand und traten in die Stadt und bis zu den Stufen der Kirche. – Auf der Erde ist kein Widerhall (so tönte Isidors Stimme wie Geisterwehen), nur dem Geiste gehört die Ewigkeit – und er war nicht mehr unter uns. –

Nein, ich will schweigen, denn das Herz ist einmal gebrochen. Wie ich hinsank, wie ich hinschritt am Arme des Dionysios – wie ich bewußtlos zum Zimmer taumelte und mich in Zerstreuung stürzen wollte, wie ich dann wieder zu Michaelis eilte und dort im Abschiede neue Wunden aufregte – das ist wohl ewig meinem Leben eingewachsen, aber die Sprache hat nicht darüber zu gebieten.

Ich habe heute Heidelberg verlassen. Heidelberg – o Freunde, hört es, ich habe Heidelberg verlassen. Tränen sind wohl geflossen, aber sie sind eine leere Hülse, wo das Herz selbst blutet und ganz sich aussaugen sieht die schönste Kraft des Lebens. Dort auf der Stube und in der Straße und an der Kirche und auf der Brücke.

JOSEPH VON EICHENDORFF

Das zerbrochene Ringlein

In einem kühlen Grunde
Da geht ein Mühlenrad,
Mein' Liebste ist verschwunden,
Die dort gewohnet hat.

Sie hat mir Treu' versprochen,
Gab mir ein'n Ring dabei,
Sie hat die Treu' gebrochen,
Mein Ringlein sprang entzwei.

Ich möcht' als Spielmann reisen
Weit in die Welt hinaus,
Und singen meine Weisen,
Und gehn von Haus zu Haus.

Ich möcht' als Reiter fliegen
Wohl in die blut'ge Schlacht,
Um stille Feuer liegen
Im Feld bei dunkler Nacht.

Hör' ich das Mühlrad gehen:
Ich weiß nicht, was ich will –
Ich möcht' am liebsten sterben,
Da wär's auf einmal still!

(um 1810)

Joseph von Eichendorff

Dichter und ihre Gesellen

In den letzten Strahlen der Abendsonne wurde auf der grünen
Höhe ein junger Reiter sichtbar, der zwischen dem Jauchzen
der Hirten und heimkehrenden Spaziergänger fröhlich nach
dem freundlichen Städtchen hinabritt, das wie in einem Blüten-
meere im Grunde lag.

Er sann lange nach, was ihn hier mit so altbekannten Augen
ansah, und sang immerfort ein längst verklungenes Lied leise in
sich hinein, ohne zu wissen, woher der Nachhall kam. Da fiel es
ihm plötzlich aufs Herz: wie in *Heidelberg* lagen die Häuser da
unten zwischen den Gärten und Felsen und Abendlichtern, wie
in Heidelberg rauschte der Strom aus dem Grunde und der
Wald von allen Höhen! So war er als Student manchen lauen
Abend sommermüde von den Bergen heimgekehrt und hatte
über die Feuersäule, die das Abendrot über den Neckar warf, in
die duftige Talferne gleichwie in sein künftiges, noch ungewis-
ses Leben hinausgeschaut.

»Mein Gott«, rief er endlich, »da in dem Städtchen unten
muß ja Walter wohnen, mein treuer Heidelberger Kamerad,
mit dem ich manchen stillen, fröhlichen Abend auf den Bergen

9 *Christian Philipp Koester: Schloß mit Stückgarten, um 1830*

verlebt! Was muß der wackere Gesell nicht alles schon wissen,
wenn er fortfuhr, so fleißig zu sein, wie damals!« – Er gab un-
geduldig seinem Pferde die Sporen und hatte bald das dunkle
Tor der Stadt erreicht. Walters Wohnung war in dem kleinen
Orte leicht erfragt: ein buntes, freundliches Häuschen am
Markte, mit hohen Linden vor den Fenstern, in denen unzählige Sperlinge beim letzten Abendschimmer einen gewaltigen
Lärm machten. Der Reisende sprang eilig die enge, etwas
dunkle Treppe hinan und riß die ihm bezeichnete Tür auf; die
Abendsonne, durch das Laub vor den Fenstern zitternd, vergol-
dete soeben die ganze, stille Stube, Walter saß im Schlafrock am
Schreibtische neben großen Aktenstößen, Tabaksbüchse, Kaf-
feekanne und eine halbgeleerte Tasse vor sich. Er sah den Her-
eintretenden erstaunt und ungewiß an, seine Gipspfeife langsam weglegend. »Baron Fortunat!« rief er dann, »mein lieber
Fortunat!« und beide Freunde lagen einander in den Armen.

»Also so sieht man aus in Amt und Brot?« sagte Fortunat

nach der ersten Begrüßung, während er Walter von allen Seiten umging und betrachtete; denn es kam ihm vor, als wäre seit den zwei Jahren, daß sie einander nicht gesehen, die Zeit mit ihrem Pelzärmel seltsam über das frische Bild des Freundes dahingefahren, er schien langsamer, bleicher und gebückter. Dieser dagegen konnte sich gar nicht satt sehen an den klaren Augen und der heitern, schlanken Gestalt Fortunats, die in der schönen Reisetracht an Studenten, Jäger, Soldaten und alles Fröhliche der unvergänglichen Jugend erinnerte. – Fragen und Gegenfragen kreuzten sich nun rasch, ohne eine Antwort abzuwarten. Walter pries vor allem sein Glück, das ihn hier so schnell eine leidliche Stelle hatte finden lassen, es fehlte nicht an größern Aussichten, und so sehe er einer heitern, sorgenlosen Zukunft entgegen. – Dazwischen hatte er in seiner freudigen Unruhe bald noch einen Brief zusammenzufalten, bald ein Paket Akten zu binden, bald draußen etwas zu bestellen, beide konnten den alten, vertraulichen Ton gar nicht wiederfinden. *(1834)*

JOSEPH VON EICHENDORFF

Der Tod der Romantik

Ein naher Bach plauderte verwirrend in seine Gedanken herein, die Wipfel über ihm rauschten einförmig immer fort und fort; so schlummerte er endlich ein, und der Mond warf seine bleichen Schimmer über die schöne wüste Gestalt, wie über die Trümmer einer zerfallenen verlornen Jugend.

Da träumte ihm, er stände auf dem schönen Neckargebiete vor Heidelberg. Aber der Sommer war vorbei, die Sonne war lange untergegangen, ihn schauerte in der herbstlichen Kühle. Nur das Jauchzen verspäteter Winzer verhallte noch, fast wehmütig, in den Tälern unten, von Zeit zu Zeit flogen einzelne Leuchtkugeln in die Luft. Manche zerplatzte plötzlich in tausend Funken und beleuchtete im Niederfallen langvergessene, wunderschöne Gegenden. Auch seine ferne Heimat erkannte er darunter, es schien schon alles zu schlafen dort, nur die weißen Statuen im Garten schimmerten seltsam in dem scharfen Licht. Dann verschlang die Nacht auf einmal alles wieder. Über die Berge aber ging ein herrlicher Gesang, mit wunderbaren, bald heitern, bald wehmütigen Tönen. Das ist ja das alte, schöne Lied! dachte er und folgte nun bergauf, bergab den Klängen, die immerfort vor ihm herflohen. Da sah er Dörfer, Seen und Städte seitwärts in den Tälern liegen, aber alles so still und bleich im Mondschein, als wäre die Welt gestorben. So kam er endlich an ein offenes Gartentor, ein Diener lag auf der Schwelle ausgestreckt wie ein Toter. – »Desto besser, so schleich' ich unbemerkt zum Liebchen«, sagte er zu sich selbst und trat hinein. Dort regte sich kein Blättchen in allen Bäumen den ganzen weiten Garten entlang, der prächtig im Mondschein glänzte, nur ein Schwan, den Kopf unter dem Flügel versteckt, beschrieb auf einem Weiher, wie im Traume, stille einförmige Kreise; schöne nackte Götterbilder waren auf ihren Gestellen eingeschlafen, daß die steinernen Haare über Gesicht und Arme herabhingen. – Als er sich verwundert umsah, erblickte er plötzlich ihre hohe und anmutige Gestalt verlockend zwischen den dunklen Bäumen hervor. »Geliebteste!« rief er voll Freude, »dich meint' ich doch immer nur im Herzengrunde, dich mein' ich noch heut!« – Wie er sie aber verfolgte, kam es ihm vor, als wäre es sein eigner Schatten, der vor ihm über den Rasen herfloh und sich zuletzt in einem dunkeln Gebüsch verlor. Endlich hatte er sie erreicht, er faßte ihre Hand, sie wandte sich. – Da blieb er erstarrt stehen – denn er war es selber, den er an der Hand festhielt. – »Laß mich los!« schrie er, »du bist's nicht, es ist ja alles nur ein Traum!« – »Ich bin und war es immer«, antwortete sein gräßliches Ebenbild; »du wachst nur jetzt und träumtest sonst.« – Nun fing das Gespenst mit einer grinsenden Zärtlichkeit ihn zu liebkosen an. Entsetzt floh er aus dem Garten, an dem toten Diener vorüber, es war, als streckten und dehnten sich hinter ihm die erwachten Marmorbilder, und ein widerliches Lachen schallte durch die Lüfte. – Als er atemlos wieder im Freien anlangte, befand er sich auf einem sehr hohen Berge unter dem unermeßlichen Sternenhimmel. Aber die Sterne über ihm schienen sich sichtbar durcheinander zu bewegen; allmählich wuchs und wuchs oben ein Brausen, Knarren und Rücken, endlich flog der Mond in einem großen Bogen über den Himmel, die Milchstraße drehte sich wie ein ungeheures Feuerrad, erst langsam, dann immer schneller und wilder in entsetzlichem Schwunge, daß er vor Schwindel zu Boden stürzte. Mitten durch das schneidende Sausen hörte er eine Glocke schlagen, es war, als schlüg' es seine Todesstunde. Da fiel ihm ein, daß es eben Mitternacht sei. Das ist's auch, dachte er, da stellt ja der liebe Gott die Uhr der Zeit. – Und als er wieder aufblickte, war alles finster geworden, nur das Rauschen eines weiten Sternenmantels ging noch durch die Einsamkeit des Himmels, und auch den Gesang, als sängen Engel ein Weihnachtslied, hörte er wieder hoch in den Lüften so über alle Beschreibung freudig erklingen, daß er vor tiefer Lust und Wehmut aufwachte. *(1832)*

Joseph von Eichendorff

Die Romantiker in Heidelberg

Der Geist einer bestimmten Bildungsphase läßt sich nicht aufheben, wie eine Universität. Was wir vorhin als das Charakteristische jener Periode bezeichnet: die Opposition der jungen Romantik gegen die alte Prosa war keineswegs auf Halle beschränkt, sondern ging wie ein unsichtbarer Frühlingssturm allmählich wachsend durch ganz Deutschland. Insbesondere aber gab es dazumal in Heidelberg einen tiefen, nachhaltenden Klang. Heidelberg ist selbst eine prächtige Romantik; da umschlingt der Frühling Haus und Hof und alles Gewöhnliche mit Reben und Blumen, und erzählen Burgen und Wälder ein wunderbares Märchen der Vorzeit, als gäb' es nichts Gemeines auf der Welt. Solch' gewaltige Szenerie konnte zu allen Zeiten nicht verfehlen, die Stimmung der Jugend zu erhöhen und von den Fesseln eines pedantischen Komments zu befrein; die Studenten tranken leichten Wein anstatt des schweren Bieres, und waren fröhlicher und gesitteter zugleich als in Halle. Aber es trat grade damals in Heidelberg noch eine ganz besondere Macht hinzu, um jene glückliche Stimmung zu vertiefen. Es hauste dort ein einsiedlerischer Zauberer, Himmel und Erde, Vergangenheit und Zukunft mit seinen magischen Kreisen umschreibend – das war *Görres.*

Es ist unglaublich, welche Gewalt dieser Mann, damals selbst noch jung und unberühmt, über alle Jugend, die irgend geistig mit ihm in Berührung kam, nach allen Richtungen hin ausübte. Und diese geheimnisvolle Gewalt lag lediglich in der Großartigkeit seines Charakters, in der wahrhaft brennenden Liebe zur Wahrheit und einem unverwüstlichen Freiheitsgefühl, womit er die einmal erkannte Wahrheit gegen offene und verkappte Feinde und falsche Freunde rücksichtslos auf Tod und Leben verteidigte; denn alles Halbe war ihm tödlich verhaßt, ja unmöglich, er wollte die *ganze* Wahrheit. Wenn Gott noch in unserer Zeit einzelne mit prophetischer Gabe begnadigt, so war Görres ein Prophet, in Bildern denkend und überall auf den höchsten Zinnen der wildbewegten Zeit weissagend, mahnend und züchtigend, auch darin den Propheten vergleichbar, daß das »Steiniget ihn!« häufig genug über ihm ausgerufen wurde. Drüben in Frankreich hatte er bei den Banketten der bluttriefenden Revolution, hier in den Kongreßsälen der politischen Weltweisen das Mene Thekel kühn an die Wand geschrieben, und konnte sich nur durch rasche Flucht vor Kerker und Banden retten, oft monatelang arm und heimatlos umherirrend. – Seine äußere Erscheinung erinnerte einigermaßen an Steffens und war doch wieder grundverschieden. Steffens hatte bei aller Tüchtigkeit etwas Theatralisches, während Görres, ohne es zu wollen oder auch nur zu wissen, schlicht und bis

10 *Joseph Görres, Zeichnung von Ludwig Emil Grimm, 1815*

zum Extrem selbst die unschuldigsten Mittel des Effekts verschmähte. Sein durchaus freier Vortrag war monoton, fast wie fernes Meeresrauschen schwellend und sinkend, aber durch dieses einförmige Gemurmel leuchteten zwei wunderbare Augen und zuckten Gedankenblitze beständig hin und wieder; es war wie ein prächtiges nächtliches Gewitter, hier verhüllte Abgründe, dort neue ungeahnte Landschaften plötzlich aufdeckend, und überall gewaltig, weckend und zündend fürs ganze Leben.

Neben ihm standen zwei Freunde und Kampfgenossen: *Achim von Arnim* und *Clemens Brentano,* welche sich zur selben Zeit nach mancherlei Wanderzügen in Heidelberg niedergelassen hatten. Sie bewohnten im »Faulpelz«, einer ehrbaren aber obskuren Kneipe am Schloßberg, einen großen luftigen Saal, dessen sechs Fenster mit der Aussicht über Stadt und Land die herrlichsten Wandgemälde, das herüberfunkelnde Zifferblatt des Kirchturms ihre Stockuhr vorstellte; sonst war wenig von Pracht oder Hausgerät darin zu bemerken. Beide verhielten sich zu Görres eigentlich wie fahrende Schüler zum Meister, untereinander aber wie ein seltsames Ehepaar, wovon der ruhige mild-ernste Arnim den Mann, der ewig bewegliche Brentano den weiblichen Part machte. Arnim gehörte zu den seltenen Dichternaturen, die, wie Goethe, ihre poetische Weltansicht jederzeit von der Wirklichkeit zu sondern wissen, und daher besonnen *über* dem Leben stehen und dieses frei als ein Kunstwerk behandeln. Den lebhafteren Brentano dagegen riß eine übermächtige Phantasie beständig hin, die Poesie ins Leben zu mischen, was denn häufig eine Konfusion und Verwickelungen gab, aus welchen Arnim den unruhigen Freund durch Rat und Tat zu lösen hatte. Auch äußerlich zeigte sich der große Unterschied. Achim von Arnim war von hohem Wuchs und so auffallender männlicher Schönheit, daß eine geistreiche Dame einst bei seinem Anblick und Namen in das begeisterte Wortspiel: »Ach im Arm ihm« ausbrach; während Bettina, welcher, wie sie selber sagt, eigentlich alle Menschen närrisch vorkamen, damals an ihren Bruder Clemens schrieb: »Der Arnim sieht doch königlich aus, er ist nicht in der Welt zum zweiten Mal.« – Das letzte konnte man zwar auch von Brentano, nur in ganz anderer Beziehung sagen. Während Arnims Wesen etwas wohltuend Beschwichtigendes hatte, war Brentano durchaus aufregend; jener erschien im vollsten Sinne des Wortes wie ein Dichter, Brentano dagegen selber wie ein Gedicht, das, nach Art der Volkslieder, oft unbeschreiblich rührend, plötzlich und ohne sichtbaren Übergang in sein Gegenteil umschlug und sich beständig in überraschenden Sprüngen bewegte. Der Grundton war eigentlich eine tiefe, fast weiche Sentimentalität, die er aber gründlich verachtete, eine eingeborene Genialität, die er selbst keineswegs respektierte und auch von andern nicht respektiert wissen wollte. Und dieser unversöhnliche Kampf mit dem eigenen Dämon war die eigentliche Geschichte seines Lebens und Dichtens und erzeugte in ihm jenen unbändigen Witz, der jede verborgene Narrheit der Welt instinktartig aufspürte und niemals unterlassen konnte, jedem Toren, der sich weise dünkte, die ihm gebührende Schellenkappe aufzustülpen und sich somit überall ingrimmige Feinde zu erwecken. Klein, gewandt und südlichen Ausdrucks, mit wunderbar schönen, fast geisterhaften Augen, war er wahrhaft zauberisch, wenn er selbstkomponierte Lieder oft aus dem Stegreif zur Gitarre sang. Dies tat er am liebsten in Görres' einsamer Klause, wo die Freunde allabendlich einzusprechen pflegten; und man könnte schwerlich einen ergötzlicheren Gegensatz der damals florierenden ästhetischen Tees ersinnen, als diese Abendunterhaltungen, häufig ohne Licht und brauchbare Stühle, bis tief in die Nacht hinein: wie da die Dreie alles Große und Bedeutende, das je die Welt bewegt hat, in ihre belebenden Kreise zogen, und mitten in dem Wetterleuchten tiefsinniger Gespräche Brentano mit seinem witzsprühenden Feuerwerk dazwischen fuhr, das dann gewöhnlich in ein schallendes Gelächter zerplatzte.

Das nächste Resultat dieser Abende war die Einsiedlerzeitung, welche damals Arnim und Brentano in Heidelberg herausgaben. Das selten gewordene Blatt war eigentlich ein Programm der Romantik; einerseits die Kriegserklärung an das philisterhafte Publikum, dem es feierlich gewidmet und mit dessen wohlgetroffenem Porträt es verziert war; andrerseits eine Probe- und Musterkarte der neuen Bestrebungen: Beleuchtung des vergessenen Mittelalters und seiner poetischen Meisterwerke, sowie die ersten Lieder von Uhland, Justinus Kerner u. a. Die merkwürdige Zeitung hat nicht lange gelebt, aber ihren Zweck als Leuchtkugel und Feuersignal vollkommen erfüllt. Übrigens standen ihre Verfasser in der Tat einsiedlerisch genug über dem großen Treiben, und Arnim und Brentano, obgleich sie neben Tieck die einzigen *Produzenten* der Romantiker waren, wurden doch von der Schule niemals als vollkommen zünftig anerkannt. Sie strebten vielmehr, die Schule, die schon damals in überkünstlichen Formen üppig zu luxurieren anfing, auf die ursprüngliche Reinheit und Einfachheit des Naturlauts zurückzuweisen. In diesem Sinne sammelten sie selbst auf ihren Fahrten und durch gleichgestimmte Studenten überall die halbverschollenen Volkslieder für »Des Knaben Wunderhorn«, das, wie einst Herders Stimmen der Völker, durch ganz Deutschland einen erfrischenden Klang gab.

Auch *Creuzer* lebte damals in Heidelberg und gehörte, wiewohl dem genannten Triumvirat persönlich ziemlich fern stehend, durch seine Bestrebungen diesem Kreise an. Seine mystische Lehre hat, z. B. später in Lobeck, sehr tüchtige Gegner gefunden, und wir wollen keineswegs in Abrede stellen, daß die phantastische Weise, womit er die alte Götterlehre als ein bloßes Symbolum christlich umzudeuten sucht, gar oft an den mittelalterlichen Neuplatonismus erinnert und am Ende zu einer gänzlichen Auflösung des Altertums führt. Allein in Kriegszeiten bedarf ein grober Feind auch eines gewaltsamen Gegenstoßes. Erwägt man, wie geistlos dazumal die Mythologie als ein bloßes Schulpensum getrieben wurde, so wird man Creuzers Tat billigerweise wenigstens als eine sehr zeitgemäße und heilsame Aufregung anerkennen müssen. – Noch zwei andere, höchst verschiedene Heidelberger Zeitgenossen dürfen hier nicht unerwähnt bleiben; wir meinen: *Thibaut* und *Gries*. In solchen Übergangsperioden ist die sanguinische Jugend gern bereit, den Spruch: »Wer nicht mit uns ist, ist gegen uns« gelegentlich auch umzukehren und jeden für den ihrigen zu nehmen, der nicht zum Gegenpart hält; und in dieser Lage befand sich *Thibaut*. Schon seine äußere Erscheinung mit den langherabwallenden, damals noch dunkelen Locken, was ihm ein gewisses apostolisches Ansehen gab, noch mehr der eingeborene Widerwillen gegen alles Kleinliche und Gemeine unterschied ihn sehr fühlbar von dem Troß seiner eigentlichen Zunftgenossen, und mit seiner propagandistischen Liebe und Kenntnis von der Musik der alten tiefsinnigen Meister berührte er in der Tat den Kreis der Romantiker. – Bei weitem unmittelbarer indes wirkte *Gries*. Wilhelm Schlegel hatte soeben durch das dicke Gewölk verjährter Vorurteile auf das Zauberland der südlichen Poesie hingewiesen. Gries hat es uns wirklich erobert. Seine meisterhaften Übersetzungen von Ariost, Tasso und Calderons Schauspielen treffen, ohne philologische Pedanterie und Wortängstlichkeit, überall den eigentümlichen Sinn und Klang dieser Wunderwelt; sie haben den poetischen Gesichtskreis unendlich erweitert und jene glückliche Formfertigkeit erzeugt, deren sich unsere jüngeren Poeten noch bis heut erfreuen. Auch war Gries sehr geeignet, für den Ritt in das alte romantische Land Proselyten zu machen. Er verkehrte gern und viel mit den Studenten, die Abendtafel im Gasthofe zum Prinzen Karl war sein Katheder, und es war, da er sehr schwerhörig, oft wahrhaft komisch, wie da die leichten Scherze und Witze gleichsam aus der Trompete gestoßen wurden, so daß die heitere Konversation sich nicht selten wie ein heftiges Gezänke ausnahm.

Man sieht, die Romantik war dort reich vertreten. Allein sie hatte auch damals schon ihren sehr bedenklichen Afterkultus. *Graf von Löben* war in Heidelberg der Hohepriester dieser Winkelkirche. Der alte Goethe soll ihn einst den vorzüglichsten

Dichter jener Zeit genannt haben. Und in der Tat, er besaß eine ganz unglaubliche Formengewandtheit und alles äußere Rüstzeug des Dichters, aber nicht die Kraft, es gehörig zu brauchen und zu schwingen. Er hatte ein durchaus weibliches Gemüt mit unendlich feinem Gefühl für den salonmäßigen Anstand der Poesie, eine überzarte empfängliche Weichheit, die nichts Schönes selbständig gestaltete, sondern von allem Schönen wechselnd umgestaltet wurde. So durchwandelte er in seiner kurzen Lebenszeit ziemlich fast alle Zonen und Regionen der Romantik; – bald erschien er als begeisterungswütiger Seher, bald als arkadischer Schäfer, dann plötzlich wieder als asketischer Mönch, ohne sich jemals ein eigentümliches Revier schaffen zu können. In Heidelberg war er gerade »Isidorus Orientalis« und novalisierte, nur leider ohne den Tiefsinn und den dichterischen Verstand von Novalis. In dieser Periode entstand sein frühester Roman »Guido«, sowie die »Blätter aus dem Reisebüchlein eines andächtigen Pilgrims«; jener durch seine mystische Überschwenglichkeit, diese durch ein unkatholisches Katholisieren, ganz wider Wissen und Willen, die erstaunlichste Karikatur der Romantik darstellend.

Er hatte in Heidelberg nur wenige sehr junge Jünger, die ihn gehörig bewunderten; aber die Gemeinde dieser Gleichgestimmten war damals sehr zahlreich durch ganz Deutschland verbreitet. Es wäre eine schwierige, ja fast unmögliche Aufgabe, jenes wunderliche Gewirr von Talent und Zopf, Lüge und Wahrheit mit wenigen Worten in einen Begriff zusammenzufassen; und doch ist dieses Treiben insofern von literarhistorischer Wichtigkeit, als dasselbe den schmählichen Verfall der Romantik vorzüglich verschuldet hat.   *(1857)*

Der steinerne Bräutigam
und sein Liebchen

(Im Heidelberger Schlosse November 1807)

Die Efeustaude

Ich muß den Toten an mein Leben binden,
Umschlingen ihn, wie wir uns einst umschlangen,
Und Leben saugend wieder an ihm hangen,
Und wieder er in mir sein Leben finden!

Der Wartturm

Nicht kann er meinen Fesseln sich entwinden
Und nicht dem Schoß, aus dem er aufgegangen;
Den Steingebornen muß der Stein umfangen,
Und Leben muß im starren Tode schwinden!

Der Pfalzgraf

Fest angeschmiedet hier im engen Raume
Erblick ich nichts, doch fühl ich Morgenwehen,
Und wie es saugt an mir mit Liebesbeben!

Der Engel

Gelobt sei Gott im Tal und auf den Höhen,
Der der Gestalt sich offenbart im Traume
Und eint, was ihm entquoll, das Doppelleben!

11 *Friedrich Rottmann: Blutgericht über die Hölzerlips-Bande auf dem Marktplatz, 1812*

JUSTINUS KERNER

Auf der Schloßruine zu Heidelberg

Es steht in alten Schloßruinen,
Halb Trümmer, Themis Steinbild noch,
Ich sah es, wie ein Stern geschienen
Durch der zerrißnen Waage Loch.

Da dacht' ich: ist auch hier zertrümmert
Die Waage der Gerechtigkeit,
Der Stern, der durch den Riß dort schimmert,
Der sieht und wägt, o Mensch! dein Leid.

(um 1810)

LUDWIG TIECK

Die Heidelberger Ruine

Es fehlt unsrer Zeit, sagte Friedrich, so sehr sie die Natur sucht, eben der Sinn für Natur, denn nicht allein diese regelmäßigen Gärten, die dem jetzigen Geschmacke zuwider sind, bekehrt man zum Romantischen, sondern auch wahrhaft romantische Wildnisse werden verfolgt und zur Regel und Verfassung der neuen Gartenkunst erzogen. So war ehemals die große, wundervolle Heidelberger Ruine eine so grüne, frische, poetische und wilde Einsamkeit, die so schön mit den verfallenen Türmen, den großen Höfen und der herrlichen Natur umher in Harmonie stand, daß sie auf das Gemüt ebenso wie ein vollendetes Gedicht aus dem Mittelalter wirkte; ich war so entzückt über diesen einzigen Fleck unsrer deutschen Erde, daß das grünende Bild seit Jahren meiner Phantasie vorschwebte, aber vor einiger Zeit fand ich auch hier eine Art von Park wieder, der zwar dem Wandelnden manchen schönen Platz und manche schöne Aussicht gönnt, der auf bequemen Pfaden zu Stellen führt, die man vormals nur mit Gefahr erklettern konnte, der selbst erlaubt, Erfrischungen an anmutigen Räumen ruhig und sicher zu genießen; doch wiegen alle diese Vorteile nicht die großartige und einzige Schönheit auf, die hier aus der besten Absicht ist zerstört worden. *(1811)*

MAX VON SCHENKENDORF

Auf dem Schloß zu Heidelberg

Es zieht ein leises Klagen
Um dieses Hügels Rand,
Das klingt wie alte Sagen
Vom lieben deutschen Land.

Es spricht in solchen Tönen
Sich Geistersehnsucht aus:
Die teuren Väter sehnen
Sich nach dem alten Haus.

Wo der wilde Sturm nun sauset,
Hat in seiner Majestät
König Ruprecht einst gehauset,
Den der Fürsten Kraft erhöht.
Sänger kamen hergegangen
Zu dem freien Königsmahl,
Und die goldnen Becher klangen
In dem weiten Rittersaal.

Wo die granitnen Säulen
Noch stehn auf Karls Palast,
Sah man die Herrscher weilen
Bei kühler Brunnen Rast.
Und wo zwei Engel kosen,
Der Bundespforte Wacht,
Zeigt uns von sieben Rosen
Ein Kranz, was sie gedacht.

Ach! es ist in Staub gesunken
All der Stolz, die Herrlichkeit:
Brüder, daß ihr letzter Funken
Nicht erstirbt in dieser Zeit,
Laßt uns hier ein Bündnis stiften,
Unsre Vorzeit zu erneun,
Aus den Grüften, aus den Schriften
Ihre Geister zu befrein.

Vor allen, die gesessen
Auf Ruprechts hohem Thron,
War einem zugemessen

Der höchste Erdenlohn.
Wie jauchzten rings die Lande
Am Neckar jener Zeit,
Als er vom Engellande
Das Königskind gefreit.

Viel der besten Ritter kamen,
Ihrem Dienste sich zu weihn.
Dort, wo noch mit ihrem Namen
Prangt ein Tor von rotem Stein,
Ließ sie fern die Blicke schweifen
In das weite grüne Tal.
Nach den Fernen soll sie greifen
In des Herzens falscher Wahl.

Da kam wie Meereswogen,
Wie roter Feuersbrand
Ein bittres Weh gezogen
Zum lieben Vaterland.
Die alten Festen bebten,
Es schwand des Glaubens Schein,
Und finstre Mächte strebten,
Die Fremden zogen ein.

Weit erschallt wie Kirchenglocken
Deutschland, deine Herrlichkeit,
Und es weckt so süßes Locken
Immerdar des Welschen Neid.
Wunden mag er gerne schlagen
Dir mit frevelvoller Hand,
Wie er in der Väter Tagen
Die gepriesne Pfalz verbrannt.

Zu lang nur hat gegolten
Die schmähliche Geduld;

Doch was wir büßen sollten,
Wie groß auch unsre Schuld,
Sie ist rein abgewaschen
Im warmen Feindesblut,
Und herrlich aus den Aschen
Steigt unser altes Gut.

Lange hielten drum die Wache
Jene Ritter an dem Turm,
Ob nicht käme Tag der Rache,
Ob nicht wehte Gottes Sturm.
Jetzt erwarmen sie am Scheine
Von dem holden Freiheitslicht,
Daß die Brust von hartem Steine
Schier in Wonn' und Liebe bricht.

So stieg nach dreißig Jahren
Elisabeth, dein Sohn,
Der manches Land durchfahren,
Auf seines Vaters Thron.
Er tat, wie Ritter pflegen,
War seines Landes Schutz
Und bot mit seinem Degen
Dem Welschen Schimpf und Trutz.

Nimm denn auch auf deinem Throne,
Teurer, höchster Heldenschatz,
Angetan mit goldner Krone,
Deutschland, wieder deinen Platz.
Alles will für dich erglühen,
Alte Tugend ziehet ein,
Und die deutschen Würden blühen
An dem Neckar wie am Rhein.

(1814)

JOHANN WOLFGANG GOETHE

An Christiane

Heidelberg, 28. September 1814
Sonnabend, d. 24. Um sechs Uhr von Frankfurt ab bei einem
frischen Nebel, der den Fluß und sodann auch aufsteigend und
sich verbreitend die Gegend einhüllte. Wir kamen so nach
Darmstadt, der Himmel heiterte sich völlig auf, so daß wir die
Bergstraße in ihrem ganzen Glanze genossen. Die Nüsse wurden eben abgeschlagen, die Birnen erwarteten ihre Reife. So
ging es von Station zu Station ohne Aufenthalt, bis endlich
Weinheim und zuletzt Heidelberg erreicht ward. Den Sonnenuntergang sahen wir noch von der Brücke. Bei Boisserées fand
ich das lieblichste Quartier, ein großes Zimmer neben der Ge-
mäldesammlung. August wird sich des Sickingischen Hauses
erinnern auf dem großen Platze, dem Schloß gegenüber. Hinter
welchem der Mond bald heraufkam und zu einem freundlichen
Abendessen leuchtete.

Sonntag, d. 25. begann die Betrachtung der alten Meisterwerke des Niederlandes, und da muß man bekennen, daß sie
wohl eine Wallfahrt wert sind. Ich wünschte, daß alle Freunde
sie sähen; besonders habe ich mir Freund Meyer, zu meinem
eigenen und der Sache Besten, an die Seite gewünscht. Ich darf
nicht anfangen, davon zu reden; so viel sage ich nur, daß die
beiden Boisserées, mit ihrem Freunde Bertram, das große Verdienst des Sammelns und Erhaltens dieser Kostbarkeiten durch
genießbare Aufstellung und einsichtige Unterhaltung erhöhen.
Sage Hofrat Meyer, gewisse Phrasen bespotte man in diesem
Zirkel wie bei uns. Ich besuchte Paulus, Thibaut und Voß, fand
alle drei wohl und munter. Gegen Abend erstiegen wir das
Schloß, das Tal erschien in aller seiner Pracht, und die Sonne
ging herrlich unter. Der Schein hinter den Vogesen her glüht bis
in die Nacht. Ich ging zeitig zu Bette.

Montag, d. 26. Gestern war *van Eyck* an der Tagesordnung,

heute sein Schüler *Memling.* Um diese zu begreifen, werden auch die Vorgänger in Betracht gezogen, und da tritt ein neues Unbegreifliches ein. Doch läßt sich der Gang dieser Kunst auf Begriffe bringen, die aber umständlich zu entwickeln sind. Zugleich machten mir Voß, Thibaut und Paulus Gegenbesuch, der sehr angenehm vor jenen Bildern angenommen und begrüßt werden konnte. Nach Tische Fortsetzung der Bilderbeschauung und -verehrung.

Dienstag, d. 27. Man setzte die Betrachtung nachfolgender Meister fort. *Johann Schooreel,* zeichnet sich aus, er soll der erste gewesen sein, der aus Italien die Vorteile der transalpinischen Kunst herübergebracht. Seine Arbeiten setzen, in ihrer Art, abermals in Erstaunen. Auf ihn folgt *Hemskerck,* von welchem viele Bilder, dem H. Mauritius gleich, den Meyer in Weimar, kopiert von Frl. v. Helwig, gesehen. Zwischen alle diese setzt sich *Lukas von Leyden* hinein, gleichsam abgeschlossen für sich; er sondert sich auf eine eigene Art von seinen Zeitgenossen. Alle diese Bilder sind gut erhalten und meist von großem Format. Oft Altarblätter mit beiden Flügeln. Mittag bei Paulus, mit Voß und Familie. Abends Spaziergang, den Neckar hinauf und zurück auf die Brücke.

So viel für diesmal. Ich werde fortfahren, mein Tagebuch zu senden. Teile dieses Blatt Hofrat Meyer mit.

JOHANN BAPTIST BERTRAM

Goethe vor der Sammlung Boisserée

Wie Goethe sich in die farbenprächtige und wahrheitsvolle Idealwelt dieser altdeutschen Bilder, in die überraschende Ursprünglichkeit ihrer Gedanken hineinlebte und über die empfangenen Eindrücke sich äußerte, ist für den alten Herrn in hohem Grade charakteristisch. Er betrachtete die Bilder nicht, wie sie eins neben dem andern an der Wand hingen, wodurch

12 *Roger v. d. Weyden: Dreikönigsaltar (»Der große Eyck«)*

der Eindruck zerstreut und mehr oder minder abgeschwächt wird; er ließ sich immer nur eins, abgesondert von den andern, auf die Staffelei stellen und studierte es, indem er es behaglich genoß und seine Schönheiten unverkümmert durch fremdartige Eindrücke von außen, sei es der Bilder- oder Menschenwelt, in sich aufnahm. Er verhielt sich dabei still, ohne viel zu reden, bis er des Gesehenen, seines Inhalts und seiner tieferen Beziehungen Herr zu sein glaubte, und fand er dann Anlaß, Personen, die er liebte und schätzte, gegenüber seinen Empfindungen Ausdruck zu geben, so geschah es in einer Weise, die alle Hörer zwang.

Es war vor dem Bilde der Anbetung der hl. drei Könige, das damals für einen van Eyck galt, so sagte er: »Das ist lautre Wahrheit und Natur; man kann von der Ruine zum Bilde und umgekehrt vom Bilde zur Schloßruine wandern und fände sich hier wie dort in gleicher ernster Art angeregt und gehoben.«

»Da hat man nun«, äußerte er ein andermal, »auf seine alten

Tage sich mühsam von der Jugend, welche das Alter zu stürzen kommt, seines eigenen Bestehens wegen abgesperrt und hat sich, um sich gleichmäßig zu erhalten, von allen Eindrücken neuer und störender Art zu hüten gesucht, und nun tritt da mit einem Male vor mich hin eine ganz neue und bisher mir ganz unbekannte Welt von Farben und Gestalten, die mich aus dem alten Gleise meiner Anschauungen und Empfindungen herauszwingt – eine neue ewige Jugend, und wollte ich auch hier etwas sagen, es würde diese oder jene Hand aus dem Bilde herausgreifen, um mir einen Schlag ins Gesicht zu versetzen, und der wäre mir wohl gebührend...« *(1814)*

KARL PHILIPP KAYSER

Der Einzug der Monarchen

Am 5. Juni 1815 kam um 12 Uhr der österreichische Kaiser Franz unter dem Geläute aller Glocken, dem Donner unserer Böller und dem Jubelruf des Volkes hier an. Ich kam von der Bibliothek, eilte nach dem Karlsplatze, aber er war schon angelangt in der ehemaligen Landschreiberei. Es war fürchterlich heiß und das Gedränge sehr groß. Dennoch hielt ich aus, in der Hoffnung, er werde sich noch sehen lassen. Nachdem der Großherzog, der ihn empfangen hatte, und Schwarzenberg weggefahren waren, kam er ans Fenster, begrüßt von einem unaufhörlichen Lebehoch. Er dankte mit mehreren Verbeugungen. Gegen 8 Uhr kam auch der russische Kaiser Alexander. Wir eilten durch ein außerordentliches Gedränge, um das Aussteigen des Kaisers am ehemaligen Haubischen Hause, wo der Stadtdirektor jetzt wohnt, in der Nähe zu sehen. Bald kam der Kaiser unter Glockengeläute, Böllerdonner und Volksgetöse. Unten an dem Eingang des Hauses standen, ihn zu empfangen, der Großherzog, der Fürst von Schwarzenberg, ein Erzherzog und die Generalität. Er fuhr in einem offenen Wagen,

13 *Friedrich Rottmann: Der Einzug der Russen auf dem Karlsplatz, 1815*

ganz bestäubt und erhitzt. Er umarmte den Großherzog und die übrigen Prinzen und ging dann in sein Gemach. Eine schöne allgemeine Illumination beschloß den festlichen Tag. – Schon um 7 Uhr des folgenden Tages bezeigte das sämtliche Personal der Universität dem Kaiser Franz seine Ehrerbietung... Abends ehrten die Studenten auf ihre Weise, d. h. durch einen Fackelzug die Monarchen, besonders den Kaiser Franz, vor dessen Wohnung sie einen Kreis schlossen und einen Gesang mit Beziehungen auf ihn feierlichst anstimmten, wobei er Tränen vergossen haben soll. Er hatte sich nämlich gleich nach ihrem Erscheinen auf den Balkon verfügt und war geblieben, bis sie fortzogen. Aber weder Kaiser Alexander noch der Großherzog ließen sich blicken, als sie vor ihren Wohnungen ein Hoch erschallen ließen...

Am 14. Juni ließ der Großherzog das Schloß und den Schloßgarten beleuchten. Alles war mit Feuer begossen; besonders zog der ehemalige Stückgarten an: es war, als träte man in einen Feen-Garten. Rund um die dicken Lindenbäume waren

Kächelchen gestellt, die ein wunderbares Licht an die Bäume, deren Blätter sie versilberten, warfen.

Am 19. Juni traf es sich, daß Kaiser Franz durchs Klingentor ging. Unser Ludwig (7½ Jahre alt) zog, wie Soldaten das Gewehr, seinen Stock an zur Bezeigung seiner Ehrerbietung und der gute Kaiser griff freundlich dankend an den Hut. Am 21. traf die Nachricht vom Sieg bei Belle-Alliance hier im Hauptquartier ein. Noch in der Nacht läutete man mit allen Glocken, um den Sieg über Napoleon zu feiern. Der fromme Kaiser ließ sich in seiner Wohnung einen Privatgottesdienst halten. Auch verordneten die Monarchen, daß am folgenden Morgen in allen Kirchen ein Tedeum gefeiert werden sollte.

Bald nachher, den 24. Juni, verließ Kaiser Franz, der gern hier war, gerührt unsere Stadt, mit ihm zog auch das Hauptquartier ab. Der Kaiser Alexander ging einige Tage später.

Johann Wolfgang Goethe

Aus dem » West-östlichen Divan«

Suleika

An des lust'gen Brunnens Rand,
Der in Wasserfäden spielt,
Wußt' ich nicht, was fest mich hielt;
Doch da war von deiner Hand
Meine Chiffer leis gezogen,
Nieder blickt' ich, dir gewogen.

Hier, am Ende des Kanals
Der gereihten Hauptallee,
Blick' ich wieder in die Höh',
Und da seh' ich abermals
Meine Lettern fein gezogen:
Bleibe! bleibe mir gewogen!

Möge Wasser springend, wallend,
Die Zypressen dir gestehn:
Von Suleika zu Suleika
Ist mein Kommen und mein Gehn.

22. September 1815

Gingo biloba

Dieses Baums Blatt, der von Osten
Meinem Garten anvertraut,
Gibt geheimen Sinn zu kosten,
Wie's den Wissenden erbaut.

Ist es ein lebendig Wesen,
Das sich in sich selbst getrennt?
Sind es zwei, die sich erlesen,
Daß man sie als eines kennt?

Solche Frage zu erwidern,
Fand ich wohl den rechten Sinn;
Fühlst du nicht an meinen Liedern,
Daß ich eins und doppelt bin?

27. September 1815

Hatem

Locken, haltet mich gefangen
In dem Kreise des Gesichts!
Euch geliebten braunen Schlangen
Zu erwidern hab' ich nichts.

14 *Johann Wolfgang Goethe, Gemälde von G. von Kügelgen, 1808/09.*
Ursprünglich auf Stift Neuburg, heute im Goethe-Haus Frankfurt

Nur dies Herz, es ist von Dauer,
Schwillt in jugendlichstem Flor;
Unter Schnee und Nebelschauer
Rast ein Ätna dir hervor.

Du beschämst wie Morgenröte
Jener Gipfel ernste Wand,
Und noch einmal fühlet Hatem
Frühlingshauch und Sommerbrand.

Schenke her! Noch eine Flasche!
Diesen Becher bring' ich ihr!
Findet sie ein Häufchen Asche,
Sagt sie: Der verbrannte mir.

30. September 1815

MARIANNE WILLEMER

Zu Heidelberg

Zu Goethes 75. Geburtstag, 28. August 1824

Euch grüß ich, weite lichtumfloßne Räume,
Dich, alten reichbekränzten Fürstenbau.
Euch grüß ich, hohe dichtumlaubte Bäume
Und über euch des Himmels tiefes Blau.

Wohin den Blick das Auge forschend wendet
In diesem blütenreichen Wunderraum,
Wird mir ein leiser Liebesgruß gesendet;
O freud- und leidvoll schöner Lebenstraum!

Auf der Terrasse hoch gewölbten Bogen
War eine Zeit sein Kommen und sein Gehn;

Die Chiffre, von der lieben Hand gezogen,
Ich fand sie nicht, sie ist nicht mehr zu sehn.

Doch jenes Baums Blatt, der aus fernem Osten
Dem westöstlichen Garten anvertraut,
Gibt mir geheimer Deutung Sinn zu kosten,
Ein Selam, der die Liebenden erbaut.

Durch jenen Bogen trat der kalte Norden
Bedrohlich unserm friedlichen Geschick;
Die rauhe Nähe kriegerischer Horden
Betrog uns um den flüchtgen Augenblick.

Dem kühlen Brunnen, wo die klare Quelle
Um grünbekränzte Marmorstufen rauscht,
Entquillt nicht leiser, rascher Well auf Welle,
Als Blick um Blick und Wort um Wort sich tauscht.

O schließt euch nun, ihr müden Augenlider!
Im Dämmerlicht der fernen, schönen Zeit
Umtönen mich des Freundes hohe Lieder;
Zur Gegenwart wird die Vergangenheit.

Aus Sonnenstrahlen webt ihr Abendlüfte
Ein goldnes Netz um diesen Zauberort.
Berauscht mich, nehmt mich hin, ihr Blumendüfte,
Gebannt in euren Kreis, wer möchte fort?

Schließt euch um mich, ihr unsichtbaren Schranken;
Im Zauberkreis, der magisch mich umgibt,
Versenkt euch willig, Sinne und Gedanken;
Hier war ich glücklich, liebend und geliebt!

ALEXANDER PAGENSTECHER

Als Burschenschaftler in Heidelberg

Adolf Follen, der Siegfried dieser modernen Nibelungen, lud mich zum Besuch und gleich auf den folgenden Sonntag zum Spaziergang nach Neckarsteinach ein. Unter den vier oder fünf Spaziergängern befand sich auch der junge Maler Fohr, ein sehr talentvoller Mensch, der gleichfalls der altdeutschen Richtung huldigte und dieselbe in die Kunst zu übertragen bestrebt war. Unser Spaziergang bestand in einem Dauerlauf vom Karlstor an ohne Unterbrechung bis auf die Höhe von Neckargemünd, eine gute Stunde Wegs lang. Die Zunge hing mir ungefähr vor dem Mund, als wir endlich anhielten. Ich ließ mir aber nichts merken und wurde nun, in Erwägung meiner Jugend und Ungeübtheit, belobt. Hierauf setzten wir uns an den Uferabhang ins Gebüsch, und Fohr zeichnete die schöne östliche Ansicht Neckargemünds, des herüberblickenden Dilsberges und des vom Neckar in geschwungenem Bogen durchzogenen Tales, während Follen trefflich übersetzte Strophen aus Tassos »Befreitem Jerusalem« vortrug. In Neckarsteinach erkletterten wir die Burgen, sangen Körnersche, Schenkendorfsche, Arndtsche Lieder und fuhren am Abend im Nachen wieder nach Hause…

An Follen schloß ich mich am innigsten an, wozu die Poesie seines Geistes und seiner Erscheinung wohl das meiste beitrug. Von stolzer Figur, mit mächtigen Gliedern ausgestattet, trug er auf seinen breiten Schultern ein wunderbares, fast furchtbar schönes Haupt, von einer Fülle kastanienbrauner Locken wie von einer Löwenmähne umwallt. Seine Haltung, sein Gang, sein Blick, seine Sprache harmonisierten vollständig mit diesen heldenmäßigen Körperformen, und wenn er, mit dem Eisenhelm bedeckt, ein altes Ritterschwert schwang oder in ungeheurem Anlauf einen 18 Fuß breiten Raum übersprang, dann glaubte man wahrhaftig, einen urweltlichen Recken vor sich zu

sehen. Während er im Alltagsleben schwarz wie eine Kohle gekleidet einherging, bestand seine Galatracht in einem korn-
blumfarbigen deutschen Rock, der nur mit ein paar Krämpen
am Hals und an den Schultern geschlossen war, die Brust bedeckte eine Weste aus Purpursamt, oben und unten mit Gold-
borten eingefaßt, das rehfarbige Beinkleid lag eng an, und
befranste Halbstiefelchen umschlossen die Füße. Man wird zu-
geben müssen, daß diese geschmackvolle Tracht einen etwas
starken Theatergeschmack hatte, und unser erfindungsreicher
Follen wurde über seinen kostbaren Aufzug sehr entschieden
verhöhnt. Aber das irritierte ihn nicht, und wir ließen seine
Absonderlichkeiten um so lieber gelten, als er außerdem so viele prächtige Eigentümlichkeiten hatte, und überhaupt in jenen
Tagen das Ungewöhnliche das Gewöhnliche war.

Der Maler Fohr hatte seine besondere Freude an diesen äußeren Formen unserer Ritterlichkeit und verewigte dieselben in
trefflichen Zeichnungen, die er mit der Rabenfeder in kürzester
Zeit und mit außerordentlichem Talent zu Papier brachte. Bald
waren es einfache Porträts, bald ganze Gruppen von Kreuzfah-
rern, worin wir solcher Gestalt figurierten. Fohr ging im Herbst
des Jahres 1816 nach Rom und ertrank 1818 beim Baden im
Tiber...

Nun aber trat im Herbst 1816 Hegel unter uns auf und mit
ihm eine ganz mächtige Quelle geistiger An- und Aufregung.
Hegels Äußeres hatte in der Tat nichts Anziehendes. Alles an
ihm war unförmig, disharmonisch. Sein Schädel dick und knol-
lig, das Gesicht hängend, faltig, das Auge zwinkernd, leblos,
die Gestalt des Körpers breit und sitzengeblieben, der Gang
watschelnd, die Sprache undeutlich, kauend, durch häßliches
Schwäbeln entstellt. Sein Vortrag war überdies unzusammen-
hängend, in hervorgestoßenen Einzelsätzen durch eine Unmas-
se neugebackener Ausdrücke und Wendungen verunstaltet und
dadurch Ungeübten wie mir absolut unfaßbar. Und doch übte
er auf den damals noch kleinen Kreis seiner Zuhörer eine fesselnde Kraft. Bei mir war es zunächst nur der gute Glaube, daß

15 *Carl Philipp Fohr: Selbstporträt, 1816*

hinter diesem Gallimathias etwas stecken müsse, und der feste Wille, das zu ergründen, was mich an seine Vorlesungen bannte. Dazu kamen die wöchentlichen Disputationen, worin von uns unter Hegels Leitung das Gehörte durchgesprochen und, mehr und mehr, auch für mich in verständliches Deutsch übersetzt wurde... Ich wurde eingetaucht und doch nicht ganz ertränkt in die mächtige Salzflut der Hegelschen Philosophie, vertraut mit ihrer Sprache, gekräftigt durch ihre dialektische Gymnastik, gereinigt von Vorurteilen und willkürlicher Behandlung des Gedankenlaufes. Auch gab mir die Höhe des Hegelschen Standpunktes, die Allseitigkeit seiner Auffassung der Dinge nach und nach diejenige geistige Unparteilichkeit und Ruhe wieder, welche mit der angeborenen Duldsamkeit und Friedfertigkeit meines Lebens harmonierte. *(1816)*

FRIEDRICH HEGEL

An Christiane Hegel

Heidelberg, 26. Juli 1817

Es ist schon lange, liebe Schwester, daß ich eine Nachricht von Dir erhalten habe; – ich hoffe, daß Du Dich wohl befunden hast und der im Ganzen schöne und warme, obzwar etwas späte Frühling und Sommer Deiner Gesundheit zur Befestigung gedient hat. Wir befinden uns bisher gottlob recht wohl; meiner Frau hat der hiesige Aufenthalt recht sehr zur Bestärkung ihrer Gesundheit gedient; meine Kinder erfreuen sich ebensosehr unserer schönen Gegend und des erquickenden Einflusses der Sonne. – Wir wohnen hier in der Vorstadt; unser Hausbesitzer hat einen großen Feldbau; im Hofe bei den Kühen, Pferden, der Scheune – seit ein paar Tagen wird Korn und Dinkel heimgefahren – fehlt es ihnen nicht an Unterhaltung und freier Bewegung.

Ich habe alle Ursache, mit meiner Lage zufrieden zu sein;

unter der studierenden Jugend zeigt sich wieder Liebe und Neigung zum Studium der Philosophie; ich habe daher diesen Sommer eine beträchtliche Anzahl von Zuhörern gehabt.

Die hiesige Gegend ist sehr lachend, romantisch und fruchtbar; wir haben sie nach vielen Seiten durchwandelt; der Neckar hinaufwärts, von angenehmen, mit Wald bewachsenen, abwechselnden Bergen umgeben, gibt die schönsten Ansichten, die eine Wasserfahrt besonders ergötzlich machen; auf der andern Seite gegen den Rhein zu ist eine herrliche Ebene, welche einen Teil der fruchtbaren Pfalz ausmacht; die Grenze zwischen ihr und der Bergreihe, an der oder vielmehr am Ausgang der Schlucht, aus der der Neckar sich in dies Tal ergießt, macht die Bergstraße aus, eine fortlaufende Allee von Obstbäumen an dem sanften Abhang von Hügeln, die mit Reben, Obstbäumen, Frucht u. s. f. bepflanzt sind. – An der Teurung haben wir freilich auch, wie aller Orten, gelitten; doch indem ich einen Teil von Fruchtbesoldung habe, so hat mir der teurere Verkauf der Früchte das ohngefähr ersetzt, um was der Preis des Brotes die Ausgaben erhöhte. Es ist hier herum sogar teurer gewesen, als weit umher. – Mannheim, Speyer habe ich mit meiner Frau besucht; besonders ist Schwetzingen gar ein angenehmer Punkt.

So ist unser Leben im ganzen vergnüglich gewesen; ich hoffe, daß auch Du in Aalen in dem gesegneten Wirken, das Du Dir eingerichtet hast, fortdauernde Befriedigung findest; da die Teurung Dir aber auch hat müssen beschwerlich fallen, überschicke ich Dir zu einiger Erleichterung hier drei Carolin.

HEINRICH VOSS

Kranz um Jean Paul

Gestern Mittag aß ich bei Fries. Als ich um drei Uhr zurückkam, setzte ich mich gierig an meinen Shakespeare, »Heinrich IV.«, dessen Falstaff-Szenen mich während der Arbeit fast ununterbrochen im Lachen erhalten; da kommt Julien herein: ein armer Student sei da, der eine Unterstützung begehre. Der arme Student kam herein und klagte seine Not. Ich denke, du bist verflucht alt für einen Studenten, und gucke ihn scharf an. Da fällt er mir um den Hals und will mich mit Küssen ersticken. Jean Paul ists, der liebe, herrliche Jean Paul! Nein, so habe ich ihn mir nicht gedacht, so schlicht, so einfach, so Zutraun erweckend... *(7. Juli 1817)*

Samstag Abend brachten ihm die Studenten einen Fackelzug, anständig und würdevoll. Er ging sogleich hinunter und forderte aller Hände; und nun war es in der Tat ein schöner Anblick, wie alles sich um ihn drängte. Herrliche Worte sprach er dabei, die den deutschgesinnten Jünglingen ans Herz gehn mußten. Als Jean Paul zurückkam, war er ausgelassen vor Freude, wirklich wie ein Kind, dem zum erstenmal ein Weihnachten beschert wird. »Die ganze Nacht hab ich davon geträumt«, sagte er mir den andern Morgen, als ich leise in sein Zimmer schlich, um ihn für die Neckarfahrt zu wekken... *(16. Juli 1817)*

Ich schreibe diesen Brief in Jean Pauls Gegenwart und doch einige tausend Schritt ferne von ihm: das Fernrohr nämlich holt ihn mir von einer schönen Anhöhe herbei, wo er, an die Mauer eines Gartenhäuschens gelehnt, die Natur betrachtet und Anstalt macht, sich auf eine Holzbank zum Schreiben niederzusetzen. Das tut er alle Morgen von 8 bis 1 Uhr, wenn das Wetter gut ist. In solcher Gesellschaft, was soll ich anderes schreiben als von ihm? Da seh ich durch mein Fernrohr: er sieht unendlich heiter aus. Welch ein Gedanke mag ihm jetzt aus der Feder strömen? Gewiß ein guter; die Miene bezeugts. Er schreibt, wie er mir gestern sagte, an einer Vorrede zum neuen »Quintus Fixlein«, in der er sich als Doktor ankündigen will...
Studenten und Philister tragen sämtlich eine Nelke im linken Knopfloch, weil *er* sie trägt; und fast ist keine Nelke mehr zu

haben. Nach seinem Hunde Alert sind schon 27 Hündlein ge-
nannt, die noch an der Mutterbrust liegen, und etwa sieben
Hunde umgetauft. Wenn erst ruchbar wird, daß Alert 15 Jahre
alt ist, so wird keiner einen Hund haben wollen, der jünger ist.
Ich erzählte Jean Paul neulich, man habe irgendwo seinen
Hund eingehascht, ihm Haare abgeschnitten und davon nach
Mannheim geschickt. »Nun, was will der Hund?« sagte er,
»gehts denn mir besser? Guck mal her: da fehlt eine Locke und
da und da. Es ist gar keine Symmetrie mehr auf meinem
Kopf...« *(8. August 1817)*

Wenigstens 20 Frauen und Mädchen sind hier in Jean Paul ver-
liebt geworden, und ich begreife es; denn eine Anziehungskraft
liegt in dem Manne, die wohl der tiefste Blick in die geheime
Magie der Natur nicht ergründen soll. Mir wenigstens enthüllt
kein Nachgrübeln, wo denn eigentlich der Magnet in diesem
einzigen Manne stecken mag... *(18. September 1817)*

JEAN PAUL

Briefe aus Heidelberg

Eben bin ich angekommen – ganz gesund – ohne Verlust, ausgenommen durch Wirtrechnungen. Heidelberg göttlich in Umgebung und schön im Innern. Nur den wahren deutschen Voß
hab ich gesehen. Mein Zimmer ist fast zu gut. Nächstens alles
ordentlich. Ich habe keine Zeit mehr als den Kutscher zu bezahlen und zu Bette zu gehen... *(6. Juli 1817)*

Gerade heute, wo ich Doktor der Philosophie geworden, will
ich an dich schreiben. Meinen Ahnung-Schluß aus den Schwierigkeiten der Abreise auf das Glück meiner hiesigen Tage hat
der Himmel überreichlich wahr gemacht. Nur sind der Sachen
zum Schreiben zu viel, bei den ewigen Ausgängen und Zuspre-

16 *Jean Paul in Heidelberg, 1817*

chern... Wie soll ich die Liebe und Achtung malen, womit ich hier bis zur Übertreibung gesucht werde? Der Hund allein könnt es, weil der nie so gut gefüttert wurde von schönen Händen als hier.

Heute brachten mir der Professor Hegel und der Hofrat Creuzer mit den Pedellen hinter sich im Namen der Universität das pergamentene Doktordiplom in einer langen roten Kapsel...

Ich habe hier Stunden erlebt, wie ich sie nie unter dem schönsten Himmel meines Lebens gefunden, besonders die Wasserfahrt, das Studentenvivat und die gestrigen Gesänge aus der altitalienischen Musik; aber ich danke auch dem Allgütigen so viel ich kann durch Milde, Stille, Bescheidenheit, Liebe und Rechtsein gegen jedermann... *(18. Juli 1817)*

So bin ich denn hier wider mein Verdienst so selig geworden, als ich in kaum einer Stadt gewesen, Berlin ausgenommen. Einer der wichtigsten Männer hier ist mir der Hofrat Thibaut, in der römischen Jurisprudenz noch größer als Savigny – voll Kraft und Trotz und Übersicht, sarkastisch, poetisch und witzig im Sprechen und der Stifter einer donnerstägigen Singakademie in seinem Hause. Eine kleine Anzahl Weiber, Jungfrauen und Jünglinge tragen die Kirchenstücke der alten italienischen Meister, des Palestrina, Leo, Durante vor. Ohne Krankheit darf keine wegbleiben – niemand darf zuhören oder dabeisein, nicht einmal die Eltern, damit die Musik heilige und die Eitelkeit sie nicht entheilige. Ich gewann ihn durch meine Worte über die Musik, daß er mir nicht nur den einen Donnerstag mit italienischer Musik gab, sondern jetzo für den zweiten mit Händelscher Musik mich mehrmal ordentlich bittet, als könnt ich einen Himmel versäumen...

Mir war, als würden meine Romane lebendig und nähmen mich mit, als das lange, halb bedeckte Schiff mit 80 Personen – bekränzt mit Eichenlaub bis an die bunten Bänder-Wimpel – begleitet von einem Beischiffchen voll Musiker vor den Burgen und Bergen dahin (nach Hirschhorn) fuhr. Der größte Teil der Frauen und Männer saß an der langen, von dem einen Ende des Schiffes zum andern langenden Tafel. Studenten, Professoren, schöne Mädchen und Frauen, der Kronprinz von Schweden, ein schöner Engländer, ein junger Prinz von Waldeck pp., alles lebte in unschuldiger Freude. Meine Kappe und des Prinzen Hut (den aber die meisten nicht hinzu gewünscht hatten) wurden ans andere Ende der Tafel hinunter gefordert, und zwei schöne Mädchen brachten sie mit Eichenkränzen umfaßt wieder zurück, und ich und der Prinz standen damit da. Der Überfluß an Essen und Wein konnte kaum in einem ganzen Tage aufgezehrt werden. Der Himmel legte eine Wolke nach der andern ab. Auf einem alten Burgfelsen wehte eine Fahne und Schnupftücher herunter, und junge Leute riefen Vivats. In unserm Schiffe wurden Lieder gesungen. Ein Nachen nach dem andern fuhr uns mit Musik und Gruß nach; abends sogar einer mit einer Guitarre, wo ein Jüngling mein angebliches Leiblied »Namen nennen dich nicht« sang. Im fortziehenden Schiffe wurde gegessen, und seltsam schifften die himmlischen Ufer und Täler vor uns vorüber, als ob wir ständen. Die Freude der Rührung ergriff mich sehr; und mit großer Gewalt und mit Denken an ganz tolle und dumme Sachen mußt ich mein Übermaß bezwingen. Nach dem Essen spielten wir jungen Leute Spiele auf einer Wiese. Darauf tanzte man eine Stunde lang in einer Ritterburg. Und so zog denn am schönen Abend die ganze kleine Freudenwelt ohne das kleinste Stören, Mißverständnis und Abbruch mit unverschütteten Freudenbechern nach Hause.

Und eben so selig und fast zu schwer tragend an den Gaben des Unendlichen stand ich in der dunklen Nacht im Kreise der singenden Vivat-Studenten und gab hundert Händen meine Hand und sah dankend gen Himmel... *(20. Juli 1817)*

Wie mich die Studenten lieben, zeigt: die, die bei dem Zuge unter dem Andrange keine Hand von mir bekommen, erinnern

17 *Georg Wilhelm Issel: Hirschhorn, um 1817*

daran und holen sie nach in der Gesellschaft. Es ist schön, geliebt zu werden, und man lernt Liebe verdienen, wenn man sie
geschenkt bekommt... Wären die Lebensmittel und die Mieten
wohlfeiler: ich wüßte keinen bessern Ort für dich und mich als
Heidelberg. *(25. Juli 1817)*

Guten Morgen, Gute, am hellen Sonntage auf dem Berge unter dem Glockengeläute. Gestern gaben die Professoren und
andere im »Hecht« ein Essen, wozu mich der Prorektor abholte; über 60 Männer, worunter auch der herrliche General
Dörnberg war. Man treibts wirklich so närrisch, daß mir Thibaut lachend erzählte, es seien unter der Hand einige Haare
nach Mannheim geschickt worden von meinem – Hunde (der
sich überhaupt keines ähnlichen Lebens erinnert; und den viele für den Spizius Hofmann im »Hesperus« halten, in welchem Irrtum er sie auch läßt); an meine wagt man sich nicht,
ausgenommen der treffliche Ditmar für seine Mutter in Lief-

land... Ich schreibe dies wieder auf dem Berge, vom Glanze der Gegend umgeben; wie froh könnt ich sein, wenn ich euch gar hier hätte und den langen Rückweg nicht vor mir.

(3. August 1817)

AUGUST VON PLATEN

Heidelberg, 15. Juni 1822

Man kann sich hier leicht gefallen, ich habe ein freundliches Zimmer, die Aussicht nach einer Seite nach dem alten Schlosse, auf der anderen nach dem Markt. Das alte Schloß besuchte ich gleich vorgestern früh. Es ist voll der herrlichsten Partien und bietet unzählige schöne einsame Plätze dar. Von dort aus besuchte ich Professor Umbreit, einen jungen Orientalisten, von dem ich in Göttingen gehört hatte. Er nahm mich freundlich auf und sprach viel von meinen Ghaselen. Doch hat er sich mehr mit den semitischen Sprachen beschäftigt, da mit dem Persischen auf einer Universität, wo bloß Brotstudien gelten, nichts zu machen ist.

Von ihm ging ich zum alten Voß. Ich wollte zuerst dessen Sohn besuchen, der aber nicht zu Hause war. Der Übersetzer Homers empfing mich an der Tür seiner Stube. Ich fand einen großen, sehr hageren Mann, mit etwas verzerrten Zügen. Doch verlor sich der unangenehme Eindruck während des Gesprächs gänzlich, ich fühlte mich im Gegenteil angezogen. In der Sprache hat er die Eigenheit, daß er das S sowohl im Anfang als in der Mitte und am Ende der Worte mit einem auffallend starken Zischlaut ausspricht. Er spricht sehr gerne und läßt einen nicht viel zu Wort kommen. Anfangs klagte er über die Schlechtigkeit der Zeit in mannigfacher Hinsicht, und dann redete er über Sprachen, wodurch er mir sehr interessant wurde. Ich wäre gerne noch länger geblieben, aber es war nur zu sehr Mittagszeit.

Des Abends holte ich Umbreit zum Spazierengehen ab. Er

führte mich nach dem Wolfsbrunnen, einem einsamen Ort mit schönen Baumgruppen, und er zeigte mir die Stelle, wo er zuerst meine Ghaselen gelesen habe. Sodann gingen wir aufs Schloß und begegneten unterwegs einem Freund Umbreits, Professor Ullmann, der aus hiesiger Gegend ist. Ich habe ihn von einer vorteilhaften Seite als großen Verehrer Goethes kennengelernt…

Gestern morgen ging ich wieder aufs Schloß, durchstrich die vielen inneren Räume desselben, die alle malerisch bewachsen sind, und las im Hafis… Nach Tisch ging ich mit Umbreit zu Hofrat Creuzer. Sein Gesicht wird etwas entstellt durch eine rote Perücke, die die Stirn zu sehr bedeckt, doch fühlt ich mich bald hingezogen. Ich fand einen freundlichen, teilnehmenden und für alles Schöne leicht zu begeisternden Mann.

Abends führte mich Harnier auf den Riesenstein, einer hochgelegenen Felsgruppe, und dann auf der rechten Neckarseite nach der Stiftsmühle, wo wir saure Milch nahmen. Den größten Teil des Rückwegs fuhren wir auf dem Wasser. Ein Gewitter erhob sich und erleuchtete die Stadt. Viele Johanniswürmchen flogen hoch über dem Neckar und in den Feldern.

FELIX MENDELSSOHN-BARTHOLDY

Brief an die Mutter

Heidelberg, 20. September 1827

»O Heidelberg, du schöne Stadt, allwo's den ganzen Tag geregnet hat«, sagen die Knoten, ich aber, ich bin ein Bursche, ich bin ein Kneipgenie, was kümmert mich der Regen? Es gibt ja noch Weintrauben, Instrumentenmacher, Journale, Kneipen, Thibauts, nein, das ist gelogen, es gibt nur einen Thibaut, aber der gilt für sechse. Das ist ein Mann!

Ich habe eine rechte Schadenfreude, daß ich nicht aus bloßem Gehorsam für Deinen heutigen Brief, liebste Mutter, diese

Bekanntschaft gemacht habe, sondern schon gestern ein paar Stunden mit ihm geplaudert habe. Es ist sonderbar; der Mann weiß wenig von Musik, selbst seine historischen Kenntnisse darin sind ziemlich beschränkt, er handelt meist nach bloßem Instinkt, ich verstehe mehr davon als er – und doch habe ich unendlich von ihm gelernt, bin ihm gar vielen Dank schuldig. Denn er hat mir ein Licht für die altitalienische Musik aufgehen lassen, an seinem Feuerstrom hat er mich dafür erwärmt. Das ist eine Begeisterung und eine Glut, mit der er redet, das nenne ich eine blumige Sprache! Ich komme eben vom Abschied her, und da ich ihm manches von Sebastian Bach erzählte und ihm gesagt hatte, das Haupt und das Wichtigste sei ihm noch unbekannt, denn im Sebastian da sei alles zusammen, so sprach er: »Leben Sie wohl, und unsere Freundschaft wollen wir an den Luis de Vittoria und den Sebastian Bach anknüpfen...«

Aber erst muß ich erzählen, wie ich dazu kam, zu ihm zu gehen. Gestern Nachmittag wurde das Wetter schlecht und die Langeweile war groß, da fiel mir ein, daß Thibaut in seinem Buch von einem »Tu es Petrus« gesprochen hatte, und weil ich nun denselben Text grade componiere, so faßte ich ein Herz und einen Frack und ging gerade ins Kalte Tal, falle ins Haus. Er kann mir das Stück nicht geben, aber andere sind da, bessere, er zeigt mir sogleich seine große Bibliothek aller Völker und Zeiten, spielt mir vor und singt dazu, setzt mir drei Stücke ordentlich auseinander, und so gingen mehrere Stunden vorüber, als ein Besuch kam, dem ich sogleich das Feld räumte, ich sollte aber heute früh wiederkommen. Was mich bei alledem am meisten freute, war, daß er mich gar nicht nach meinem Namen gefragt hatte; darauf kam es ihm nicht an, ich liebte Musik, das Übrige ist einerlei, und da ich für einen Studenten gehalten wurde, hatte man mich ungemeldet in die Arbeitsstube gelassen. Auch heute früh waren wir wieder zwei Stunden zusammen, da fiel es ihm erst ein, nach meinem Namen zu fragen, und war er vorher freundlich gewesen, so wurde er's jetzt erst recht; nun wurde musiziert und erzählt.

Robert Schumann

Leben in Heidelberg

Nimm die Brille zur Hand, meine geliebte Mutter; denn das Porto ist jetzt teuer und ich muß klein, ganz klein schreiben. Aus dem lustigen Anfang meines ersten Briefes an Dich siehst Du gleich, daß ich nichts weniger als traurig bin; und wahrlich, wer in meiner Fürstenstube, das alte herrliche Bergschloß und die grünen Eichenberge vor sich, traurig sein wollte, beginge eine Todsünde gegen seine eigene Seele... Eben geht die katholische Kirche neben mir an; die Leute fangen zu singen an; wenn ich Musik höre, kann ich nicht schreiben; darum brech ich jetzt ab. Beiläufig gesagt, so grenzt mein Logis rechts an das Irrenhaus und links an die katholische Kirche, daß ich wahrlich im Zweifel bin, ob man verrückt oder ob katholisch werden sollte...   *(24. Mai 1829)*

Schöne Stimmung – herrlicher Abend – herrlicher Abenduntergang – weiche Seelen und Kalbesbraten und weißer Burgunder – auf die Aussicht – das schlummernde Heidelberg – Sehnsucht nach dem Ideal – der duftende Jasmin – die auffahrende Nachtigall – die stummen Ruinen – der verhüllte Mond...

(10. Juni 1829)

Endlich, meine geliebte Mutter, kam nach langen acht Wochen Dein heißersehnter Brief an... Was mich anbetrifft, so bin ich heiter, ja manchmal recht glücklich; ich bin fleißig und ordentlich; das Jus schmeckt mir bei Thibaut und Mittermayer excellent, und ich fühle jetzt erst die wahre Würde der Jurisprudenz, wie sie alle heiligen Interessen der Menschheit fördert. Und Gott! dieser Leipziger Professor, der wie ein Automat auf seiner Jakobsleiter zum Ordinariat dastand und geist- und wortarm seine Paragraphen phlegmatisch ablas – und dieser Thibaut, der, obgleich noch einmal so alt wie jener, von Leben,

18 *Carl Philipp Fohr: Neckargemünd und der Dilsberg, 1813*

Geist überfließt und kaum Zeit und Worte genug hat, seine Ideen auszusprechen. Das Leben ist angenehm und freundlich, obgleich nicht so großartig, großstädtisch und mannigfaltig wie das Leipziger, das seine guten und schlechten Seiten für den Jüngling hat. Dies ist auch das einzige, was ich hier manchmal vermisse. Den Heidelberger Studenten stellt man sich auch ganz falsch vor; er ist der ruhigste, etwas feine und kalt-zeremonielle Student, der den guten und eleganten Anstand oft affektiert, weil er seiner noch nicht mächtig sein kann. Der Student ist die erste und angesehenste Person in und um Heidelberg, welches einzig von ihm allein lebt; die Bürger und Philister sind natürlich übertrieben höflich. Ich halte es für einen jungen Menschen, zumal für einen Studenten, nicht gut, wenn er in eine Stadt eintritt, wo der Student einzig und allein herrscht und blüht... Umgekehrt hat Heidelberg den Vorzug, daß der Studierende durch die große, lyrische Natur von sinnlichen und geistigen (Wein-)Genüssen und Getränken viel abgezogen wird; drum ist auch der hiesige Student zehnmal solider als der Leipziger.

Das Essen ist im Verhältnis zum Leipziger wohlfeiler, aber doch teurer, weil man nur table d'hôte, d.h. jeden Tag 8–9 Gerichte ißt und Wein trinken muß; fatal ist mirs, jeden Tag eine Stunde zu Tische sitzen zu müssen, was doch bei Gott die Zeit totgeschlagen heißt. Gebt mir eine Bouillonsuppe und ein bißchen Braten, das ist in 6 Minuten abgetan und damit punctum! So ist man aber schon halbtot-satt, wenn es zum Braten kommt...

Und doch, mein freundliches Heidelberg, bist du so schön und idyllisch-unschuldig; wenn ich den Rhein mit seinen Bergen der männlichen Schönheit vergleichen könnte, so das Nekkartal der weiblichen. Dort ist alles in starken, festen Ketten, altdeutschen Akkorden; hier alles in einer sanften, singenden, provencalischen Tonart...

Die Musik liegt natürlich hier sehr danieder; an einen ordentlichen Klavierspieler ist gar nicht zu denken. Ich bin als solcher schon sehr bekannt, habe mich aber noch in keine Familie eingenistet, was besser für den Winter paßt und da leicht und angenehm ist, da doch auch hier Mädchen sind, die die Cour geschnitten haben wollen. So ist es etwas ganz Gewöhnliches, daß man Dutzende von Studenten als Bräutigame herumlaufen sieht und mit Einwilligung der Eltern. Natürlich, die sentimentalen Mädchenherzen wollen auch lieben und heiraten, sehen aber niemanden als Studenten – und so sind Verlobungen an der Tagesordnung. Um mich brauchst Du keine Angst zu haben... *(17. Juli 1829)*

Famose Fahrt zu Königsgeburtstag nach Neckarsteinach – die Preußen – das Übersetzen in Neckargemünd... ich nicht heiter – brillantes Mittagessen – Champagner... alles hin – unser besoffner Kutscher mit besoffenen Passagieren – das Übersetzen – feine Poussiererei hinter Neckargemünd – Prügelei – ich zu Tür hinausgeworfen – der Kutscher im Wagen in der Kotze

19 *Jakob Götzenberger: Singabend bei Thibaut, um 1833*

liegend – ich als Kutscher auf dem Bock – Ende dieses denk-
würdigen Tages – *(3. August 1829)*

Thibaut ist ein herrlicher, göttlicher Mann, bei dem ich meine
genußreichsten Stunden verlebe. Wenn er so ein Händel'sches
Oratorium bei sich singen läßt (jeden Donnerstag sind über 70
Sänger da) und so begeistert am Klavier accompagniert und
dann am Ende zwei große Tränen aus den schönen großen Augen rollen, über denen ein schönes silberweißes Haar steht, und
dann so entzückt und heiter zu mir kommt und die Hand
drückt und kein Wort spricht vor lauter Herz und Empfindung,
so weiß ich oft nicht, wie ich Lump zu der Ehre komme, in
einem solchen heiligen Hause zu sein... *(24. Februar 1830)*

Am 24. früh des Morgens hab ich von Heidelberg Abschied
genommen; es lag in tiefen Nebel gehüllt vor mir, wie mein
Herz in dieser Minute, die mich von vielen Menschen vielleicht

auf ewig trennt. Da ich mich jetzt drei Jahre lang einkerkern und recht in mich verpuppen will, so will ich auch diese lange Zeit noch einen Traum mitnehmen, den mir ein Flug durch den blühenden Rheingau noch gab…

(27. September 1830)

KARL IMMERMANN

Am Schwarzen Brett

Es war spät, als der Wagen über die steinerne Brücke fuhr. Hell sahen die Fenster Heidelbergs herüber und spiegelten sich im Neckar, der von unten ungewiß murmelte, die dunkeln Umrisse des Gebirgs besäumten das späte Bild.

Ich kannte hier niemanden und wollte auch niemanden kennenlernen. Es ist eine eigne Empfindung, nach wechselnden Tageseindrücken abends in eine fremde Stadt zu fahren, wo keine Seele uns erwartet. Wir suchen nichts, und möchten doch alles hoffen. So wird es einst bei der letzten Reise sein. Du bewegst dich den streifenden Lichtern entgegen, sie gelten dir nicht und du giltst ihnen nichts, ein unendliches Verzagen ergreift dich, eine weite Leere spannt sich durch deine Brust aus, endlich bist du da, Fremdes begrüßt dich, und alles ist anders, ganz anders.

Am Morgen in der reinen Frühe wurde die Stadt und das Neckartal beschaut. Sie liegt in einem Dreieck eingekeilt zwischen den Hügeln, denen Fruchtbäume, Weinstöcke und Laubhölzer die mannigfaltigste Färbung geben. Das Schloß thront stattlich darüber, die Brücke zieht die Landschaft zusammen, die im grünen Flusse noch einmal auflebt. Ich musterte diese Herrlichkeiten bei der Helle eines klaren Septembertags.

Nun ging es den Berg hinan zu der berühmten Ruine. Die verschiedensten Zeiten haben daran gebaut, und ich glaube, daß, als das letzte fertig, das erste bereits wieder verfallen war. Vom ältesten Teile, dem Ruprechtsbau, stehn nur noch wenige

Trümmer. Der Kranz von Rosen um den Zirkel, die Engel, die den Kranz halten, sind ein schönes, sinnvolles Zunftzeichen. Von diesen Mauerresten aus gehn die übrigen Fragmente, der Ludwigsbau, der Ottoheinrichsbau, der Friedrichsbau und der Englische Bau um ein verschobnes Bodenquadrat. Sie sind zum Teil im schlechtesten Stil, jenem neuitalienischen oder französischen entstanden. Dennoch macht das Ganze, von innen oder außen betrachtet, trotz der kommodenartigen Leisten und Schnitzeleien in dem braunroten Stein, trotz der geschmacklosen allegorischen, profanen und heiligen Statuen in Giebelfeldern und Blenden, die große, oft gepriesene Wirkung. Verworren und reich liegt dieses Gemisch vor uns, wenn wir im Hofe stehn, die Zeit hat das Scharfe und Ungehörige gemildert. In *ein* Schicksal des Verfalls gerissen, ruhn die Ungehörigkeiten friedlich nebeneinander, wie die Leichen der Gebliebnen von diesem und jenem Heer auf dem Felde der Schlacht. Geht man aber in die innern Räume, so steht es still und wüst um uns her, der Tag findet den nächsten Weg durch Decken und Mauerlükken, ein seelenloses Gerippe starrt uns an.

Wie verschieden wird es, wenn wir uns vor diesem trüben Wesen in die grüne Fülle des Gartens flüchten! Dem herrlichen Reichtume gegenüber thront, nun auf mächtig vorspringendem Bergrücken, der große Bau als frisches Ganzes. Starre Mauern tragen ihn vom absteigenden Fels empor, gewaltige Türme zeichnen die charakteristischen Grenzen in die Luft. Und dann, wenn man sich wieder näher hinzumacht, das Wuchern von Strauch, Baum und Kraut in den Gräben, und die gutmütige Zudringlichkeit des Efeus! Um Wappen und Bildsäulen ist er gekrochen, ganze Burgstücke hat er besponnen. Ein Turm ist in zwei Hälften gesprengt, das eine Stück liegt unzerbrochen unten, das andre ist mit offnem Innern stehn geblieben. Da hat sich der Schmarotzer herzugeschlichen und weht mit seinen Ranken hin und her, als wolle er gefällig die Blöße verhüllen. […]

Das Heidelberger Faß halten wir nordischen Hungerleider

20 *Johann Georg Dathan: Perkeo, um 1725*

Das war der Zwerg Perkeo
Im Heidelberger Schloß,
An Wuchse klein und winzig,
An Durste riesengroß
Viktor von Scheffel

für eine Metapher, für eine Art von hölzernem Scherz. Der ist es aber nicht, sondern dieses Faß ist eine Wahrheit, wahrer als die französische Charte. Vorgedachte historische Berichtigung schöpfte ich aus den Erzählungen des Kastellans, der mich in den Schloßkeller geleitete. Eine Treppe führt auf den Rücken des Ungetüms, oben ist ein geräumiger, mit einer Galerie umgebner Plan gedielt. Nach einigen Autoren faßt es 260 Fuder, nach andern nur 236. Wer die Kontroverse durch eine Probe schlichtet, soll das Differenzquantum als Preis erhalten.

An einem Pfeiler der Galerie fand ich folgendes Epigramma von zarter weiblicher Bleifeder:

> Am 12. August den Schloßberg bestiegen, und
> gestört in Naturgefühlen durch das Faß.
> »Schweigend in der Abenddämmrung Schleier
> Ruht die Flur, das Lied der Haine stirbt!«
> O Matthisson!
>> Wilhelmine von*

Es ist das Faß – so erzählte der Kastellan – in welches die Kurfürsten von der Pfalz den Zehentwein füllen ließen, der von nahe und fern dem Schlosse gebührte. Zwei Ortschaften reichten in guten Jahren hin, das Stück zu füllen, und da der Wein, je größer das Gefäß, sich um so besser hält, so war die Sache, wie gesagt, keine Schnurre, sondern eine ganz verständige Vorrichtung. Man sieht hier gleichsam in einem Symbole die freche Fruchtbarkeit dieser gesegneten Gauen.

Jetzt hat der Großherzog mit den überrheinischen Distrikten die besten Gewächse verloren. Jene feurigen, gewürzhaften Hardtweine, der Forster, Deidesheimer usw. verdienen ein vielfaches: Est! Die diesseitigen Stöcke geben dagegen nur einen mehr oder minder guten Landwein.

Auch hier hört man bei jedem Defekt den Refrain: »Das haben die Franzosen getan.« Man sollte meinen, die deutschen Grenzländer müßten auf ewige Zeiten die Lust verloren haben, nach Westen zu blicken. Sie hätten mindestens endlich wohl lernen können, daß eine Nation, welche diesen Namen verdient, es immer nur mit *sich* wohl meint, und gegen andre nie anders als geizig, grausam und räuberisch ist, mag sie einem Despoten oder der Freiheit frönen. [...]

Vom Universitätsgetriebe ließ sich wenig in Heidelberg blicken. Die Vorlesungen waren fast alle schon geschlossen. Die akademische Jugend hat, wo sie zahlreich versammelt ist, etwas von einem Bienenschwarme, der bekanntlich einen großen Nutzen gewährt, jedoch in der Nähe leicht unbequem wird. Mir ist es daher ganz erwünscht, wenn ich zur Zeit der Ferien auf einer Hohen Schule anlange.

Mit besonderer Sorgfalt studiere ich immer die Anschläge am Schwarzen Brette, als Quellen der Kulturgeschichte. Auch die Befehle des Senats pflegen für die Erkenntnis des Geistes der Gesetze wichtig zu sein. Hier hatte Amplissimus seine ganze Kraft auf drei Gegenstände verwandt. Nämlich:

1. sollten die Studenten durchaus nicht mehr im Angesicht des Publikums baden;

2. würden die Unordnungen, welche die Hunde der Studenten noch ferner anrichten möchten, von jetzt an unnachsichtlich geahndet werden;

3. könnte das Einwerfen der Straßenlaternen in Zukunft auf keine Weise länger geduldet werden.

Wenn sich diese Dokumente erhalten, so wird ein Geschichtsforscher des vierundzwanzigsten Jahrhunderts daraus nachstehende Folgerungen herzuleiten imstande sein:

1. daß die Heidelberger Kommilitonen im Stande der Unschuld gelebt haben;

2. daß zwischen ihnen und der wilden Tierart: *Hond* oder *Hend* genannt, ein halbmythischer Verkehr gewesen sei. – Denn, wenn die Veredlung der Zeiten so fortgeht, wie man uns vorhersagt, so gibt es dann keine Hunde mehr, sie sind ausgestorben oder avanciert.

Endlich

3. daß zwei Zünfte in Heidelberg bestanden, Glaser und Studenten, welche miteinander einen geheimen Kartell gehabt, den die letzgedachte Zunft durch Glaszerstörung zum Nutzen des ersten Gewerks ausgeübt. Wie dieses aber wieder den Studenten geholfen, sei zur Zeit noch dunkel.

In dieser Stadt des Wissens gewesen zu sein und niemand besucht zu haben als die Forellen am Wolfsbrunnen, das Schwarze Brett und das Faß, erschien denn doch wie eine gar zu große Torheit. Ich ging deshalb, Thibaut meine Aufwartung zu machen, erhielt aber die Antwort, daß der Herr Geheimerat noch im Kolleg sei. Da er nun, als ich eine Stunde später zurückkehrte, schon bei Tisch war, und ich abreisen mußte, so waren meine Versuche umsonst gewesen, und ich hatte die Strafe des Himmels für meine Verkehrtheit empfangen.

Es tat mir leid. Man hatte mir so vieles von dem alten ehrenwerten Herrn, dem auch ich mein weniges Jus verdanke, gesagt, daß ich, obgleich er ein Gelehrter ist, auf eine menschliche Begegnung mit ihm hoffte. Er leitet bekanntlich einen Musikverein, der die alten großen Kirchensachen – Werke, die zum Teil nie gedruckt worden und gewissermaßen Geheimnis sind – ausführt. Eine jener ehrwürdigen Veranstaltungen, die in Deutschland das Vortreffliche im stillen zu bewahren pflegen! Die strengste Form soll bei den Zusammenkünften dieses Kreises herrschen, alles muß sich auf den Zweck der Versammlung beziehn; man sagt sogar, daß Damen und Herren nicht miteinander zu reden pflegen. Sehr weise! Ein Kunstinstitut erhält sich nur so lange in seiner Reinheit, als ihm Galanterie und Sozietätstrain fernbleiben. – »... obgleich er ein Gelehrter ist...« sagte ich. Warum hasse ich die Gelehrten? – Ich hasse sie nicht, aber sie verstehen meist nur die Genossen ihrer Gilde, und deshalb ist ihre Nähe in der Regel unerfreulich...

Ich stieg, meiner Gesinnung, mir das Liebgewonnene für immer einzuprägen, treu, noch einmal auf die geschmückte Höhe. Hier hatte das verhängnisgeweihte Paar, Friedrich und die schöne Elisabeth von England, gelustwandelt, liebend und rit-

96

terlich schuf und baute der Gatte für die Gattin. Sie war eine
Stuart, und ihr Unglück bewies es. Man kann sie die letzte Dame nennen. Es hat nachher keine Champions mehr gegeben,
die den Handschuh einer Frau am Hute trugen, und in ihre
Fahnen setzten: Für Gott und Sie! *(1831)*

NIKOLAUS LENAU

Die Heidelberger Ruine

Freundlich grünen diese Hügel,
Heimlich rauscht es durch den Hain,
Spielen Laub und Mondenschein,
Weht des Todes leiser Flügel.

Wo nun Gras und Staude beben,
Hat in froher Kraft geblüht,
Ist zu Asche bald verglüht
Manches reiche Menschenleben.

Mag der Hügel noch so grünen;
Was dort die Ruine spricht
Mit verstörtem Angesicht,
Kann er nimmer doch versühnen.

Mit gleichgültiger Gebärde
Spielt die Blum in Farb und Duft,
Wo an einer Menschengruft
Ihren Jubel treibt die Erde.

Kann mein Herz vor Groll nicht hüten:
Ob sie holde Düfte wehn
Und mit stillem Zauber sehn:
Kalt und roh sind diese Blüten.

Über ihrer Schwestern Leichen,
Die der rauhe Nord erschlug,
Nehmen sie den Freudenzug;
Gibt der Lenz sein Siegeszeichen.

Der Natur bewegte Kräfte
Eilen fort im Kampfgewühl;
Fremd ist weiches Mitgefühl
Ihrem rüstigen Geschäfte.

Unten braust der Fluß im Tale,
Und der Häuser bunte Reihn,
Buntes Leben schließend ein,
Schimmern hell im Mondenstrahle.

Auf den Frohen, der genießet
Und die Freude hält im Arm;
Auf den Trüben, der in Harm
Welkt und Tränen viel vergießet;

Auf der Taten kühnen Fechter –
Winkt hinab voll Bitterkeit
Die Ruine dort, der Zeit
Steinern stilles Hohngelächter.

Doch hier klagt noch eine Seele,
Sei gegrüßt in deinem Strauch!
Sende mir den bangen Hauch,
Wunderbare Philomele!

Wohl verstehst du die Ruine,
Und du klagst es tief und laut,
Daß durch all die Blüten schaut
Eine kalte Todesmiene;

Folgst dem Lenz auf seinen Zügen;
Und zu warnen unser Herz
Vor der Täuschung bittrem Schmerz,
Straft ihn deine Stimme Lügen.

Doch – nun schweigst du, wie zu lauschen,
Ob in dieser Maiennacht
Heimlich nicht noch andres wacht
Als der Lüfte sanftes Rauschen.

Die der Tod hinweggenommen,
Die hier einst so glücklich war,
Der geschiednen Seelen Schar,
Nachtigall, du hörst sie kommen;

Von den öden Schattenheiden
Rief des Frühlings mächtig Wort
Sie zurück zum schönen Ort
Ihrer frühverlaßnen Freuden.

An den vollen Blütenzweigen
Zieht dahin der Geisterschwall,
Wo du lauschest, Nachtigall,
Halten sie den stillen Reigen;

Und sie streifen und sie drängen
– Dir nur träumerisch bewußt –
Deine weiche, warme Brust,
Rühren sie zu süßen Klängen.

Selber können sie nicht künden,
Seit der Leib im Leichentuch,
Ihren nächtlichen Besuch
Diesen treugeliebten Gründen.

Nun sie wieder müssen eilen
In das öde Schattenreich,
Rufest du so dringend weich
Ihnen nach, sie möchten weilen.

Blüten seh ich niederschauern;
Die mein Klagen roh und kalt
Gegen die Gestorbnen schalt,
Jetzo muß ich sie bedauern;

Denn mich dünkt, ihr frohes Drängen
Ist der Sehnsucht Weiterziehn,
Mit den Blüten, die dahin,
Um so bälder sich zu mengen.

Hat die leichten Blütenflocken
Hingeweht der Abendwind?
Ist des Frühlings zartes Kind
An dem Geisterzug erschrocken?

(1833)

NIKOLAUS LENAU

An Gustav Schwab

Heidelberg, 5. November 1831
[...] Heidelberg will mir nicht recht heimisch werden. Das laute, bunte Treiben in einer kleinen Universitätsstadt kann mir
nicht recht behagen, ist wie ein literarischer Jahrmarkt. Ich
weiß aber auch keinen Ort in der weiten Welt, wo ich jetzt
gerne sein möchte, nach den schönen Tagen in Stuttgart. Dort
war mein ganzes Leben ein Freudenfest. So gut wird mir's nimmer. [...] Ich wohne im König von Portugal. Er hat mir zwei
Zimmer gegeben um den geringen Preis von 10 Gulden monat-

lich. Da brauch ich mir keinen Diener zu halten, bin überhaupt sehr gut versorgt. Ich wohne überhaupt gerne in Wirtshäusern. Da komm ich mir weniger fixiert vor, gleichsam immer auf der Reise. Wandre! Wandre!

NIKOLAUS LENAU

An Schwager Anton Schurz

Heidelberg, 8. November 1831

Lieber Bruder!

Ich bin jetzt in Heidelberg und bleibe den Winter über hier, weil ich in Würzburg vor einem Jahr nicht promovieren könnte, was hier bis zum Frühling möglich ist. Mir geht es recht gut und wohl bekommt mir jetzt der Übergang aus dem bewegten Gemütsleben zu Stuttgart, wo alles nur den Dichter haben und genießen wollte, in das strengere Leben der Wissenschaft. Ich besuchte die Kliniken nebst einigen Vorlesungen und erwarte große Ausbeute für mein Wissen. Das freie selbständige Studieren sagt mir besser zu als das zwangsmäßige. Überdies fällt hier ein großer Teil des Gedächtniskrames, z. B. Mineralogie, Zoologie usw., weg. Was ich nach Beendigung meines Kurses tun werde, wissen die Götter. Vielleicht findet sich dann eine Aussicht, als Choleraarzt nach Frankreich, England zu reisen. Ich würde so etwas annehmen, um recht in der Welt herumzufahren. Die Betrachtung des Menschenlebens in seinen mannigfachen Erscheinungen ist mir der größte Reiz, nach dem Reize, den die Natur für mich hat. Die bleibt doch meine liebste Freundin, und das Menschenleben ist ohnehin nur das Bild der Natur, wie es sich malt in den bewegten Wellen unserer Triebe. Die Poesie bleibt nicht Deine liebste Freundin? fragst Du vielleicht. Nein, ich kann sie keine Freundin nennen; ich glaube, die Poesie bin ich selber; mein selbstestes Selbst ist die Poesie.

21 *Georg Philipp Schmitt: Guido, Sohn des Malers, 1848*

NIKOLAUS LENAU

An Karl Mayer

Heidelberg, den 1. Dezember 1831

[...] Von meinem Leben in Heidelberg kann ich Dir nicht viel Erfreuliches sagen. Das hiesige Klinikum ist äußerst arm an lehrreichen Krankheitsfällen, so, daß ich meinem Zwecke, praktische Medizin zu lernen, kaum irgend näher komme. Meine Seelenverstimmung wird von Tag zu Tag ärger, beginnt nun auch ziemlich merklich auf meinen Körper zu reagieren. Ich fühle meine Kräfte schwinden. Möchte es doch damit so fortgehen!... Das einzige Palliativmittel für mich ist Vertiefung in ein geistreiches Werk. Und so hab ich mich jetzt in die Schriften Spinozas vertieft. Aber ich mag nun wandern im Gebiete der Poesie oder der Philosophie, so stöbert und schnuppert mein Scharfsinn vor mir herum, ein unglückseliger Spürhund, und jagt mir richtig immer das melancholische Sumpfgeflügel der Welt aus seinem Verstecke.

Hier erhältst Du ein Gedicht, welches ich am Jahrestage der unglücklichen Polenrevolution gemacht. Ich saß mit den hiesigen Burschen (eine abgeschlossene Gesellschaft, mitunter sehr tüchtige Leute) in der Kneipe zum Fäßchen; da überfiel mich plötzlich die schmerzliche Erinnerung, ich ging nach Haus und schrieb folgendes:

An die Heidelberger Burschen, 29. November 1831

(Am Jahrestag der unglücklichen Polenrevolution)

Unsre Gläser klingen hell,
Freudig singen unsre Lieder;
Draußen schlägt der Nachtgesell
Sturm sein brausendes Gefieder,
Draußen hat die rauhe Zeit
Unsrer Schenke Tür verschneit.

Haut die Gläser an den Tisch!
Brüder, mit den rauhen Sohlen
Tanzt nun auch der Winter frisch
Auf den Gräbern edler Polen,
Wo verscharrt in Eis und Frost
Liegt der Freiheit letzter Trost.

Um die Heldenleichen dort
Rauft der Schnee sich mit den Raben,
Will vom Tageslichte fort
Tief die Schmach der Welt begraben;
Wohl die Leichen hüllt der Schnee,
Nicht das ungeheure Weh.

Wenn die Lerche wieder singt
Im verwaisten Trauertale;
Wenn der Rose Knospe springt,
Aufgeküßt vom Sonnenstrahle:
Reißt der Lenz das Leichentuch
Auch vom eingescharrten Fluch.

Rasch aus Schnee und Eis hervor
Werden dann die Gräber tauchen;
Aus den Gräbern wird empor
Himmelwärts die Schande rauchen,
Und dem schwarzen Rauch der Schmach
Sprüht der Rache Flamme nach.

NIKOLAUS LENAU

An Anton Schurz

4. Juni 1844

Geliebter Bruder!

Ich habe in den zwei Monaten meiner Abwesenheit von euch ein ziemlich rühriges Leben geführt. Mit der nachdrücklichsten Energie wurden die Geschäfte bei Cotta betrieben, und der Ausflug nach Heidelberg war ein kräftigendes und erquickendes Zwischenspiel, das mir trefflich zustatten kam. Heidelberg ist, die Schweiz und unser Österreich natürlich abgerechnet, einer der schönsten Punkte Deutschlands. Ein Sonnenuntergang auf der Schloßruine an einem klaren Maienabend gehört zu den Naturgenüssen ersten Ranges. Ein Himmel, wie ich ihn nur auf einigen griechischen und italienischen Landschaften von Rottmann, Marko u. a. gesehen, mit jenen stillfeurigen Vibrationen der Luft, die Berge mit ihren Wäldern und Burgen, der anmutige Rhein und eine weithin gedehnte Fläche, von den bläulichen Vogesen begrenzt, ergriffen mich dergestalt, daß ich vor Freude in ein lautes und anhaltendes Fluchen ausbrach. Seltsame Wandelung meines Wesens. Vor zwölf Jahren hab ich an derselben Stelle geweint vor elegischem Übermaß der Empfindung.

In Heidelberg besuchte ich meinen alten Freund, den über achtzigjährigen Zimmern. Es freute mich herzlich, daß er mich mit der nämlichen Wärme empfing, mit der er mich vor zwölf Jahren scheiden ließ. Diese waren unschädlich an seiner Freundschaft vorübergegangen, und er wollte meine Hand gar nicht mehr loslassen. Heidelbergs Zelebritäten ließ ich unberührt. Schlosser und Gervinus blieben unbesucht und mir unbekannt. Der letztere mag es fühlen, daß er mit seinen philisterhaft borniertem und diktatorisch unverschämten Aussprüchen über die moderne Poesie sich die modernen Dichter nicht zu Freunden gemacht. Schlosser aber ist so mit ihm verwachsen, daß man den einen nicht haben kann, ohne den andern ertragen zu müssen. Ich wohnte im Gasthof »Prinz Carl« mit schöner Aussicht auf die Ruine. Die Table d'hote war so reichlich und köstlich, daß mein Magen aufjubelte und sich zu jener lang entbehrten Rüstigkeit der Jugend wieder verjüngte.

KARL GUTZKOW

Heidelberger Charakterköpfe

Ich faßte das schöne Heidelberg ins Auge und ließ mich, obschon aufgrund meiner Preisschrift in Jena bereits Doktor geworden, doch noch einmal als Quasi-Student einer Universität einschreiben. Ich wählte die juristische Fakultät und hörte auch bei Zachariä, Roßhirt, Morstadt. Letzterer, ein Bruder der berühmten Schauspielerin Haizinger, war eines der Originale der Heidelberger Universität, wie denn auch damals die Universitäten mehr eigentümlich hervortretende Persönlichkeiten aufwiesen als jetzt. Die Zeit war noch nicht angebrochen, wo das ewige Hin- und Herversetzen der Professoren, das Berufen und Berufenwerden fast an die Sphäre der Schauspieler erinnert. Die damaligen Zierden der Ruperto-Carola waren auf ihren Lehrstühlen alt und grau geworden und fast alle mit Haus und Hof im Orte eingebürgert.

Morstadt war ein komisches Original. Man sagte von ihm, er liebte das Glas. Sein Vortrag über Völkerrecht bot ihm unablässig Gelegenheit, den Bann des Servilismus zu durchbrechen, der bei den Professoren für ihre Vorträge vorausgesetzt wurde. Denn Denunzianten gab es ja genug und unter den Kollegen selbst. Mit markigen Zügen wußte Morstadt bei alledem die Nichtswürdigkeiten im Gebaren der Kabinette, die Umtriebe der Diplomatie, den wahren Ursprung so vieler folgenreich gewesenen großen Staatsaktionen, auch zugleich manche der erlaubten Schlauheiten im Verkehr der gegeneinander arbeitenden Potenzen darzustellen [...]

Roßhirt las Institutionen und hatte eine elegante, weltmännische Manier, die für junge Juristen aus Norddeutschland sympathisch sein mußte. Die märkischen Junker konnten auf keinen geeigneteren Kriminalrechtslehrer stoßen... Zachariä, der berühmte Verfasser der »Vierzig Bücher vom Staat«, war das absolute Gegenteil des weltmännischen Roßhirt, ein Zyniker und berüchtigt seines Geizes wegen. Seinem Vortrag über Naturrecht konnte ich nicht mit besonderer Anregung folgen [...]

Ein Empfehlungsbrief Menzels an Friedrich Creuzer, den berühmten Symboliker, zeigte mir in seiner gänzlichen Erfolglosigkeit die vertrocknete Natur einer Geheimen Hofratsseele von damals. Menzel hatte doch bei Creuzers Streit mit J. H. Voß für die Symbolik Partei genommen, hatte eine besondere Broschüre: »Voß und Creuzer« erscheinen lassen, und was geschah? Mit der Miene völliger Stupidität guckte der mit einer großen roten aufgetürmten Perücke ausgestattete Professor den Neuling an und wußte ihn weder jetzt noch später unterzubringen. Als bald darauf Bettina Brentano die Geschichte der Stiftsdame von Günderode erzählte, die sich aus Verzweiflung, von diesem Manne da im Schlafrock und der roten Perücke verlassen zu sein, in den Rhein stürzte und den Tod gab, habe ich den Zauber nicht begreifen können, den ein solcher Adept der romantischen Schule einst auf ein weibliches Wesen hatte hervorbringen können. Man klärte mich über den kühlen Empfang in dem alten Eckhause, dem Geologen von Leonhard und der Peterskirche gegenüber, auf. Ich hatte nicht wissen können, daß ich in einem französischen Lustspiel beschäftigt war. Dieser alte Herr mit seinem roten Titus war immer noch so romantischer Komplexion, daß er sich eben mit einem bildschönen Mädchen vom Lande, das seine Enkelin hätte sein können, verheiratet hatte. Da war sein Haus für junge Männer vorläufig nicht geöffnet.

Reichlichen Ersatz für die Professorenwelt, in welcher der Bewohner eines Zimmers in der Mittelbadgasse zu sieben Gulden monatlich keinen Eindruck hatte hervorbringen können, bot die herrliche Umgebung der Musenstadt, die in den Herbsttagen von 1832 und im Frühjahr des folgenden Jahres, ja selbst bei Wintersturm, Frost und Schneewehen, im Wanderschritt reichlich genossen wurde. Fast täglich wurde zeitweise der Wolfsbrunnen besucht, bald der obere, bald der untere Weg zum Hin oder Zurück gewählt; in anderer Periode kam der Philosophenweg an die Reihe, und wenn ihm recht die Arbeiten im stillen Stübchen gedeihen sollten, so lockte den Einsiedler die beruhigendere Ebene auf die Wege nach Wieblingen oder Schwetzingen. Studentenverkehr zu suchen, konnte mir nicht mehr beikommen. Norddeutsche Korpsburschen, Adlige mit rüden Manieren, Gestalten, frech, wie man sie jetzt nicht mehr kennt, überwogen. *(1832/33)*

FRIEDRICH HEBBEL

Nachtlied

Quellende, schwellende Nacht,
Voll von Lichtern und Sternen:
In den ewigen Fernen,
Sage, was ist da erwacht!

Herz in der Brust wird beengt,
Steigendes, neigendes Leben,
Riesenhaft fühle ich's weben,
Welches das meine verdrängt.

Schlaf, da nahst du dich leis,
Wie dem Kinde die Amme,
Und um die dürftige Flamme
Ziehst du den schützenden Kreis.

(6. Mai 1836)

FRIEDRICH HEBBEL

An Elise Lensing in Hamburg

Heidelberg, 3. April 1836

Meine teure, gute Elise!

Soeben habe ich von meinem Logis Besitz genommen und fühle jetzt kein anderes Bedürfnis, als Dir zu schreiben. Ich bin so sentimental wie ein junges Mädchen, welches zum erstenmal empfindet, daß es ein Herz hat; ich könnte mich sogleich auf den Postwagen setzen und nach Hamburg zurückfahren, Berge sind ein schlechter Ersatz für geliebte Menschen. Dies wird vorübergehen und muß vorübergehen; aber wahr ist es, der Abschied ist ein bloßes Fegefeuer und die Hölle beginnt, wo die Reise aufhört und der neue Lebenskreis anfängt. Könnte ich jetzt eine Stunde mit Dir in Deinem kleinen Kämmerlein sitzen, so läge darin mehr Lebensgenuß als meine ganze Universitätszeit mir bieten wird. [...] Ich bewohne ein großes, geräumiges, nahe bei der Universität gelegenes Zimmer, welches mit einer Kommode, einem Tisch, einem Schreibpult, zwei Stühlen, einem Kleiderschrank und einem – Sofa möbliert ist; außerdem habe ich ein freundliches Schlafkämmerlein mit Zubehör, Aufwartung, Hausschlüssel usw., und alles für 24 Gulden per halbes Jahr (nicht über 40 Mark nach dortigem Gelde), was für eine so frequente Universitätsstadt wie Heidelberg gewiß billig ist. [...] Es ist Abend, die Uhr ist acht, ich habe meinen Tee getrunken und denke so recht innig an Dich. [...] Von Heidelberg kann ich Dir noch nicht viel schreiben, nur dies, daß die Mandelbäume blühen. [...] Neugierig bin ich, wie's mir bei den hiesigen Professoren gehen wird. Ich glaube nicht, daß sie mich immatrikulieren werden, doch soll mir dies ziemlich gleichgültig sein, da ich die *Kollegia* ja jedenfalls hospitieren kann und es mir gar nicht darauf ankömmt, ob sich ein echter deutscher Bursche mit mir schlagen will oder nicht. [...] Wäre das Wetter nicht so schlecht, so würde meine Stimmung besser sein, aber jetzt, wo ich beständig zu Hause sitzen und mich dabei erinnern muß, daß ich nicht hinüber gehen kann zu Dir, verfluche ich Süddeutschland und besonders mich selbst. Freilich, so, wie wir's in Hamburg hatten, konnte und durfte es nicht länger bleiben, aber, bei Gott, der Faden ist nur darum abgerissen, um ihn sobald wie möglich fester wieder anzu- knüpfen. Du bist nicht die erste in Schönheit und Jugend, aber Du bist in Deiner grenzenlosen Liebe und Hingebung das einzi- ge weibliche Wesen auf Erden, welches mich noch mit Glück und Freude zusammenknüpfen kann.

Friedrich Hebbel

An Elise Lensing in Hamburg

Heidelberg, 3. Mai 1836
[...] Die Kollegia sind bereits begonnen und ich habe schon vier Stunden bei Thibaut gehört; er ist ein verständiger und, wie ich glaube, geistreicher Mann und hat mir das Honorar geschenkt. Außer bei ihm habe ich noch ein Kollegium bei einem Doktor Gujet belegt, dessen ganzes Auditorium ich, wie ich vermute, ausmachen werde. [...] Das Leben hier sagt mir so wenig zu, daß ich, wenn ich nur irgendeinen Ausweg vor mir sähe, die Studien niederlegen würde; die äußeren Hindernisse sind fast unübersteiglich, da der Mangel schon eintritt, wo der Überfluß aufhört, und auch mit inneren hab ich zu kämpfen; die Wissen- schaften verlangen vielfältig einen Karrenschieber, das kann der Mensch aber nur in demjenigen Alter sein, wo er noch nichts ist. Man spricht so viel vom Fleiß und von der lieben, lieben Geduld; ach Gott, ja, ich hab allen Respekt, aber man weiß wohl, es ist die Art des Vogels, zu fliegen, und er wird sich schwerlich an den Paßgang eines Ackergaules gewöhnen, wenn dieser gleich jeden Abend eine volle Krippe findet.

FRIEDRICH HEBBEL

An Brede in Wesselburen

26. Mai 1836

Ich saß auf dem Heidelberger Schloß auf der Terrasse und las
Goethes Achilleis; ein Gewitter zog herauf und kündigte sich,
wie etwa eine beginnende Schlacht, durch abgemessene, einzelne Donnerschläge an; der Wind erhob sich und rauschte vor
mir in den Bäumen; Regenwolken ergossen in längeren und
kürzeren Pausen kalte, dicke Tropfen; von unten auf schäumte
der Neckar zu mir herauf; vor mir sah ich auf einer Bank einen
schlafenden Knaben, den Donner, Regen und Wind nicht zu
erwecken vermochten und in der Ferne, riesenhaft aufdäm-
mernd, die Rheingebirge.

FRIEDRICH HEBBEL

Tagebuch

Heidelberg, 2. Juni 1836

Heute Fronleichnamsfest, Prozession in der Jesuitenkirche. Die
Kirche rings mit Laub und Blumen geschmückt, der Hauptal-
tar mit tausend Lichtern, hinten durchs Fenster die Morgensonne. Die Gänge, wodurch die Prozession zog, mit Girlanden,
von jungen Mädchen getragen, eingefaßt. Ergreifende Ankündigung der Prozession durch Pauken- und Trompetenge-
schmetter, Fahnen. Dazwischen, von einem Knaben getragen,
ein silberner Christus. Junge Mädchen, von einer erwachsenen
Führerin begleitet, weiße Kleider, lächelnde Engelgesichter,
gekränzt mit Rosen, rührender Kontrast zwischen dem frischesten Leben und dem vorangetragenen Tod. Knaben. Monstranz unter einem Thronhimmel. Merkwürdiges Pfaffenge-
sicht, welches sich in die Monstranz zu verkriechen schien wie

etwa ein Hund in eine Heiligennische. Grober Unterteil des Gesichts. Wachskerzen. Viel an den Jesus gedacht. Das alte,
schwarze Weib, Gebetbuch und Rosenkranz in der Hand, einen hervorstehenden Zahn im Munde, immer geplappert, ge-
betet und geneigt.

In der Nacht vom 27. auf den 28. Juni 1836
Den Königstuhl erstiegen. Weg übers Schloß, welches aussah
wie abends beim Zudämmern. Dann, in der Mitte des Berges,
der goldene Mond, hinter dem Berg, zwischen den Bäumen mit
jedem Schritt hervorwachsend. Oben am Turm das Feuer, die
Studenten rings herum... alle gelagert wie etwa eine Räuber-
bande. Bedeutende Helle, im Osten Röte, sonst der Himmel
dunkelblau und die Bäume unter uns, die sich nicht unterscheiden ließen, eine grüne Fläche, wie eine Flur. Um ¾ auf 4 die
Sonne, erst klein, wie ein Licht, schnell zunehmend.

Friedrich Hebbel

An den Kirchspielschreiber Voß in Wesselburen

Heidelberg, 14. Juli 1836
Wertester Herr Kirchspielschreiber!
[...] Ich bin gegenwärtig Student und in Heidelberg. Letzte-
res mit ganzer, ersteres mit halber Seele. Die tollen Wellen des
akademischen Lebens rollen an mir wie an einem Felsblock
vorüber und reißen mich selten mit sich fort. Dies ist so wenig
mein Verdienst als meine Schuld. Es bedarf des vollen Gefühls
unverkümmerter Jugend, des durch keine Verhältnisse getrüb-
ten heiteren Lebensmuts, wenn man sich freudig in einen Kreis
hineinstürzen soll, der so wenig mit des Menschen als mit der
Menschheit höchsten Interessen etwas zu tun hat und der, weil
Kraft und Vermögen immer ihr Medium suchen, für die Notwendigkeit das Willkürlich-Phantastische supponiert. Ich

wollte, daß ich's könnte; aber niemand kommt *von* der Galeere wie er sie betrat. All mein Bestreben ist auf poetisches Schaffen und praktisches Wirken gerichtet; was damit nicht nach irgendeiner Seite hin zusammenhängt, das ist für mich nicht da. Dennoch bin ich weit entfernt, den Stubenhocker und Sonderling zu machen; im Gegenteil besuche ich wöchentlich *ein*mal die Kneipe und stehe bei den alten Häusern im Kredit eines, wenn auch nicht vielversprechenden, so doch leidlichen Fuchses, dem man seine Eigenheiten nachsehen muß, da er – ich muß mich hier der Kunstausdrücke bedienen – kamelisiert und auerstiert. Nur meine langen Haare machten mir anfangs viel zu schaffen; die Heidelberger Studenten nämlich, die vor fünf Jahren noch in zerrissene Strümpfe und beschmutzte Röcke ihren Stolz setzten, laborieren jetzt an einem aristokratischen Fieber, tragen Fracks und Titusköpfe usw. und konnten sich an das lange Haar eines Menschen, das dazu allerdings nicht in den zierlichsten Locken fällt, nicht gewöhnen. [...]

Ich habe viel zu tun; aber es gibt immer Stunden, worin sich an geistige Arbeiten nicht denken läßt, und diese benutze ich redlichst zur Aufnahme und Genuß alles dessen, was hier in so reichem Maße die Umgebung beut. Ich sage absichtlich: die Umgebung, denn die Natur, so schön sie ist, tut's nicht allein; Heidelberg könnte eher einen Berg als das Schloß entbehren. Die Stadt liegt ganz eigentümlich am Neckar, einem kleinen, munteren Fluß, zwischen zwei bedeutenden Bergreihen, harmlos und freundlich, wie es sich bei einer so gigantischen Nachbarschaft geziemt; eine Brücke, schlank wie der Bogen, den eine Schwalbe im Fliegen beschreibt, führt über den Neckar und endigt sich in einem wirklich imposanten Tor. [...] Die erste Bergreihe (der Heiligenberg ist dessen höchste Spitze) und die dieser gerade gegenüberliegende zweite, deren Gipfel der Königstuhl ist, welcher, den 80 Fuß hohen Turm ungerechnet, 1750 Fuß über die Meeresfläche hinausragt. Ich habe ihn dreimal bestiegen, einmal in einer unvergeßlichen Nacht, um den Sonnenaufgang zu sehen; man hat oben vom Turm aus eine unermeßliche Aussicht ins Rheintal hinunter… Die prachtvollen Ruinen des Heidelberger Schlosses, welches, mit unendlicher Kühnheit, eine gewaltige Masse, an den Berg hinaufgebaut, stolz und majestätisch-ernsthaft auf die Stadt herabschaut; man muß, wenn man es in seiner ganzen Bedeutung erfassen will, es des abends im Mondschein vom Karlsplatz aus sehen; da hängt es, geheimnisvoll, wie ein Gespenst des Mittelalters, aber überwuchert von üppigster Vegetation der frischesten Gegenwart – ein Geist, der sich mit Laub und Blumen schmückt – herunter; in den Bäumen, die auf den *Türmen* und Mauern aufgeschossen sind, säuselt der Nachtwind, und darüber, gleich einer goldenen Krone, funkelt der Sternenkranz. Manchen Eindruck dieser Art habe ich, soweit menschliches Darstellungsvermögen solche ungeheuere Massen zu bewältigen vermag, in Gedichten festzuhalten gesucht; doch sind diese Gedichte mehr bloße Baurisse für meine eigene Phantasie, die in späteren Jahren ihre Wirkung haben werden, denn die Poesie mag sich anstellen wie sie will, ums Plastische wird sie sich ewig umsonst bemühen.

FRIEDRICH HEBBEL

An Elise Lensing in Hamburg

Heidelberg, 20. August 1836

[…] Gelebt habe ich grenzenlos sparsam und den ganzen Sommer, Miete und Schusterlohn eingeschlossen, kaum 130 Mark nach dortigem Gelde gebraucht. Ein Leben dieser Art halte ich aber auch nicht länger aus; wenigstens eine äußere Umgebung, die mich mehr anregt als das, seiner schönen Natur ungeachtet, grenzenlos langweilige Heidelberg, muß ich haben. […] Darum bin ich gewillt, den nächsten Winter in München zuzubringen, […] dann aber habe ich in München eine im ganzen Deutschland nicht zum zweitenmal vorkommende Gelegenheit, die trefflichsten Kunstwerke zu sehen; […] dazu lassen sich dort leicht mit den Journälen Verhältnisse anknüpfen.

FRIEDRICH HEBBEL

Tagebuch

31. August 1836

Heute abend eine wunderbar-schöne Beleuchtung des Himmels: anfangs einige blaßrote Wolken, dann plötzlich das schönste, mildeste Gelb, darauf das reinste Violett, und dann ein immer mehr zudunkelndes Rot. Alles sich im Neckar spiegelnd und auf den Ziegelhäuser Äckern sich reflektierend.

2. September 1836

[...] Heute abend von Rendtorfs Zimmer am Neckar aus das imposanteste Gewitter beobachtet. Die Wolken türmten sich, anfangs ballenweise, später in ungeheuren schwarzen, festen Massen hinter dem Heiligenberg auf, dann, wie ein Heer, stiegen sie über das Haupt des Berges empor und ergossen sich nun in Strahlenformen im gewaltigsten, den ganzen Berg unsichtbar machenden, von Blitzen durchkreuzten Regen, der sich wie ein in der Luft befindliches Meer ausnahm; man sah einzelne Wolken fast, wie zusammenbrechend unter der Last, auseinander fließen; der Neckar verlor seine gewöhnliche Wellenbewegung und trieb sein Wasser wie in Rauch- oder Wolkenfiguren, und gleich nachher stieg in Höhenrauch die zur Erde gekommene Masse wieder als Wolkenknäuel auf und lagerte sich abermals um den Berg.

3. September 1836

Heute nacht in Rendtorfs Zimmer: das Rauschen des Neckars, finstere Nacht, Laternen auf der Brücke, mehr blinzelnd als leuchtend, ferner Donner und zuweilen ein schwefelblaues Wetterleuchten, welches die sonst verhüllten Bergmassen mit wunderbarer Helle übergoß.

JACOB BURCKHARDT

Abschied

'S war Herbst; und wie auch mild und lau der Föhn
Durchsäuselte die mächt'gen Waldeshöhn,
Schon sank so manches Blatt vom Baume.
Der Scheidende stieg rasch zum Schloß empor;
Dort träumt' er einst den kurzen Liebesflor,
Dort nimmt er Abschied jetzt vom Traume.

Lebt wohl, ihr Steige, süß im Laub versteckt,
Ihr grauen Mauern, teppichgrün bedeckt!
Ihr heimlich düstren Treppengänge!
Und du, Terrasse. In der lauen Nacht
Lag alles unter ihm in dunkler Pracht,
Die Stadt, der Strom, die Waldeshänge.

Und vom Gebirg zu mir herüber drang
Des Waldes Duft und ferner Hörnerklang
Und aus dem Tal des Flusses Rauschen—
Und aus den Gärten klang es leis empor,
Die alten Lieder drangen an sein Ohr –
Noch einmal mußt' er stehn und lauschen.

Da stieg der Mond herauf, und riesengroß
An die gigantischen Trümmerwände goß
Sich alter Türme vielgebrochner Schatten.
Die Bäume wogten in dem bleichen Schein,
Und wie mit Geisterdrange zogs hinein
ins Tor der Burg den Lebensmatten.

(1843)

22 *William Turner: Heidelberg, um 1840*

VIKTOR VON SCHEFFEL

An Karl Schwanitz

Heidelberg, Dezember 1846

Mein lieber Karl!

Du wirst denken, ich sei ganz untergegangen und ersoffen im Strom des Heidelberger Lebens, daß ich seit 7 Wochen, die ich mich jetzt wieder hier herumgetrieben habe, Dir keine Silbe von Nachricht zukommen ließ; und es ist auch in der Tat so, denn ich alter Knabe, statt mich in die 4 Wände meiner Klause zurückzuziehen, habe mich wieder recht rüstig hineingeworfen in den hiesigen Strudel und schwimme vorerst fidel darin mit.

Statt aller Entschuldigung will ich Dir lieber gleich erzählen, wie es in den 7 Wochen mir und andern erging, es ist ein Stück Heidelberger Studentenleben, was ich mit durchgemacht habe.

In den ersten Tagen meines Hierseins war ich recht wehmütig gestimmt, ging viel aufs Schloß und dachte an alte Zeiten, die Jahrestage vom vorigen Oktober in Jena und weiter zurück, – und studierte dabei. Allmählich kamen verschiedene Leute an, ich sah mich näher um, wie's im hiesigen Verbindungsleben aussah. Die Teutonia fanden wir sehr verbummelt, aus ganz verschiedenen Elementen zusammengesetzt, doch mit Keimen zum Bessern. Es waren darin viel Hamburger Füchse, d.h. Leute im 2ten und 3ten Semester, intelligente Kerls, aber ohne Erfahrung und angesteckt von den allgemeinen Heidelberger Ideen, nach denen sich so bequem leben läßt… Diese heterogenen Leute, circa 18 an der Zahl, kneipten in der ersten Zeit sehr ledern. Lobeck und ich gingen ein paar Mal hin und vertilgten viel Bier und brachten einigen fidelen Tumult auf die Kneipe, worüber sich manche von den feinen und ruhigen Hamburgern sehr wunderten. – Im ersten Konvente hingegen wurde – worüber wir unsererseits uns wunderten – ein Antrag auf Kränzchen verworfen und damit eigentlich das Bummelleben zur Parole gemacht, wogegen sich die Leute im Privatgespräch stets zu verwahren gesucht hatten.

Nun wußten wir, wo wir dran waren; und sonderbarer Weise traten wir, nämlich Lobeck und ich, dennoch bald darauf in diese Verbindung ein. Das ging so: auf jenen verunglückten Kränzchenantrag wollten mehrere austreten, wir besprachen uns viel mit ihnen und kamen zur Überzeugung, es sei doch besser, anstatt daß der letzte Rest unserer Ansicht aus der Teutonia herauskomme, werde etwas mehr davon hineingepflanzt, – und wir hegten die sichere Hoffnung, durch unseren persönlichen Einfluß in Bälde diese Verbindungsheiden bekehren und die Majorität für uns gewinnen zu können, zumal da eine Anzahl Neuangekommener, Erlanger Burschenschafter u.a. nur auf diese Umgestaltung der Verbindung hoffte, um einzutreten.

Im Anfang ging alles gut; – sehr erfreulich war uns der Antrittskommers der Allgemeinheit, der sehr zahlreich besucht

und ein wirklicher Sieg über den Radikalismus und die Nek-
karbundsleute zu nennen war; denn in sämtlichen Reden, die
gehalten wurden, sprach sich das Bedürfnis aus, das schlaffe
bisherige Leben zu ändern, das Studentische nicht in dem Bürger aufgehen zu lassen; – und ich erlaubte mir zu sagen, das,
was uns hier not täte, seien feste, geschlossene Verbindungen.

[...] Wir hatten zwar schon bedeutend gewirkt, aber die andern desgleichen machten uns wieder ein paar Füchse abtrün-
nig, und nach einer sehr langen Debatte, die übrigens im ganzen recht ernsthaft und schön durchgeführt wurde, scheiterte
der Kränzchenantrag abermals durch 11 Stimmen gegen 10;
und zwar bloß an dem Wörtchen »Zwang«, wodurch sich die
freie Wissenschaftlichkeit der Mehrzahl entschieden beleidigt
fühlte.

Zwei Tage darauf konstituierten wir die *Franconia,* und so
laufe ich gegenwärtig als Frankone in Heidelberg herum, trage
eine braune Samtmütze mit Goldstreif und kneipe in der Stadt
Düsseldorf. [...]

Doch ich will Dir noch weiter einiges von den Heidelberger
Zuständen mitteilen. – Trotzdem daß wir jetzt eine ziemlich
energische Verbindung da haben, die unsere Ansicht vertritt, so
möchte ich derselben dennoch auf dem Heidelberger Boden
keine allzu glänzende Zukunft und lange Existenz prophezei-
en. Ich glaube, daß wir als die letzten Ritter oder Mohikaner
dastehen. – Die allgemeine Richtung der Gemüter in Heidelberg ist noch gerade so zerfahren und verbummelt, wie ehe-
dem; der Einzelne, wenn er nicht bloß, um flott zu leben, ins
Korps geht, hält sich für viel zu vollkommen und selbstberech-
tigt, um sein Streben einem allgemeinen unterzuordnen; die
Allgemeinheit, wenn sie auch gegenwärtig nur schwach vege-
tiert, hat doch eine öffentliche Meinung herangebildet, hinter
der sich der Einzelne immer noch verschanzen kann, ohne offene Angriffe besorgen zu müssen, und dann lebt sich's so bequem als wissenschaftliches oder radikales Kamel mit ein paar
Phrasen über den fortgeschrittenen Geist der Zeit pp., – daß

wir aus dem innern Heidelberger Leben heraus auf wenig An-
klang oder Zuwachs rechnen können; die Leute aber, die von
einer andern Universität aus einer ähnlichen Verbindung in die
unsrige herüberkommen, haben meistens dort schon ihre beste
Kraft im Studentenleben aufgewendet und sind dann in Heidelberg nicht mehr mit voller Energie bei der Sache. [...]

Von allgemeinem Interesse sind in diesem Winter in Heidelberg nur Gervinus' Vorlesungen über Politik, die von circa 600
Leuten, Studenten und Philistern, besucht sind. Die »Mannheimer Abendzeitung« hat zwar schon gehörig Neckarbundswas-
ser darüber geschüttet; das nimmt ihnen aber ihren Wert nicht.
Gervinus hat zwar auch seine verwundbaren Achillesfersen,
aber den ganzen Mann moralisch tot zu schlagen, weil er gegen
den Kommunismus und die deutsche Journalistik der Gegenwart ist, das ist zum mindesten unverschämt. – Nachdem er als
Einleitung die Urheber der bedeutendsten politischen Systeme
charakterisiert hatte, von den Alten Plato und Aristoteles, von
den Neuen Macchiavelli, Montesquieu und Rousseau, ging er
auf genaue Prüfung und Analyse unserer politischen Zustände
ein, schilderte offen die Täuschungen, die uns unsere Regierungen bisher bereitet, und die Notwendigkeit – sowohl nach geschichtlicher Analogie als unserm Volksbedürfnis – aus unserer
bisher vorherrschend literarischen Periode in eine politische
überzugehen. Die Hauptfrage, die ihn bisher beschäftigte, war,
ob das Übergehen in eine politische Zeit, das er für absolut
unvermeidlich hält, auf dem Wege der *Revolution* oder friedlich, wie er es nennt, durch *Evolution* vor sich gehen werde.
Hierbei hat er denn auf interessante Weise alle die entschieden
revolutionären Elemente in unsern Zuständen geprüft – und
allerdings über die kommunistischen Tendenzen sich hart aus-
gesprochen, indem er das Unvernünftige und so zu sagen Ana-
chronistische in der Bestrebung nachwies, den vierten Stand,
das Proletariat, zu emanzipieren, während wir den dritten, das
Bürgertum, auf welchem nach geschichtlicher Notwendigkeit,
nachdem Adel und Geistlichkeit ihre Rolle ausgespielt, die Ent-

wickelung der Zukunft beruhe, noch bei weitem nicht zu seinem Recht und seiner Bildung gebracht hätten.

Fatal hat mich nur das berührt, daß er bei seiner gerechten Polemik über den Kommunismus damit in einem Zuge auch über die ganze soziale Frage unserer Zeit den Stab gebrochen hat und einfach die materielle Not leugnete oder sogar für ein Produkt hirnverbrannter Köpfe und nicht für ein Produkt der wirklichen steigenden Not hält.

GOTTFRIED KELLER

Romantisch

Ich ging auf den grünen Bergen zu Heidelberg spazieren, wo man in die Haardt hinübersieht, zu meinen Füßen die herrliche Ebene, weiterhin den schimmernden Rhein, an ihm südlich der Dom von Speyer und nördlich die Türme von Worms und zu hinterst der blaue schöne Gebirgszug der Haardt. Hinter mir hervor aber kam der Neckar, dem gebrochenen Bergpalaste vorbei, und schlängelte sich ebenfalls in das flache Land hinaus. Er brachte aus seinen Tälern hervor die schwäbischen Erinnerungen mit, während der Odenwald mit seinen Sagen sich fast bis unter die Füße heranschob. Ich spekulierte just über die Art von Sehnsucht, welche das Anschaun eines schönen Landstrichs in uns erweckt; denn schon oft glaubte ich beobachtet zu haben, daß die schönste Landschaft, gerade weil sie so schön ist, noch irgend eine Befriedigung unerfüllt läßt und irgend einer unbekannten Ergänzung mangelt. Besonders die blaue Ferne tut dies aller Orten, so wie fern glänzendes Wasser. Ebenso überkommt einen dies Gefühl in einem tüchtigen stillen Wald, wenn man allein ist. Wie ich also darüber nachdachte, was dies Fehlende wohl sein möge, gingen Fremde an mir vorüber und ließen das Wort »romantisch« in meine Ohren fallen.

Wie ein heller Glockenton ertönte alsobald das Wort Romantik in mir wieder. Ich hatte seit Jahr und Tag dieses Begriffes nicht mit Liebe gedacht, obgleich ich alle Jahre wenigstens einen seiner Vertreter wieder lese; aber in diesem Augenblick war es mir, als ob er dasjenige sein müßte, was zum Genusse des vor mir liegenden Landes gehört, wie Salz zum Brote...

Wenn jede Poesie ihren gehörigen landschaftlichen Boden braucht, so braucht auch jede Landschaft ihre poetischen Bewohner. Am liebsten möchten wir selbst eine tüchtige Rolle darin spielen; ist dies nicht der Fall, so müssen die Vorfahren, welche auf diesem Boden wandelten, mit ihrem poetischen Leben aushelfen, und dies haben gerade die Romantiker bisher am besten vermittelt; denn mich wenigstens dünkt, daß, durch ihre Gläser besehen, das Land noch einmal so reizend geworden ist. *(1849)*

GOTTFRIED KELLER

An Mutter und Schwester

Heidelberg, 31. Oktober 1848

[...] Über den Luxus des Zimmers, welches ich bezogen habe, könntest Du Dich nun nicht beklagen, wenn Du es sehen würdest, liebe Mutter. Es gehört zu den einfachsten, welche hier aufzutreiben sind bei armen Leuten: ein kleines Zimmer mit einem Schlafzimmerchen (wie es hier nicht anders zu haben ist) und kostet mich 30 Gulden das Halbjahr [...] Das Frühstück läßt man sich im Hause geben, Kaffee und ein Brötchen; des Mittags geht man in ein Gasthaus und ißt da für 20 Kreuzer sehr gut; des Nachts nimmt man gar nichts oder kauft beim Bratwurster für 6 Kreuzer etwas, nimmt's in den Sack und geht entweder ins Wirtshaus damit, wenn man ausgehen will, oder man geht heim und frißt's dort. Übrigens gehen nur die jungen Studenten abends in ihre Kneipen; gesetztere Leute hocken zu

Hause oder besuchen Privatgesellschaften. Ich bin, seit ich hier bin, erst ein einzigesmal um 11 Uhr heimgekommen, als ich in eine Gesellschaft geladen war. Ich habe ein halbes Klafter Holz gekauft, welches mit Hacken und Tragen 6 Gulden 45 Kreuzer kostet; die Heizeinrichtung ist miserabel hier; im vornehmsten wie im kleinsten Hause sind lausige eiserne Öfelchen, welche nicht einmal einen Schieber haben. Es ist merkwürdig, wie dumm in dieser Beziehung so eine ganze Stadt sein kann. Überhaupt ist hier ein lumpiges, liederliches Volk: alles lebt ganz und gar von den Studenten; die halbe und drei Viertels Bevölkerung sind uneheliche Studentenkinder und läuft in Fetzen herum.

GOTTFRIED KELLER

An Eduard Dössekel in Seon

Heidelberg, 8. Februar 1849
Ich habe zwar die Schweiz und Euch Einwohner nicht vergessen, doch bin ich seit meinem Hiersein solchermaßen in eine neue Bahn geworfen worden, daß ich mich auch jetzt noch förmlich zusammenraffen muß, um endlich nur einigermaßen meine Pflicht gegen meine heimatlichen Freunde zu erfüllen; denn, wer unerwartet auf einem neuen, aber noch nicht ganz sicheren und bestimmten Wege wandelt, an dessen Ziele aber eine klare heitere Aussicht zu hoffen ist: der schaut nur höchst ungern zurück und hat kaum Lust, seine frisch angeknüpften Fäden auch rückwärts zu reichen, seine neu empfangene Parole auch rückwärts zu rufen, ehe er weiß, wie sie dort aufgenommen werden, ehe er auch die ganze Geschichte und Entwicklung zugleich mitgeben kann.

Ich hatte in Zürich soviel als versprochen, hier vorzüglich Geschichte zu treiben, und nun bin ich fast ausschließlich in die Philosophie hineingeraten. – Fast zufällig besuchte ich einmal

Henles Vorlesung über Anthropologie; der klare schöne Vortrag und die philosophische Auffassung fesselten mich; ich ging nun in alle Stunden und gewann zum erstenmal ein deutliches Bild des physischen Menschen, ziemlich von der Höhe des jetzigen wissenschaftlichen Standpunktes. Besonders das Nervensystem behandelte Henle so geistreich und tief und anregend, daß die gewonnenen Einsichten die beste Grundlage oder vielmehr Einleitung zu dem philosophischen Treiben abgeben. Ein aufgeweckter junger Dozent, Dr. Hettner, auch vorzüglicher Literarhistoriker und Ästhetiker, las über Spinoza und die aus ihm hervorgegangene neue Philosophie bis auf heute. Endlich kam noch Ludwig Feuerbach nach Heidelberg und liest hier auf ergangene Einladung öffentlich über Religionsphilosophie. Bald kam ich persönlich mit Feuerbach zusammen, sein tüchtiges Wesen zog mich an und machte mich unbefangener für seine Lehre, und so wird es kommen, daß ich in gewissen Dingen verändert zurückkehren werde. Ich habe keine Lust, jetzt schon schriftlich eine Art von Rechenschaft abzulegen. Nur so viel: wenn es nicht töricht wäre, seinen geistigen Entwicklungsgang bereuen und nicht begreifen zu wollen, so würde ich tief beklagen, daß ich nicht schon vor Jahren auf ein geregelteres Denken und größere geistige Tätigkeit geführt und so vor vielem gedankenlosen Geschwätze bewahrt worden bin.

Für die poetische Tätigkeit aber glaube ich neue Aussichten und Grundlagen gewonnen zu haben, denn erst jetzt fange ich an, Natur und Mensch so recht zu packen und zu fühlen; und wenn Feuerbach weiter nichts getan hätte, als daß er uns von der Unpoesie der spekulativen Theologie und Philosophie erlöste, so wäre das schon ungeheuer viel. Übrigens bin ich noch mitten im Prozesse begriffen und fange bereits an, vieles für meine Individualität so auf meine Weise zu verarbeiten. Komisch ist es, daß ich kurz vor meiner Abreise aus der Schweiz noch über Feuerbach den Stab gebrochen hatte als ein oberflächlicher und unwissender Leser und Lümmel; so bin ich recht aus einem Saulus ein Paulus geworden. Indessen kann ich doch für die Zukunft noch nichts verschwören; es bleibt mir noch zu vieles durchzuarbeiten übrig; aber ich bin froh, endlich eine bestimmte und energische philosophische Anschauung zu haben.

Nebenbei treibe ich noch Literaturgeschichte und arbeite an meinem unglückseligen Romane, welchen ich, da ich einen ganz anderen Standpunkt und Abschluß meines bisherigen Lebens gewonnen habe, erst wieder zu zwei Dritteln umschmelzen muß. Wenn der Sommer schön wird in dieser schönen Landschaft, so werde ich ein Schauspiel darin schreiben, das mir durch den Kopf geht. Was nächsten Winter aus mir wird, kann ich noch nicht sagen, jedenfalls gehe ich nicht nach dem Orient; ich habe mehr Lust, in Deutschland zu bleiben; denn, wenn die Deutschen immer noch Esel sind in ihrer Politik, so bekommen mir ihre literarischen Elemente um so besser.

GOTTFRIED KELLER

An Wilhelm Baumgartner in Zürich

Heidelberg, 10. März 1849

Hier haben wir schon die herrlichsten Frühlingstage gehabt; heute Nacht ist zwar ein Schnee gefallen, aber die Sonne brennt ihm diesen Augenblick, da ich dieses schreibe, tüchtig auf den Pelz. Es gärt wieder ziemlich unter dem Volke hier zu Lande. Ich wünsche aber kaum, daß nächstens etwas losgeht, wenigstens möcht ich nicht in Heidelberg sein während einer Revolution; denn ein roheres und schlechteres Proletariat habe ich noch nirgends gesehen als hier. Man ist nachts seines Lebens nicht sicher, wenn man allein über die Straße geht; die unverschämtesten Bettler fressen einen fast auf, und dabei brummen diese unglückseligen Geschöpfe fortwährend von Republik und Hecker. Die sogenannten Führer sind aber auch danach, nämlich die Redakteure der Winkel- und Lokalblätter. Borniertere und brutalere Kerle sind mir noch nicht vorgekommen als die deutschen Republikaner zweiten und dritten Ranges; alle bösen Leidenschaften: Neid, Rachsucht, Blutgierde, Lügenhaftigkeit nähren und pflegen sie sorgfältig im niederen Volke.

GOTTFRIED KELLER

An Eduard Dössekel in Seon

Heidelberg, Pfingsten 1849

Obgleich ich ein schlimmer Heide bin, so liebe ich doch die schöneren unter den christlichen Festtagen, wie Ostern und Pfingsten. Diesmal sind letztere besonders gut geraten; das schönste Wetter im Neckartal, alle Straßen sind voll revolutionären Volkes, welches Blumen und Waffen und rote Bänder an den Hüten trägt; vor der Türe die lärmenden Landsleute, welche mich nach Schwetzingen hinauskutschieren wollen, allwo des Großherzogs Wasserkünste zum erstenmal vor dem souveränen Volke republikanisch aufspielen müssen.

GOTTFRIED KELLER

An Mutter und Schwester

Heidelberg, 24. Juli 1849

[...] Es wurde in der Nähe von zwei Stunden kanoniert und gepulvert, und ein paarmal kamen die Feinde bis vor die Stadt, daß wir sie auf dem Berg herumlaufen sahen. Sie schossen in unsere Gasse herein, über 2000 Schritt weit, und ein Soldat fiel tot um, nicht weit von mir, auf der Brücke. Hierauf fanden wir, die nichts da zu tun hatten, für gut, uns ein wenig zurückzuziehen. Die Preußen haben halt auch Scharfschützen. Ich verfügte

23 *Gottfried Keller, Pastellzeichnung von Ludmilla Assing, 1854*

mich auf mein Zimmer, aber da war es noch ärger. Die Hausleute flüchteten ihre Habe, weil das Haus am Wasser steht; es waren Kanonen dicht unter meinem Fenster aufgefahren, welche über den Neckar den Feind abhalten sollten, welcher, im Fall er ernsthaft angegriffen hätte, wahrscheinlich diese Kanonen samt dem Haus, vor welchem sie standen, auch ein wenig berücksichtigt haben würde. Die badischen Soldaten mußten indes die Stadt verlassen, weil im Rücken eine Schlacht verloren war, und am andern Morgen rückten die Preußen vor Sonnenaufgang ein. Ihr habt übrigens die ganze Bescherung jetzt selbst auf dem Hals. Wenn man nur ordentlich umgeht bei Euch mit den badischen Soldaten; denn es sind sehr brave Kerle und haben sich tapfer gewehrt. Die Preußen haben ihren Sieg teuer erkaufen müssen, obgleich sie die Übermacht hatten. Besonders die badischen Kanoniere haben sich heldenmäßig gehalten. Sie arbeiteten, da es sehr heiß war, im bloßen Hemd wie die Bäcker vor dem Backofen bei ihren Kanonen und waren noch forsch und wohlgemut dabei. Ihre Verwundeten haben sie selbst völlig totgeschossen, damit sie den Preußen nicht in die Hände geraten.

Die Freiheit ist den Deutschen für einmal wieder eingesalzen worden; doch wird es nicht lange so bleiben, und der König von Preußen wird sich wohl hüten, mit der Schweiz anzufangen. Wahrscheinlich werden nächstens die deutschen Fürsten selbst einander bei den Köpfen nehmen. Das Volk haben sie gemeinschaftlich abgetan, aber nun setzt es beim Leichenmahl Händel ab.

GOTTFRIED KELLER

An Johanna Kapp in Heidelberg

Heidelberg, 7. Dezember 1849

Teure Freundin!

Obgleich ohne Berechtigung, war ich doch in einer Art unbestimmter Erwartung, daß ich heute oder morgen noch etwas Freundliches von Ihnen empfangen würde. Die bittere Notwendigkeit zwang mich zu diesem instinktmäßigen Hoffen, und kein liebevoller Gruß hat je seine Sendung besser erfüllen können als Ihr letzter vor Ihrem Scheiden. – Die Gewißheit, daß nichts Konventionelles in Ihrer Handlungsweise sein kann, hat mir seine Wirkung noch versüßt. Trotz des leidenschaftlichen Lebens, welches ich seit einiger Zeit geführt habe, hätte ich doch nicht geglaubt, daß es mir so elend zumute sein könnte, als es mir vergangene Nacht und den Morgen darauf gewesen ist. Ich war die letzte Woche hindurch sozusagen glücklich gewesen; ich kannte nichts Wünschenswertes mehr, als einige Stunden mit Ihnen zuzubringen; und war ich bei Ihnen, so dachte ich in glücklicher Vergessenheit weder an die Zukunft noch an die Vergangenheit, nicht an mich selbst und nicht einmal an Sie. Ich hatte von der ganzen Welt genug, wenn ich auf den Bergen hinter Ihnen oder neben Ihnen hergehend Ihre Stimme fortwährend hörte und manchmal in Ihr Gesicht sah oder im Zimmer auf Ihre Hände schauen konnte, wenn Sie etwas arbeiteten. Es war gerade kein rühmlicher Zustand, und es ist vielleicht unschicklich, daß ich Sie noch mit diesen Klagen in die Ferne verfolge, Sie, welche genug selbst zu tragen haben. Aber erstens kann ich den heutigen Tag nur dadurch erträglich zubringen, daß ich irgend etwas an Sie schreibe; und dann werden Sie auch, wenn Sie diese Zeilen erhalten, überzeugt sein können, daß es mir wieder frischer und besser zumute ist. Ich will Ihnen zukünftig nie mehr von meiner Liebe schreiben, sondern ganz vernünftig von Menschen und Dingen, die ich sehe, und mit tausend Freuden von Ihnen selbst und Ihrem Schicksale, wenn ich Ihnen auf Ihre Aufforderung irgend etwas Gutes oder Aufmunterndes sagen kann. Nur muß ich Sie bitten, immer und so lange zu leiden und zu glauben, daß mein Herz an Ihnen hängt, auch wenn ich nichts mehr davon sage, bis ich Ihnen selbst meinen Abfall verkündige; und ich werde fröhlichen Sinnes der erste sein, welcher die drückende Last von Ihnen und mir zugleich nimmt. Daß dies jedoch bald geschehen werde, daran zweifle ich selbst.

Meine Jugend ist nun vorüber, und mit ihr wird auch das Bedürfnis nach einem jugendlich poetischen Glücke schwinden; vielleicht, wenn es mir in der Welt sonst gut geht, werde ich auch ein fröhlicher Mensch, der diesen oder jenen Winterschwank aufführt. Mein Herz aber einem liebenden Weibe noch als bare Münze anzubieten, dazu, dünkt mich, habe ich es nun schon zu sehr abgebraucht und werde es noch ferner abbrauchen, bis es nur von Ihnen frei ist. Und was sollte ich auch mit den heiligen und süßen Erinnerungen anfangen! Müßte ich nicht jeden traurigen oder glücklichen Moment, welchen ich früher verlebt, wie etwas Gestohlenes verbergen und verschweigen? Es wäre mir ganz ärgerlich, zu denken, daß ich z. B. die letzte Nacht umsonst so traurig gewesen wäre und sie ganz aus meinem Gedächtnisse vertilgen müßte.

Ich hatte ganz fest geschlafen bis gegen Morgen. Aber um halb drei Uhr erwachte ich, wie wenn ich selbst verreisen müßte. Während ich munter wurde, kam es mir nach und nach in den Sinn, worum es sich handelte. Ich ging ans Fenster und sah jenseits des Neckars Licht in Ihrem Zimmer; es strahlte hell und still durch die helle Winternacht und spiegelte sich so schön im Flusse, wie ich es noch nie gesehen. Obgleich von Schlaf keine Rede mehr war, so hätte ich doch um keinen Preis ein Licht angezündet, aus Furcht, Sie möchten es bemerken; und ich wollte Ihnen mein armseliges Bild nicht noch aufdrängen bei Ihrer sonstigen Aufregung. Nach einiger Zeit glaubte ich einen Wagen hinausfahren zu hören, und bald darauf rollte er zurück über die Brücke. Jetzt geht sie, dachte ich, drückte mein Gesicht in das Kissen und führte mich so schlecht auf wie ein Kind, dem man ein Stück Zuckerbrot genommen hat. Den ganzen Vormittag war ich dumpf und tot und sagte mir: diese Zeit wird auch vorübergehen! Ja, sonderbarerweise mischte sich in meine Trauer ein Ärger über jene kahlen Jahre, wo ich, wie ich vorauszusehen glaubte, über meinen jetzigen Schmerz lächeln würde. Und gerade aus diesem Ärger lauschte eigentlich nur meine einzige Hoffnung, die Hoffnung auf jene Zeit der Ruhe und Unbefangenheit. Es war der altbekannte Strohhalm des Ertrinkenden. – Da brachte mir Max nach Tisch Ihr allerliebstes Briefchen, welches mir wie eine Sonne aufging. Ihre lieben Worte versetzten mich bald in die Normalstimmung, in welcher ich nun längere Zeit bleiben werde. Ich wurde so aufgeweckt, daß ich singend in meinen Papieren zu kramen anfing und Sie auf eine Viertelstunde rein vergaß. Darauf machte ich einen tüchtigen Spaziergang und wurde wieder traurig; und nun schreib' ich an Sie. Ich kann Ihnen nicht sagen, wie weich und lind mich Ihr Wunsch überkommen hat: daß ich Ihnen unter allen Lebensverhältnissen gut bleiben möchte. Das ist doch halbwegs das, was ich gewünscht habe, eine Heimat in einem edlen und verständnisreichen weiblichen Herzen; und mehr will ich jetzt nicht.

GOTTFRIED KELLER

Die Brücke

Schöne Brücke, hast mich oft getragen,
Wenn mein Herz erwartungsvoll geschlagen
Und mit dir den Strom ich überschritt.
Und mich dünkte, deine stolzen Bogen
Sind in kühnerm Schwunge mitgezogen,
Und sie fühlten meine Freude mit.

24 *Bernhard Fries: Heidelberg, um 1848*

Weh der Täuschung, da ich jetzo sehe,
Wenn ich schweren Leids hinübergehe,
Daß der Last kein Joch sich fühlend biegt;
Soll ich einsam in die Berge gehen
Und nach einem schwachen Stege spähen,
Der sich meinem Kummer zitternd fügt?

Aber sie, mit anderm Weh und Leiden
Und im Herzen andre Seligkeiten:
Trage leicht die blühende Gestalt!
Schöne Brücke, magst du ewig stehen,
Ewig aber wird es nie geschehen,
Daß ein bessres Weib hinüber wallt!

(1849)

An Gottfried Keller

Heidelberg, Frühjahr 1849

Lieber Gottfried, komme morgen früh mit dem Dampfschiffe hierher nach Neckarsteinach, von wo wir, d.h. Feuerbach und ich, nach Eberbach und Katzenbuckel gehn! Sage niemandem etwas von der Geschichte! Bringe Deine neuesten Gedichte mit! Ich habe zu Feuerbach davon gesprochen; er ist sehr begierig. Geld habe ich bei mir. Adieu. Komm gewiß! Dein ›unsterblicher‹ Fries. Gute und viel Zigarren mitbringen!

VIKTOR VON SCHEFFEL

Schwanengesang

O Heidelberg, o Heidelberg,
Du wunderschönes Nest,
Darinnen bin ich selber
Dereinst Student gewest,

Ein wackrer, ein flotter,
Ein braver Kamerad,
Der sein Verbindungsleben
Gar sehr geliebet hat.

Verbindung, Verbindung,
Es kann nicht anders sein,
In Heidelberg, in Heidelberg
Verbindungen müssen sein.

Der Vater, der Vater
Nahm Feder und Papier:

»Mein Sohn, tu ab die braune Mütz'
Und komm nach Haus zu mir!

Dort oben, dort oben
Ist ein Dachkämmerlein,
Darin sollst du studieren
In Büchern, groß und klein.

Und hast du studieret
Wohl über Jahr und Tag,
Dann gehst du ins Examen
Mit Hut und schwarzem Frack!«

Die Mutter, sie weinte:
»O Joseph, komm' nach Haus,
Du bist schon ganz verwildert
Bei den Studenten draus.

Du trinkst viel, du rauchst viel,
Du wirst ein Lump am End',
Du sollst nicht länger bleiben
In Heidelberg Student!«

Ich bat sie, ich klagte,
Es half mir alles nix.
Adjes drum, ihr Frankonen,
Adjes, ihr lieben Füchs!

O Heidelberg, o Heidelberg,
Du wunderschöne Stadt,
Gute Nacht, Studentenleben!
Ich werd' jetzt – *Kandidat*!

(1848)

GOTTFRIED KELLER

Die Poesie der Revolution

Die Junitage in Paris, der ungarische Krieg, Wien, Dresden und vielleicht auch Venedig und Rom werden unerschöpfliche Quellen für poetische Produzenten aller Art sein. Eine neue Ballade sowohl wie das Drama, der historische Roman, die Novelle werden ihre Rechnung dabei finden. Daß man sie aber auch unmittelbar im Leben selbst findet, habe ich nun in der badischen Revolution gesehen...

Als die Waffenvorräte aus Karlsruhe und Rastatt nach den Pfingsttagen durch das ganze Land verbreitet wurden, kamen große Züge Landvolk in die Städte, um sie in Empfang zu nehmen. Da glaubte man öfter, wandelnde Gärten zu sehen: alle Hüte und die Mündungen der Gewehre waren mit den ersten Mairosen und anderen roten Blumen vollgesteckt, so daß ganze Straßen von Blumen wogten, und darunter hervor tönten die Freiheitslieder. Andere Züge hatten sich mit grünen Zweigen und Farnkräutern geschmückt, so daß man, gleich Macbeth, den Birnamswald nahen zu sehen glaubte. Einem solchen marschierenden Park ging ein Jüngling mit einer Kindertrommel, einem andern ein alter lustiger Geiger voran. Nach und nach verschwand dies liebenswürdige Volk wieder, um sich in den Gemeinden einzuüben. Dafür erschienen aber bald die geordneten Bataillone, Volkswehr und Freischaren. Die Blumen waren zwar weg, aber die keckste malerische Tracht und Behabung in der größten Mannigfaltigkeit da: der Turnerhut in der größtmöglichen Auswahl von Aufstülpungen und mit Bändern aller Art geschmückt, die blaue Bluse, dreifarbig oder rot gegürtet, Ränzel und Bündel in den kühnsten Lagen an Hüften und Rücken; kampflustige frohe Gesichter und bei all dem Durcheinander eine feste kriegerische Haltung, nur durch den feurigsten Willen so bald erworben, machten viele dieser Scharen zu einem Paradiese für Maler und Romanschreiber, freilich auch zu einer Hölle für Herrn Bassermann. Es gab köstliche Gruppen, wo man stand und ging. Gutmütige Bummler, welche ihr Blut spottwohlfeil anschlugen und sehr humoristisch anzusehen waren, tranken zum permanenten Schrecken der Heidelberger Gelehrten sehr viel Bier... *(1849)*

LUDWIG FEUERBACH

An seine Frau

Heidelberg, 26. Oktober 1848
Ich war eben im Begriff, ein Paket auf die Post zu tragen, als drei Studenten zu mir kamen, um mich im Namen ihrer Kommilitonen zu ersuchen, ihnen Vorlesungen über Religionsphilosophie zu halten. So schwer es nun auch für mich ist, aus meiner bisherigen einsamen Stellung herauszutreten, so sehr Vorlesungen mit meiner bisherigen Lebensweise und Tätigkeit im Widerspruch stehen, so habe ich doch aus verschiedenen triftigen Gründen abermals Ja gesagt und nur natürlich an gewisse Bedingungen die Erfüllung meines Jawortes gebunden. Da nun aber diese Bedingungen – hinreichende Anzahl von Zuhörern und Honorarien, um die Kosten meines hiesigen Aufenthaltes zu decken – ohne Zweifel erfüllt werden, so unterliegt es auch keinem Zweifel, daß ich, und zwar schon in einigen Wochen, lesen werde...

Heidelberg, 27. November 1848
Diese Woche fange ich an zu lesen, nach langen schweren Kämpfen, denn das Lesen ist für meinen Geist, der stets Neues schaffen will, ein großes Opfer. Es kostet mir viele Zeit, die ich weit besser anwenden könnte, wenn ich sie nur auf meine eigenen Studien verwendete... Ich hatte die gräßlichste Sehnsucht nach Euch, nach Bruckberg, nach meinem alten, stillen, einfachen und doch so gehaltvollen Leben. Alles, alles war mir un-

heimlich, unbehaglich, ekelhaft. So schön das Heidelberg im Sonnenschein, so häßlich ist es bei schlechtem, bei novemberlichem Wetter. Wie schön sind unsere auch im Winter grünen Wälder gegen das kahle niedrige Buchengestrüpp der Heidelberger Berge!

Heidelberg, 10. Dezember 1848.
Ich wollte erst eine Woche verstreichen lassen, um über den Fortgang meiner Vorlesungen zu berichten. Nun wirst Du freilich unterdessen schon aus den Zeitungen – denn das »Frankfurter Journal« enthielt einen überriechenden Artikel über mich, der bei meinen Zuhörern die tiefste Indignation erregte, aber sicherlich eben von allen mir übelwollenden Zeitungen mit Freuden aufgenommen werden wird – von meiner Vorlesung gehört haben. Aber den wichtigsten Bericht kann doch nur ich geben, den wichtigsten wenigstens für Dich. Der Ort, wo ich lese, ist das Rathaus. Die hiesige Bürgerschaft, der Bürgermeister Winter an der Spitze, hat mir die Ehre erwiesen, den Rathaussaal für meine Vorlesungen einzuräumen. So ist schon durch den Ort, wo ich lese, mein Standpunkt sinnvoll richtig bezeichnet – mein ungewöhnlicher, in keiner Abhängigkeit von der Regierung, in keinem Zusammenhang mit dem gelehrten Zunft- und Kastenwesen stehender Standpunkt. Die Zahl meiner Zuhörer belief sich bisher, nicht nach meiner Schätzung, sondern nach der Angabe anderer – denn ich habe, sowie ich auf dem Katheder einmal bin, nichts anderes vor Augen als was ich im Kopfe habe, mein Thema – auf 200 bis drittehalbhundert, die Zahl derer aber, die sich förmlich subskribiert haben, ist etwas über 100. Doch läßt sich hierüber jetzt noch nichts Bestimmtes sagen, ebensowenig als über den Betrag der Honorarien, ob ich gleich hoffe, daß ich für das große Opfer, das ich den Studenten bringe, entschädigt, ich will gar nicht sagen, belohnt werde; denn meine Vorlesungen greifen mich furchtbar an, die Gegenstände derselben beschäftigen mich, ob ich gleich diese Dinge ganz in meiner Gewalt habe, ja sie längst

geistig und schriftlich abgemacht, erschöpft habe, Tag und Nacht...

Heidelberg, 12. Februar 1849

Um mit den Geldgeschichten zu beginnen, so bemerke ich sogleich, daß ich bis jetzt für meine Vorlesungen 500 Gulden, wovon aber die bereits entrichteten Kosten für Licht und Heizung (an 30–40 Gulden) abgezogen werden müssen, eingenommen habe. Von dem bisher Eingenommenen ist übrigens schon ein großer Teil für meinen hiesigen Lebensunterhalt aufgegangen. Auch gibt es unzählige Unglückliche, namentlich politisch Verfolgte, denen man Unterstützung reichen muß [...]

An den Tagen, wo ich Vorlesung halte, gehe ich nach der Vorlesung mit einigen Zuhörern in ein Kaffeehaus; an den anderen Tagen brachte ich die Abende von 7 oder 8 Uhr an zu Hause mit Arbeit zu. Mein Bruckberger Spazierenlaufen, auch bei dem schlechtesten Wetter, habe ich hier nicht aufgegeben. Mein Spaziergang ist gewöhnlich nach Handschuhsheim und von da über den Philosophenweg nach Hause. Auf diesem Wege habe ich schon, namentlich an den Vorlesungstagen, viel studiert und selbst geschrieben...

Unter meinen Zuhörern befindet sich auch eine Menge von Handwerkern, sowohl Meister als Gesellen, denen ich auf ihre Anfragen, natürlich unentgeltlich, den Zutritt auf den Galerien einräumte. So dringen meine Gedanken hier in alle Stände und Winkel. Neulich erhob sich im Konfirmandenunterricht, wie mir Moleschott erzählte, auf die Frage des Geistlichen: »Kann man etwas anderes sagen und denken, als daß Gott die Welt erschaffen?« ein Knabe mit der Antwort: »Ja, Feuerbach sagt, daß das nicht wahr sei«. Das Professorenvolk ist aber wegen dieser sozusagen kommunistischen, auf alle Stände sich erstreckenden Lehrweise sehr über mich aufgebracht. Aber das ist mir zum Lachen. Ich besuche keinen einzigen. Vor 14 Tagen war Fröbel hier beim Arbeiterkongresse, dem auch ich als Eingeladener einige Stunden beiwohnte [...]

Heidelberg, 4. März 1849

Eiligst (denn ich bin keinen Augenblick vor Besuchen sicher) zeige ich Dir an, daß ich meine Aufgabe hier vollendet und bereits vorgestern meine Vorlesungen unter dem größten Beifallssturme geschlossen habe... Der pekuniäre Ertrag ist nicht nach Erwarten ausgefallen. Einige Studierende, darunter Leute von sehr vornehmer Abkunft, haben sich ganz ehrlos benommen. Mit dem größten Teile derselben bin ich übrigens in jeder Beziehung sehr zufrieden. Nur ist Heidelberg kein Ort für mich, auch in pekuniärer Rücksicht nicht geeignet zu vorteilhaften Resultaten solcher Vorlesungen, wie ich halte. Denn erstlich ist Heidelberg eine zu kleine Universität, namentlich jetzt, wo nur über 400 Studenten hier sind; zweitens ein Ort, wo die reichen Studenten gewöhnlich nur dem Vergnügen leben und nur Sinn für ihre Fachkollegien haben.

GOTTFRIED KELLER

Vier Jahreszeiten

Und wieder grünt der schöne Mai,
O dreimal selige Zeit!
Wie flog die Schwalbe froh herbei,
Als ob ich mitgeflogen sei,
War mir das Herz so weit!

O linde Luft im fremden Land,
Auf Bergen und Gefild!
Wie reizend fand ich diesen Strand,
Allwo mein suchend Auge fand
Ihr leichthinwandelnd Bild!

Ich sah des Sommers helle Glut
Empörtes Land durchziehn;

Sie stritten um das höchste Gut,
Geschlagen mußt das freiste Blut
Aus hundert Wunden fliehn.

Kaum hört ich in verliebter Ruh
Der schwülen Stürme Wehn;
Ich wandte mich den Blumen zu
Und sprach: Vielleicht, mein Herz, wirst du
Ein andres Herz erstehn!

Die Traube schwoll so frisch und blank
Und ich nahm beiderlei:
Mit ihrem Gruß den jungen Trank –
Und als die letzte Traube sank,
Da war der Traum vorbei.

Doch jene, die zur Sommerszeit
Der Freiheit nachgejagt,
Sie schwanden mit der Schwalbe weit,
Sie liegen im Friedhof eingeschneit,
Wo trüb der Nachtwind klagt.

(um 1850)

VIKTOR VON SCHEFFEL

Alt-Heidelberg

Alt-Heidelberg, du feine,
Du Stadt an Ehren reich,
Am Neckar und am Rheine
Kein' andre kommt dir gleich.

Stadt fröhlicher Gesellen,
An Weisheit schwer und Wein,

25 *Heidelberg, Sofakissen, 1978*

Klar ziehn des Stromes Wellen,
Blauäuglein blitzen drein.

Und kommt aus lindem Süden
Der Frühling übers Land,
So webt er dir aus Blüten
Ein schimmernd Brautgewand.

Auch mir stehst du geschrieben
Ins Herz gleich einer Braut,
Es klingt wie junges Lieben
Dein Name mir so traut.

Und stechen mich die Dornen,
Und wird mir's drauß zu kahl,
Geb' ich dem Roß die Spornen
Und reit' ins Neckartal.

(1854)

141

David Friedrich Strauß und Kuno Fischer

Um diese Zeit verkehrte Gervinus häufig mit zwei andern Männern, die wie er unter Acht und Bann standen, mit David Friedrich Strauß und mit Kuno Fischer, dem man unter der Beschuldigung, daß er in seinen philosophischen Vorlesungen pantheistische Lehren vortrage, gleichfalls den Hörsaal verschlossen hatte. Bekanntlich wechselte Strauß seit der Züricher Katastrophe öfters seinen Wohnsitz. Auch in Heidelberg hielt er sich nur so lange auf, als seine Tochter in dem Erziehungsinstitut von Fräulein Heidel sich befand. Mißtrauisch und menschenscheu, suchte er wenig Umgang. Er glich den gefallenen Engeln in Klopstocks Messiade, die gegen Gott und die Welt tiefen Groll hegen. Doch kam er von Zeit zu Zeit mit einem kleinen Kreise freisinniger Männer zu vertraulichen Gesprächen in einer Kneipe zusammen. Dann erschloß sich ihm das Herz, und er trat lebhaft in die Unterhaltung ein, die, fern von aller Trivialität, stets einen gehobenen wissenschaftlichen Ton annahm. Von der schwäbischen Gemütlichkeit war indessen nichts an ihm zu bemerken; Verstand und scharfe Kritik waren hervorstechende Eigenschaften...

Es waren keine freundlichen Erinnerungen, die Fischer aus Heidelberg mit sich nahm, als er einem Rufe nach Jena folgte, wo er seinen wissenschaftlichen Ruhm begründete und sein großes Lehrtalent entfaltete. Aber so sehr hängt jeder, der einmal die Luft Heidelbergs geatmet und seine Brust im Morgenrot des Neckartales und der Neckarberge gebadet hat, an dem reizenden Fleck Erde, daß er nie die Sehnsucht danach verwinden kann. Und so kam es, daß Fischer viele Jahre nachher, als Zellers Lehrstuhl durch dessen Übersiedelung nach Berlin erledigt war, wieder in die Heimstätte seiner ersten akademischen Wirksamkeit zurückkehrte. Er zog wieder in Heidelberg ein, kaufte das schöne Haus mit Garten, in dem er einst seine sanfte, anmutige Frau kennengelernt und geehelicht hatte, in welchem Schlosser gestorben war, und hat seitdem jeder Versuchung, ihn in einen größeren Wirkungskreis zu ziehen, fest widerstanden. Aus der Zeit des Zusammenlebens mit Strauß in der Neckarstadt, wo die innigste Freundschaft beide Leidensgenossen verband, bewahrte Fischer noch einige Gedichte und Epigramme des berühmten Verfassers des »Lebens Jesu«, die er gern in befreundeten Kreisen mit dem ihm eigenen Ausdruck des Wiedergebens vortrug. *(um 1855)*

WILHELM PINDER

An Friedrich Nietzsche

Heidelberg, 19. Mai 1864

Mein lieber, alter Freund!

Ich würde Dir wirklich sehr raten, dies infame letzte Semester in Pforta möglichst schnell abzutun und dann ohne Zögern hierher zu kommen. Wenn man so das hiesige Leben kennengelernt hat und dann seine Blicke auf die vergangene Schulzeit zurückwendet, so deucht es einem, als ob man von einem prächtig bewaldeten, schattigen Berge in eine weite staubige Ebene herabsähe. Man ist doch wirklich als Schüler nichts anderes als ein Lasttier, welches immer dieselbe langweilige Chaussee, an einen Karren gespannt, einherwandert. Wie kann man auf diese Weise das Leben der Menschen, ihr äußeres und inneres, kennenlernen? Aus Büchern derartige Schätze sich hervorzusuchen, geht – das weißt *Du* gewiß am besten – absolut nicht. Nun ist es allerdings richtig, daß, um sich von der Bücherweisheit zu emanzipieren und mit der Lebensweisheit zu befreunden, es gerade nicht nötig ist, daß man nach Heidelberg geht; aber das steht fest, Heidelberg ist vielleicht mehr als jede andere Universität dazu angetan, ein buntes Bild des Lebens und Treibens der Menschheit darzubieten. Denn trotz sei-

26 *Am Neckar, Blick aufs Schloß*

ner geringen Einwohnerzahl ist es ganz unzweifelhaft eine *Weltstadt* zu nennen. Es ist hier ein Zusammenfluß von verschiedenen Nationalitäten, der wirklich fabelhaft ist. Franzosen und Engländern begegnet man auf jedem Schritt und Tritt – man hört auf den Promenaden fremde Sprachen mehr als unsere Muttersprache sprechen. Polen, Griechen, Russen sind außerordentlich viel zu finden, selbst Mohren habe ich schon zuweilen gesehn [...]

Man steigt nach Kräften auf den Bergen herum, man geht auf das jeder Schilderung spottende, unvergleichlich schöne Schloß und weidet sich hier an dem Anblick der weiten, blühenden Ebene des Rheins, den man, namentlich von der höher gelegenen Molkenkur aus, grüßend herüberschimmern sieht, man geht nach Handschuhsheim an der Bergstraße und trinkt dort angesichts der blühenden Obstbäume einen Schoppen leichten Neckarweins, man wandert nach Neckarsteinach, malerisch im Tal des Neckars am Bergeshang gelegen, man unternimmt – wie wir es in den Pfingstferien getan haben – eine Reise in die bayerische Pfalz, wo man jede Viertelstunde, wenn man so an den Höhen der Haardt dahinzieht, auf einen weinberühmten Ort stößt. Um von dieser Reise noch einen Augenblick zu reden – wir wurden auf ihr auch nach dem berühmten Trifels bei Annweiler geführt und kamen auf dem Rückweg von Landau nach Heidelberg über Karlsruhe, wo wir den »Tannhäuser« sahen. Ich wollte, Du wärest dabei gewesen!

Nun noch einiges von den wissenschaftlichen Studien. Ich muß gestehn, daß das Studium der Rechte, dem ich nun mein ganzes künftiges Leben widmen soll, dank der höchst anregenden Unterweisung eines so feinen Gelehrten wie Vangerow, bis jetzt mir sehr gut gemundet hat. Fürwahr, es ist ein durchaus erfreulicher Einblick, der in das großartige Gebäude des römischen Rechts... Doch ich will hiervon nicht weiter sprechen, denn dies kann Dich nicht hierher locken, und alles, was ich schreibe, ist nur darauf berechnet, Dich nach Heidelberg zu ziehen. Aber was Dir wohl den hiesigen Aufenthalt annehmbar machen kann, sind Häussers Vorträge. Du hättest den Mann über Mirabeau reden hören sollen! Du hättest ihn hören sollen, wie er in kurzen scharfen Zügen das Bild dieses Heroen der Revolution zeichnete, wie er bald voll Begeisterung bei dem großartigen Heldenmut dieses Opfers des alten Absolutismus verweilte, bald mit zerschmetternder Indignation diese ganze verrottete, verfaulte Wirtschaft in Frankreich einzeln vor unseren Blicken in Staub und Asche zertrümmerte!

[...] Durch diese Ausführungen nun, hoffe ich, werde ich Deinen Entschluß, die hiesige Universität zu beziehen, befestigt haben. Füge ich nun noch hinzu, daß, fängt man es nur richtig an, man hier ganz billig leben kann; daß, ist wirklich Dein Hierherkommen nicht mehr zu bezweifeln, wir Dir im voraus eine Wohnung für 40 Gulden circa pro Semester mieten wollen; daß wir zusammen ein Leben voll gemütlicher Kneipereien führen wollen, so werden wohl mehr und mehr die letzten Atome ängstlicher Bedenklichkeiten aus Deiner Seele schwinden.

ANONYM

Die Freiligrath-Feier der Arbeiter

In hiesigen Arbeiterkreisen ist die Idee aufgetaucht, eine ganz volkstümliche Freiligrath-Feier zu veranstalten. Es wird beabsichtigt, nächsten Montag in einem der größten Säle der Stadt eine musikalisch-rhetorische Abendunterhaltung zu geben, zu welcher alle Freunde und Verehrer des Dichters eingeladen werden sollen, und zwar, wie es sich eigentlich von selbst versteht, Frauen und Jungfrauen einbegriffen.

(Neue Badische Landes-Zeitung, 30. Juni 1867)

Sieben Männer aus dem Volke, sieben schlichte Arbeiter, keiner unter ihnen Meister oder ›Bürger‹, treten plötzlich als Freiligrath-Komitee auf und laden die Bevölkerung der *Univer-*

sitätsstadt, Mann und Weib, in einen großen, prächtig beleuchteten Saal zur Festfeier ein... Das höhere Bürgertum und die gelehrte Welt waren in spärlichen ehrenvollen Ausnahmen vertreten. Sonst bestand die ganze Versammlung aus Arbeitern und Arbeiterinnen. *(Neue Badische Landes-Zeitung, 3. Juli 1867)*

COSIMA WAGNER

Richard Wagner in Heidelberg

5. Juli 1877: Abreise (von Ems) um 10 Uhr, große Heiterkeit und Lustigkeit Richards und der Kinder, nur Fidi etwas halsleidend – es verschlimmert sich, und wie wir in Heidelberg ankommen, beschließen wir, da der Aufenthalt (Schloßhotel) ein sehr angenehmer, hier zu bleiben. Abends Herr Heckel, Dr. Zeroni, Herr Lang (alle vom Mannheimer Wagner-Verein), Ständchen von der Liedertafel; 6000 Menschen zugegen. Richard stimmt »Gaudeamus igitur« vom Balkon an.

6. Juli: Fidel immer leidend, Entzündung der Mandeln, wir gehen ein wenig spazieren auf der herrlichen Terrasse...

8. Juli: Fahrt in der Frühe nach dem Königstuhl, herrlicher Wald. Zu Mittag unsere Freunde aus Mannheim. Abends liest Richard seinen Parsifal vor, mir zu immer tieferer erschütternder Wirkung. Nach der Vorlesung wird mit dem altkatholischen Pfarrer von Religion gesprochen; R. spricht zugunsten der Wiederbelebung der Klöster, von wo aus die Tätigkeit ausgehen sollte, Besuche der Armen, Gefangenen, Leidenden aller Arten.

9. Juli: Immer besser gefällt es uns hier, wenn Fidi auch nicht ganz wohl ist, so genießen wir doch den Aufenthalt sehr. Heute besuchen wir mit den drei Mädchen die Stadt, welche uns recht artig und sauber dünkt.

11. Juli: Morgenfahrt nach Schwetzingen, nicht sonderliches Vergnügen an Spielerei und Verkommenheit, doch immer heitere Laune; bei der Heimfahrt flattert ein Falke hoch oben

über unsere Häupter und umkreist uns; wir begrüßen ihn als ein gutes Zeichen...

12. Juli: R. hatte eine schlechte Nacht in Folge von ungesunder Diät... Um die Mittagszeit besuchen wir mit den Kindern das Studenten-Faß. Abends wunderschöne Fahrt nach dem Wolfsbrunnen; prächtiger Sonnenuntergang. Abends auf der Terrasse völliges Idyll. Acht glückliche Tage! Und bei der Heimfahrt noch ein gutes Zeichen, eine grüne Spinne auf R.s Hut, »Spinne am Abend«. In keiner Gegend ist uns so heimisch gewesen; beinahe nirgends auch waren wir so für uns.

13. Juli: ... Abend auf der Terrasse, eins nach dem andern erhellen sich die Lampen der Stadt wie große Johanniswürmchen, immer heimischer und wohler fühlen wir uns hier, wo keine Fratzen zwischen uns treten. Selbst die schlimmsten Möglichkeiten unseres Lebens, wie die Reise nach Amerika, besprechen wir mit Heiterkeit... Unsere Scherze werden einen Augenblick unterbrochen durch einen Kindergesang; ein Mädchen, abends heimkehrend, singt mit lauter Stimme: »Einsam bin ich, nicht allein«, sehr rein und deutlich, es wandelt, von jemandem begleitet, der eine bunte Laterne trägt; sehr hübscher Eindruck. Mir ist es, als ob aus diesem dichten schönen Laub nur Weberische Töne hervorgehen können, sein Geist und seine Anmut scheinen mir hier zu weben...

18. Juli: Um 10 Uhr fort von dem traulichen Ort, wo wir schöne ruhige Tage verlebt. R. sagt mir, er sei immer wütend, daß wir nicht 15 Jahre früher uns gefunden.

MARK TWAIN

Mensur

Das Sommersemester war in vollem Gang, und infolgedessen war innerhalb und außerhalb Heidelbergs die häufigste Erscheinung der Student. Die meisten waren natürlich Deutsche, aber es gab auch zahlreiche Vertreter des Auslandes. Sie kamen, aus allen Ecken des Erdballs, denn das Studium ist billig in Heidelberg und das Leben ebenfalls. [...]

Neun Zehntel der Heidelberger Studentenschaft trugen weder Abzeichen noch Couleur. Der Rest hatte Mützen von den verschiedensten Farben und gehörte gesellien Vereinigungen an, die sich Korps nannten. Es gab im ganzen fünf Korps, jedes mit seinen eigenen Farben, und es gab mithin weiße Mützen, blaue Mützen, rote, gelbe und grüne Mützen. Das vielberühmte Mensurschlagen ist auf die Korpsburschen beschränkt. Auch die »Kneipe« scheint lediglich ihre Spezialität zu sein. Kneipen werden ab und zu abgehalten, um besondere Ereignisse zu feiern, wie zum Beispiel die Wahl eines Bierkönigs. Die Feierlichkeit ist einfach. Am Abend versammeln sich die fünf Korps und laden sich auf ein Zeichen hin sämtlich mit Bier voll, das sie so rasch wie möglich aus Maßkrügen trinken. Jeder muß seine Krüge zählen und macht es gewöhnlich so, daß er für jeden geleerten Krug ein Streichholz beiseite legt. Die Wahl ist bald entschieden. Sobald die Bewerber kein Bier mehr fassen können, wird die Zählung angeordnet, und wer die meisten Krüge ausgetrunken hat, wird zum König ausgerufen. Ich ließ mir sagen, daß der letzte Bierkönig, der durch die Korps oder vielmehr durch seine eigenen Fähigkeiten gewählt worden war, seinen Krug fünfundsiebzigmal geleert hätte. Natürlich kann kein Magen derartige Quantitäten auf einmal bei sich behalten, aber es gibt schließlich Möglichkeiten, sich immer wieder leeren Raum zu schaffen, was denen, die öfters zur See gefahren sind, leicht verständlich sein wird.

Man sieht zu jeder Tageszeit so viele Studenten unterwegs, daß man anfängt sich zu fragen, ob sie überhaupt je Arbeitsstunden haben. Einige haben welche und andere keine. Jeder hat die Wahl, ob er arbeiten oder bummeln will. Das deutsche Universitätsleben ist ein sehr freies Leben und scheint keine Beschränkungen zu kennen. Der Student lebt nicht wie bei uns in der Universität selbst, sondern mietet sich irgendwo nach

Belieben ein Zimmer und hält seine Mahlzeiten, wann und wo es ihm gefällt. Er geht schlafen, wann es ihm paßt, und steht, wenn er keine Lust hat, überhaupt nicht auf. Da er auch nicht für bestimmte Zeit eine Universität bezieht, kann er den Ort seiner Studien verschiedentlich wechseln. Das Belegen der Kollegs verpflichtet ihn noch nicht zu einem Examen. Wenn er seine ziemlich kleinen Kolleggebühren bezahlt hat, bekommt er einen Ausweis, der ihn in den Genuß aller Vorrechte der Universität setzt. Das ist alles, und er kann dann eben nach Belieben arbeiten oder bummeln. Will er arbeiten, dann findet er eine große Liste von Vorlesungen, unter denen er wählen kann. Er sucht sich die Gegenstände aus, die er studieren will, trägt seinen Namen in die entsprechende Kollegliste ein, braucht aber dort nicht öfter zu erscheinen. [...]

Es heißt, die große Mehrzahl der Heidelberger Studenten wären harte Arbeiter und nützten alle Möglichkeiten nach Kräften aus, denn sie hätten keine Mittel für Zerstreuungen übrig und keine Zeit für Possen. Eine Vorlesung folgte der andern, und der Student hätte kaum Zeit, von dem einen Hörsaal in den andern zu kommen. Die ganz fleißigen bewerkstelligten es überhaupt nur dadurch, daß sie Trab liefen, und die Professoren hülfen ihnen dabei, Zeit zu sparen, indem sie mit dem Glockenschlag vor ihre Katheder träten und ebenso pünktlich mit dem Glockenschlag den Hörsaal wieder verließen. Ich trat eines schönen Tages, als gerade die Uhr zu schlagen anfing, in einen völlig leeren Hörsaal. Der Raum hatte einfache ungestrichene Tannenpulte und Bänke für ungefähr zweihundert Personen. In demselben Augenblick kam ein Schwarm von etwa einhundertfünfzig Studenten herein, stürzte zu den Plätzen, schlug umgehend die Kolleghefte auf und tauchte die Federn in die Tinte. Schon trat ein dickleibiger Professor in den Hörsaal, wurde durch Applaus begrüßt, schritt rasch durch das Zimmer und sagte: »Meine Herren!« und fing, noch während er die Stufen zum Katheder hinaufstieg, zu sprechen an. Als er hinter seinem Pult stand und dem Auditorium ins Gesicht sah, war die

Vorlesung bereits im vollsten Gange und alle Federn in Bewegung. Der Professor hatte keine Notizen bei sich, er sprach die ganze Stunde lang frei und mit außerordentlicher Schnelligkeit und Energie. Die Studenten mußten ihn in der üblichen, nicht mißzuverstehenden Weise daran erinnern, daß seine Zeit abgelaufen sei. Er ergriff seinen Hut, begab sich immer noch redend die Kathederstufen hinunter und stieß dann erst sein letztes Wort hervor. Alles erhob sich ehrerbietig, und er fegte den Gang entlang und verschwand. Im Nu folgte der Sturm auf den nächsten Hörsaal, und binnen einer Minute war ich wieder allein mit den leeren Bänken.

Ja, ohne Zweifel, müßige Studenten sind nicht die Regel. Von achthundert Studenten der Stadt kannte ich eigentlich nur die Gesichter von ungefähr fünfzig, aber diese fünfzig sah ich auch überall und jeden Tag. Sie wanderten durch die Straßen und über die bewaldeten Hügel, fuhren Droschke, ruderten auf dem Fluß und tranken vormittags ihr Bier und nachmittags ihren Kaffee im Schloßgarten. Viele von ihnen trugen die Farben der Korps, waren elegant nach der Mode gekleidet und hatten ausgezeichnete Manieren. Sie führen ein leichtes, sorgloses und behagliches Leben. Wenn ein Dutzend von ihnen beisammensaß und eine Dame oder ein Herr vorüberkam, die einer von ihnen kannte und grüßte, standen sie allesamt auf und lüfteten ihre Mützen. Mitglieder eines Korps begrüßten ihre Bundesbrüder auf dieselbe Art. Mitglieder anderer Verbindungen beachteten sie aber überhaupt nicht und schienen sie gar nicht zu sehen. Das war nicht etwa eine Unhöflichkeit, sondern lediglich ein Teil der ausgeklügelten und steifen Korpsetikette.

Zwischen den deutschen Studenten und ihren Professoren scheint keine kühle Distanz zu bestehen, sondern vielmehr ein kameradschaftlicher Verkehr, das gerade Gegenteil von Frostigkeit oder Zurückhaltung. Kommt ein Professor abends in ein Bierlokal, wo Studenten versammelt sind, dann stehen sie auf, lüften ihre Mützen und laden den alten Herrn ein, sich zu ihnen zu setzen und mitzumachen. Er nimmt auch an, und munteres Gespräch und Bier fließen für ein, zwei Stunden, bis schließlich der Professor gehörig geladen in aller Gemütlichkeit herzlich gute Nacht wünscht. Während sich die Studenten barhäuptig verbeugen, tritt er beseligt mit all der großen Last seines Wissens den Heimweg an und torkelt haltlos dahin [...]

Eines schönen Tages erhielt mein Reisemarschall im Interesse der Sache die Erlaubnis, mit mir den studentischen Paukboden zu besuchen. Wir überquerten den Fluß, fuhren ein paar hundert Meter am Ufer entlang und wandten uns dann linker Hand in eine schmale Allee.

Nach wieder hundert Metern erreichten wir ein zweistöckiges Gasthaus. Von außen war es uns wohlbekannt, denn wir konnten es von unserem Hotel aus sehen.

Wir gingen nach oben und kamen in einen weiten getünchten Raum, der ungefähr fünfzig Fuß hoch war. Er war sehr hell. Kein Teppich lag dort. Quer vor und zu beiden Seiten standen eine ganze Reihe Tische, an denen vielleicht fünfzig bis fünfundsiebzig Studenten Platz genommen hatten.

Einige tranken ihren Wein, andere spielten Karten oder Schach, und wieder andere plauderten in Gruppen und rauchten Zigaretten. Sie warteten auf die kommenden Mensuren. Fast alle trugen die bunten Mützen: weiße, grüne, blaue, rote und hellgelbe. Es waren also alle fünf Korps in ziemlicher Stärke vertreten. In den Fenstern an der leergebliebenen Seite des Raumes standen sechs, acht schlanke Rapiere mit breiten Stichblättern zum Schutz für die Hände, während vor der Tür ein Mann damit beschäftigt war, weitere Rapiere an einem Schleifstein zu wetzen. Er verstand sein Geschäft, denn mit einem Rapier, das er aus der Hand legte, konnte man sich rasieren. [...]

Ein Student mit weißer Mütze kam auf uns zu, machte uns mit sechs, acht Freunden, die ebenfalls weiße Mützen trugen, bekannt, und während wir uns noch unterhielten, wurden zwei seltsam aussehende Gestalten aus einem Nebenraum hereingeführt. Es waren für das Duell vollständig ausgerüstete Studenten. Sie waren barhäuptig, aber ihre Augen schützten eiserne Schirme, die ein paar Zentimeter weit vorstanden und deren Lederriemen die Ohren flach an den Kopf banden. Der Hals war um und um mit dicken Hüllen umwickelt, die kein Schläger durchschneiden konnte. Vom Kinn bis zu den Füßen waren sie gründlichst ausgepolstert. Die Arme waren wieder und wieder bandagiert, Lage um Lage, daß sie aussahen wie steife schwarze Klötze. Noch vor einer Viertelstunde waren diese abenteuerlichen Erscheinungen hübsche, gutgekleidete Jünglinge gewesen, während sie jetzt Wesen ähnelten, wie man sie sonst nur sieht, wenn man Alpdrücken hat. Sie schritten daher mit weitausgestreckten Armen, die sie nicht einmal selbst ausgestreckt halten konnten, sondern denen Kameraden den nötigen Halt geben mußten.

Alles stürzte nach dem leeren Ende des Raumes. Wir bekamen auch noch gute Plätze. Die Kämpfer standen Angesicht gegen Angesicht, jeder von ihnen umgeben von ein paar Mitgliedern seines Korps, die ihm helfen sollten. Zwei Sekundanten, ebenfalls gut ausgepolstert, mit Schlägern in der Hand, nahmen in unmittelbarer Nähe ihre Plätze ein, während ein Student, der keinem der beiden gegnerischen Korps angehörte, sich günstig postierte. Das war der Schiedsrichter. Ein anderer Student stand mit der Uhr und einem Notizbuch dabei, um über die Dauer des Kampfes, über Zahl und Art der Wunden Protokoll zu führen. Ein grauköpfiger Arzt war mit seiner Scharpie, mit Bandagen und Instrumenten zugegen. Es gab einen Augenblick Pause. Die Paukanten begrüßten ehrerbietig den Unparteiischen. Darauf traten die verschiedenen, zur Beihilfe bestimmten Herren einer nach dem anderen vor, nahmen anmutig ihre Mützen ab, begrüßten ihn ebenfalls und gingen auf ihre Plätze zurück. Nun war alles bereit. Im Vordergrund standen die Studenten dichtgedrängt, und hinter ihnen standen andere auf Stühlen und Tischen. Aller Augen waren gespannt auf den Mittelpunkt des Schauspiels gerichtet.

Die Paukanten maßen sich mit wachsamen Blicken. Es

herrschte absolute Stille und ein atemloses Interesse. Ich sagte mir, daß ich höchst gemessene Arbeit zu sehen bekommen würde. Aber dem war nicht so. In demselben Augenblick, in dem der Befehl zum Angriff gegeben wurde, sprangen die beiden Gestalten vorwärts und ließen ihre Schläge mit solcher blitzartigen Geschwindigkeit aufeinander niederregnen, daß ich wirklich nicht mehr hätte sagen können, ob ich die Rapiere sah oder nur die Funken, die durch die Luft stoben. Das klirrende Rasseln dieser Schläge, die den Stahl oder die Polsterung trafen, hatte etwas wundervoll Aufreizendes. Man hieb mit solcher Kraft, daß ich nicht recht verstand, wieso das gegnerische Rapier nicht von dem Ansturm niedergeschlagen wurde. Inmitten der Schwertfunken sah ich plötzlich eine Handvoll Haare durch die Luft fliegen, als ob sie lose auf dem Kopf des Opfers gelegen hätten und nur von einem Windhauch fortgeweht worden wären.

Die Sekundanten riefen: »Halt!« und schlugen die Waffen der Kämpfenden mit ihren eigenen zur Seite. Die Paukanten setzten sich, ein dienstleistender Student trat vor, prüfte die Kopfwunde und betupfte sie ein paarmal mit einem Schwamm. Der Arzt trat heran, strich das Haar von der Wunde fort und legte einen zwei, drei Zoll langen hochroten Hieb bloß. Er tat ein ovales Stückchen Leder und einen Bausch Scharpie darauf, während der Student, der das Merkbuch führte, für den Gegner einen Strich buchte.

Nunmehr nahmen die Paukanten wieder ihre Stellungen ein. Dem Verwundeten rann ein dünner Streifen Blut vom Kopf über Schultern und Rücken auf den Fußboden, was ihn aber nicht zu stören schien. Wieder wurde Befehl gegeben, und nun stürzten sich die beiden mit der gleichen Heftigkeit aufeinander. Wieder regneten die Schläge und rasselten funkensprühend die Rapiere. Alle paar Augenblicke stellten die Sekundanten mit raschem Blick fest, daß eine Klinge verbogen war, riefen ihr Halt, schlugen die Waffen hoch und ließen das Rapier geradebiegen.

27 *Daniel Fohr: Mensur, 1827*

Der spannende Kampf ging weiter. Da sprang ein leuchtender Funke von einer Klinge; sie zerbrach, und ein Stück von ihr sprang gegen die Decke. Ein neuer Schläger wurde herbeigebracht, und wieder ging der Kampf weiter. Selbstverständlich war die Anstrengung furchtbar groß, und es zeigte sich auch nach einiger Zeit bei den Fechtern eine ziemliche Müdigkeit. Sie durften sich alle Augenblicke für ein paar Sekunden ausruhen. Weitere Pausen verschafften ihnen die gegenseitigen Verwundungen, denn während der Doktor verband, durften sie sitzen. Die Regel besagt, daß solch ein Kampf fünfzehn Minuten dauern muß, wenn es die Paukanten so lange aushalten. Da die Pausen dabei nicht mitzählen, zog sich diese Mensur meiner Meinung nach zwanzig bis dreißig Minuten in die Länge. Erst dann wurde entschieden, daß die Paukanten allzu erschöpft wären, um noch weiterfechten zu können. Von Kopf zu Fuß rot durchtränkt, wurden sie hinausgeführt. Der Kampf war gut gewesen, aber er zählte nicht: erstens, weil er nicht die vorschriftsmäßigen fünfzehn Minuten wirklichen Fechtens gedauert hatte, und zweitens, weil keiner von den beiden durch seine Wunden wirklich kampfunfähig gemacht worden war. Es war also ein unentschiedener Kampf, und die Korpsgesetze fordern, daß derartige Kämpfe noch einmal ausgefochten werden müssen, sobald sich die Paukanten von ihren Verletzungen erholt haben.

Während des Kampfes hatte ich ab und zu ein paar Worte mit einem jungen Herrn vom Korps der weißen Mützen gesprochen. Er hatte mir dabei auch gesagt, daß er als Nächster fechten müsse, und mir seinen Gegner gezeigt, einen jungen Herrn, der uns gegenüber an die Wand gelehnt stand, seine Zigarette rauchte und in aller Seelenruhe den im Gang befindlichen Zweikampf beobachtete.

Meine Bekanntschaft mit der einen Partei des kommenden Kampfes gab mir eine Art persönlichsten Interesses daran. Ich hatte natürlich den Wunsch, daß mein Bekannter siegen möchte, und es war mir durchaus nicht lieb, zu hören, daß das vermutlich nicht der Fall sein würde, da sein Gegner, obwohl auch er eine beachtenswerte Klinge führte, ihm als überlegen galt.

Das Duell begann bald und war genauso heftig wie das erste. Ich stand ziemlich nahe, konnte aber nicht sagen, welche Hiebe saßen und welche nicht. Sie sausten nieder wie die Blitze. Mir schienen alle zu sitzen. Die Rapiere bogen sich über das Haupt des Gegners, von der Stirn über den Wirbel, und es war, als ob sie den Kopf mit ganzer Fläche berührten. Aber eine schützende, mir unsichtbare Klinge fuhr stets dazwischen. Nach zehn Sekunden waren von jeder Seite zwölf bis fünfzehn Hiebe geführt und ebenso viele abgewehrt, ohne daß man Schaden getan hatte. Dann wurde ein Rapier kampfuntüchtig, und es gab eine Ruhepause, bis das neue gebracht wurde. Zu Beginn der nächsten Runde erhielt der weiße Korpsstudent eine häßliche Wunde an der einen Seite des Kopfes und schlug dem Gegner eine ähnliche. In der dritten Runde bekam dieser noch eine häßliche Wunde am Kopf, und dem Weißen wurde die Unterlippe gespalten. Darauf teilte der weiße Korpsstudent noch eine Reihe schwerer Wunden aus, ohne selbst wesentliche zurückzuerhalten. Fünf Minuten nach Beginn des Duells unterbrach es der Arzt. Die gegnerische Partei hatte derartige Verletzungen erlitten, daß eine Vermehrung derselben lebensgefährlich werden konnte. Die Verletzungen sahen fürchterlich aus und bleiben darum hier lieber unbeschrieben. [...]

Ich war dabeigewesen, wie die Köpfe und Gesichter von zehn jungen Männern nach allen Richtungen von scharfen zweischneidigen Klingen zerfetzt worden waren, aber nicht ein Opfer hatte ich sich winden sehen, ich hatte weder ein Stöhnen gehört noch einen flüchtigen Ausdruck auf den Gesichtern entdeckt, der von dem scharfen Schmerz gesprochen hätte, den diese Verletzungen verursachten. Das zeugt sicherlich von großer Willensstärke. Bei Wilden und Preisfechtern ist man an solches Dulden gewöhnt, denn sie sind dafür geboren und danach erzogen, aber man ist doch außerordentlich erstaunt, es in solcher Vollendung bei so wohlerzogenen und im Grunde gutmütigen jungen Burschen zu finden. Nicht nur in der Erregung des Schlägerspiels zeigte sich diese Stärke, sie erwies sich auch im Zimmer des Arztes, wo nicht die Stille der Begeisterung herrschte und keine Zuschauerschaft vorhanden war. Auch die ärztliche Behandlung rief weder Grimassen noch Seufzer hervor. Selbst während des Kampfes konnte man immer wieder feststellen, daß die jungen Leute noch mit der gleichen furchtbaren Kampfeslust aufeinander loshackten und sich zerfetzten, wenn sie schon mit strömenden Wunden bedeckt waren.

Die Welt betrachtet im allgemeinen diese Studentenmensuren als eine recht lächerliche Angelegenheit. Gewiß. Wenn man aber bedenkt, daß diese Mensuren von jungen Menschen ausgefochten werden, daß es richtige Schwerter sind und daß Kopf und Gesicht dabei freibleiben, so erscheint es mir doch, daß es eine Farce mit recht ernstem Hintergrund ist. [...]

In Wirklichkeit fließt bei den Universitätsmensuren so viel Blut, und es werden so viel Schmerzen und Gefahren ausgestanden, daß sie immerhin Anrecht auf einen gewissen Respekt haben.

Die Sitten und Gebräuche, überhaupt alle Einzelheiten, die zu solchen Studentenmensuren gehören, sind im Grunde seltsam primitiv. Die ernste kühlhöfliche, genau bestimmte Zeremonie gibt aber der ganzen Sache einen altväterischen Reiz.

Die Würde und die ritterlichen Sitten lassen eher ein Turnier dahinter vermuten als ein Preisfechten. Die Regeln sind ebenso absonderlich wie streng. Der Paukant darf zum Beispiel von der Linie, auf der er zuerst gestanden hat, vortreten, wenn er will, aber dann darf er nicht mehr zurück. Tritt er oder biegt er sich auch nur zurück, dann wird es ihm dahin ausgelegt, daß er einem Hieb ausweichen oder sich einen Vorteil verschaffen will, und er wird in Ungnade aus seinem Korps ausgestoßen. Dabei ist es doch eigentlich nur natürlich, daß man vor einem niedersausenden Schläger unbewußt zurückweicht, gegen den eigenen Willen und ohne alle böse Absicht, aber trotzdem ist es nicht erlaubt. Ebenso fällt der Paukant um einige Grade in der Achtung seiner Kameraden, wenn er bei dem plötzlichen Empfang einer Wunde das Gesicht verzieht. Das Korps schämt sich seiner, und man schilt ihn einen »Hasenfuß«. *(1878)*

KAISERIN ELISABETH VON ÖSTERREICH (SISSI)

Heidelberg

Geliebter! Hier willst du weilen,
Unter hohem, schattigem Dach
Aus Buchenlaub und Platanen
Und Epheu tausendfach.

Geliebter! Hier willst du weilen,
Wo alles frisch und neu,

Die Burschen mit ihren Liedern,
Der Frühling mit seinem Mai.

Wo dir zu Füßen gleitet
Der Neckar, sanft und mild,
In seinem Schoße tragend
Des schönsten Schlosses Bild.

Geliebter! Hier willst du weilen,
Wo in wonniger Sommernacht
Der Mond mit silbernen Strahlen
Umfängt deines Leibes Pracht.

Geliebter! Hier willst du weilen,
Mit Blüten und Liebe bedeckt,
Die herrlichen, edlen Glieder
In marmorner Ruhe gestreckt.

(1885)

MAX HALBE

Student in Heidelberg

Spät abends traf ich in Heidelberg ein. Es war der 23. April
1883.

Ich stieg im Darmstädter Hof ab. Die Nacht war kurz, ich
hatte keine Ruhe, sprang schon in aller Frühe aus dem Bett. Der
schönste blaueste Morgen strahlte mir entgegen. Heidelberg
im ersten Frühlingsglanz. Wieviele Dichter und Sänger seiner
unvergleichlichen Schönheit hat es nicht gefunden, seit jenen
holden Lenztagen der wieder zum Licht erblühenden deutschen Seele, da die Romantik neben so vielem anderen, das
verschüttet schien, neben Volkslied, Märchen, Sage, auch Heidelberg für Deutschland und bald für die Welt entdeckte.

Dieser erste paradiesische Morgen, mit dem meine Studentenzeit in Heidelberg begann, ist mir durchs ganze Leben unvergeßlich geblieben. Mein Herz strömte über vor Jugendglück, als ich auf der Neckarbrücke stand und mit meinen Blicken die weichen fließenden Linien dieser Fluß- und Berglandschaft umfing, die rote Sandsteinruine des Schlosses mit dem sie dunkel umrahmenden Waldgebirge, Molkenkur und Königstuhl im schmiegsam ansteigenden Sammetflausch des jungen Buchengrüns. [...]

Heidelberg hatte in jener Zeit vielleicht fünfundzwanzigtausend Einwohner, sicherlich nicht viel mehr, zählte also nach damaligem Bevölkerungsmaßstab bereits zu den Mittelstädten. In vielem war es noch eine richtige Kleinstadt, in der der Student die Hauptrolle spielte, hatte daneben aber auch sein internationales Gesicht. Schon damals war es das Reiseziel aller Engländer; die Amerikaner traten daneben zurück, sie hatten im allgemeinen Europa noch nicht entdeckt. Das Cookbüro verfrachtete sie im Sommer erst einzeln, noch nicht in ganzen Schiffsladungen. Viele von diesen angelsächsischen Reisenden blieben in Heidelberg hängen. Sie bevölkerten die Pensionen der Leopoldstraße und zu Füßen des Schloßbergs und bildeten eine sehr ansehnliche Kolonie. Sie hielt streng auf ihre gottgewollte angelsächsische Unvergleichlichkeit und trat weder mit der Bürgerschaft noch mit den Studenten in irgendwelche Berührung.

Ausschlaggebend waren die Studenten, ganz besonders in ihrer farbentragenden Erscheinungsform. Sie beherrschten das Straßenbild, füllten die Bierstuben und Weinbeiseln, deren es eine Anzahl als Anhängsel von Bäckereien gab. Der Student war das A und O des Heidelberger Alphabets; die Bürgerschaft lebte von ihm. Ich rechne im weiteren Sinne zu den Studenten auch die Professorenschaft, die natürlich die oberste Staffel bildete und gesellschaftlich die entscheidende Rolle spielte. In der studentischen Hierarchie standen die Korps obenan, unter ihnen wieder die berühmten Saxo-Borussen, bei denen man – so hieß es – erst nach einer umständlichen Ahnenprobe Aufnahme fand. Sie hatten, wenn ich mich recht entsinne, weiße Stürmer und hoben sich schon dadurch, wie überhaupt durch ihr hochfeudales Auftreten, von den übrigen Studentencouleurs, nun gar von der *misera plebs* der nicht farbentragenden Finkenschaft, ab.

Die verschiedenen Verbände ignorierten sich gegenseitig, gaben nur innerhalb ihrer Klasse Satisfaktion oder nur unter schweren Bedingungen gegen Außenstehende. Es kam nicht selten, zumal auf Bierdörfern oder des Nachts beim Nachhausegehen, wenn die Straße plötzlich nicht breit genug war, zur Anwendung des Holzkomments, zur solennen Keilerei. Schwere Säbel oder Pistolen hatten dann oft den empfangenen oder verabreichten Schimpf zu sühnen.

Ich fand Quartier bei drei alten Fräuleins in der Großen Mandelgasse, die heute mit einem »t« geschrieben wird und also nichts mehr mit Mandeln zu tun hat. Ich fand es sehr poetisch, in der Gasse der Mandeln zu wohnen, weil ich dabei an die Mandelbäume dachte, von denen ich schon wußte, daß sie im Frühjahr an der Bergstraße zuerst blühen. Meine Gasse führte von der Hauptstraße etwas abschüssig zum Neckar hinunter und lag in nächster Nähe der Universität. Für leichte Erreichbarkeit der Vorlesungen war also gesorgt. Meine Bude lag im dritten Stock des alten schmalstirnigen Hauses von nur zwei Fenstern Front. In jedem Stockwerk war nur eine solche Bude, Zimmer und Alkoven, also nicht einer gewissen Noblesse entbehrend, da ja viele Studenten nur einen Raum zum Wohnen und Schlafen hatten.

[...]

Kuno Fischer war ein breiter, stattlicher, man könnte sagen monumentaler Mann, den man so, wie er ging und stand, auf einen Denkmalsockel hätte stellen können. Dies hätte sicher auch seiner eigenen Meinung von sich vollkommen entsprochen. Er war von einem höchst entwickelten Selbstgefühl, ja von einer geradezu unermeßlichen Eitelkeit. Zahlreiche Anek-

28 Unbekannter Lithograph: Studentenulk, um 1880

doten waren hierüber in der Stadt und unter den Studenten
verbreitet. Kuno Fischer wußte das und betrachtete es sicher
als den ihm gebührenden Zoll an öffentlicher Aufmerksamkeit
und Reklame. Kein Zweifel auch, daß alle diese über seine
maßlose Einbildung erzählten Schnurren nicht wenig zu seiner
Volkstümlichkeit beitrugen. Man lachte über ihn und zog doch
im Geiste den Hut vor ihm. Er trug sich, für einen Professor
jener Zeit, immer höchst sorgfältig, ja geradezu elegant. Wenn
er, solchermaßen wie aus dem Ei gepellt, auf das Katheder trat
und kerzengerade dastand, das mächtige Haupt hoch empor-
gerichtet, die lange Pfropfenziehernase gleichsam in die Ferne
gebohrt, als sei alles ringsumher Luft für ihn, so verstummte
das wilde Beifallsgetrampel, das seinen Eintritt begrüßt hatte,
wie mit einem Zauberschlage, und atemlose Stille trat ein.

Und der Professor hub an und legte los, daß die Funken stoben. Niemand wurde von ihm verschont, die Lauge seines bei-
ßenden Witzes übergoß alles; ganz gleich, ob er über die Ge-

schichte der Philosophie las oder ob er sein Faust-Kolleg mimte und deklamierte. [...]

Ich war auf der Schule von der Idee eines großen, einigen und mächtigen Deutschen Reichs bis in die letzte Faser meines Wesens durchtränkt gewesen. Das waren wir dort im deutschen und preußischen Osten ja nahezu alle, nicht umsonst hatte unsere Kindheit unter dem Stern der Kaiserkrönung von Versailles gestanden; und Preußen und Deutschland war eines und dasselbe für uns. Ich hatte geglaubt, das müsse überall in deutschen Landen so sein. Jetzt sah ich es anders. Ich lernte den süddeutschen, fürs erste den badischen Partikularismus kennen, der hier in Heidelberg noch seine besondere pfälzische Färbung trug. Ich war hierhergekommen aus einer Art von Phantasieliebe für Süddeutschland und alles, was süddeutsch hieß. Jetzt mußte ich erfahren, daß es eine sehr einseitige Liebe war und daß meine süddeutschen Landsleute nicht daran dachten, sie zu erwidern. Die Kinder auf der Straße sangen Spottlieder auf die »Preußen«; aus den Reden der Erwachsenen klang es nicht viel anders in mein Ohr, nur daß sie es nicht gerade in Versform sagten, sondern in der derben eindeutigen Prosa des »Pfälzer Krischers«.

In den Liedern der Straßenjugend, die ich mir erst übersetzen lassen mußte, wurde auch viel über preußische Soldaten losgezogen, die ins badische Ländchen einrückten und sich lächerlich machten. Das bezog sich auf die preußischen Truppen, die Anno Achtundvierzig ins Land gekommen waren, von der eigenen badischen Regierung gerufen, um die Revolution niederschlagen zu helfen, nachdem die Regierung selbst es nicht vermocht hatte. Die Erinnerung an dieses Ereignis wie überhaupt an Achtundvierzig saß noch sehr fest in dem lebenden Geschlecht, es war ja auch erst wenig mehr als ein Menschenalter her. Damit hing es auch zusammen, daß in Heidelberg wie in ganz Baden die Demokratie Trumpf war. Die demokratische Revolution von Achtundvierzig war unterlegen, aber der demokratische Gedanke triumphierte auf der ganzen Linie von

Frankfurt bis Basel und Konstanz, ja auch bis ins benachbarte Schwäbische hinein […]

Die Klassen und Stände verkehrten mit einer Zwanglosigkeit untereinander, an der ich meine helle Freude hatte. Meine trotz allem nun doch einmal vorhandene nordische Gebundenheit lockerte und löste sich in der hellen, freudigen, wein- und liederseligen Atmosphäre der zauberhaften Stadt; ich fühlte mich freier, elastischer, unbefangener als je vordem.

Wenn ich aus dem Fenster meiner Studentenbude in der Großen Mandelgasse hinausblickte, so sah ich mir gegenüber in der gleichen Höhe des dritten Stocks, nur wenige Meter entfernt, einen schon ziemlich bemoosten Studenten mit ausgebreiteten Ellbogen im Fenster liegen. Sein Gesicht war kreuz und quer von Schmissen gestrichelt, so daß es wie eine Flußkarte aussah. Er rauchte eine lange Pfeife, die beinahe bis zum zweiten Stock aus dem Fenster hing. Ich sah dieses Gegenüber zu allen Tageszeiten aus dem Fenster liegen, Pfeife rauchen und eben auf diese Weise seine studentische Tätigkeit ausüben. Erst wenn es gegen Abend ging, verschwand er. Darauf konnte man wetten […]

Wenn man ins Theater wollte, so fuhr man nach Darmstadt oder nach Mannheim. In Heidelberg selbst war ja auch ein Stadttheater, aber es wurde in jener Zeit noch nicht so ganz ernst genommen. Das lag weniger an den künstlerischen Leistungen dieses Theaters, die sich wohl auf einer anständigen mittleren Höhe hielten, als an einem andern Umstand: an seinen studentischen Besuchern. Nach altem Brauch beanspruchte die Studentenschaft eine Art von Mitwirkungsrecht bei den Vorstellungen. Das war ja nicht nur in Heidelberg so. Aus der klassischen Weimarer Zeit wissen wir, daß die Jenaer Studenten jenen Anspruch sogar auf das Weimarer Theater ausdehnten, was verschiedentlich auch den Unmut des damals amtierenden Generalintendanten, Seiner Exzellenz des Herrn Staatsministers und Geheimbde Rats Goethe herausforderte. In den kleineren deutschen Universitätsstädten hatte der

Brauch oder Mißbrauch sich durch das ganze Jahrhundert erhalten. So auch in Heidelberg. Corps und Burschenschaften füllten die Logen, vornehmlich die an der Bühne, das andere Studentenpublikum Ränge, Parkett und Parterre. Der Student war sozusagen der Hausherr im Theater. Wenn ihm etwas nicht gefiel, so demonstrierte er; gefiel ihm etwas besonders gut, so demonstrierte er erst recht. Dieses ganze innerlich sonst so zwiespältige studentische Publikum war sich nur in dem einen Punkt einig, daß es ohne Gage mitspielte und dies als ein geheiligtes Recht betrachtete, an dem nicht gerüttelt werden dürfe. Kein Wunder, daß alle diejenigen, die das Theater um des Theaters willen besuchen wollten, vorzogen, dies auswärts zu tun.

MARTIN GREIF

Besuch in Heidelberg

Tal, der Heimat nahe,
Früh geliebtes Tal,
Deinen Freund umfahe
Traulich noch einmal.

Der des Lebens Stürmen
Kümmerlich entrann,
Wolle du ihn schirmen,
Diesen bangen Mann.

Laß ihn rückwärts schauen,
Wo sein Eden lag,
Laß vor ihm erblauen
Einen Zukunftstag.

Gönn ihm da zu träumen,
Wo die Stille lauscht,

Wo im Überschäumen
Nur die Welle rauscht.

Oder zu den Höhen
Führ ihn sacht empor,
Wo ein ernstes Wehen
Flüstert seinem Ohr.

Im verfallnen Schlosse
Laß ihn finden Rast,
Dessen Prachtgeschosse
Du umkleidet hast,

Das in seinen Trümmern,
Frischem Grün gesellt,
Morgendlich im Schimmern
Leuchtet in die Welt.

Laß ihn jung sich fühlen,
Wenn auch nur im Traum,
Bad' ihn, Fluß, im Kühlen,
Tröst ihn, Schattenbaum,

Daß er bald genese
In der Bergesluft,
Reichen Herbstes Lese
Ahn' im Blütenduft.

Denn wer einsam ringet,
Nicht auf Lohn bedacht,
Sorgenvoll verbringet
Er so manche Nacht.

Nur Natur im Frieden
Macht es wieder gut,
Gönne du dem Müden,
Daß er in dir ruht.

(1895)

Heidelberg, 1. Mai 1895

Ich sitze allein und erfreue mich am Anblick des traurigen Heidelberger Schlosses, das von grauem Dunst umsponnen ist. Wie ist dieses Schloß selbst bei solch einem Wetter anziehend! Wohin man auch schaut – alles ist erfüllt von der Bedeutung furchtbarer, aber schöner Jahrhunderte, die in die Ewigkeit versunken sind. Wie schlecht paßt zum Geiste der alten Zeit der praktische Sinn der modernen Zivilisation, wie traurig nehmen sich die eisernen Gitterchen am Rande eines wilden Abgrundes aus, wie lächerlich sind die auf jedem Schritt angebrachten Tafeln mit ausgestreckten Zeigefingern, wie unangenehm sind endlich die dicken, rotnasigen, durch übermäßigen Biergenuß gezeichneten Gesichter der Führer, die einem unentwegt ihre Dienste aufbinden wollen.

WILHELM MEYER-FÖRSTER

»Alt-Heidelberg« (5. Akt, Finale)

6. Szene

Käthie (herein). Es ist net wahr! – Ihr lügt's ja alle – (sucht in fieberhafter Erregung) es ist net wahr – (sucht, dann plötzlich sieht sie den Fürsten. Mit einem elementaren Aufschrei zu ihm.) Karl Heinz!!

Karl Heinrich. Käthie!

Käthie. Karl Heinz! Karl Heinz!!

Karl Heinrich. Käthie, liebe Käthie! (Sie liegt wie besinnungslos in seinen Armen). Sieh mich an – Käthie!

Käthie. Nun bist du wieder gekommen.

(Lange Pause.)

Ist's wahr, daß du wieder fort mußt? Jetzt gleich?!

Karl Heinrich. Ja, Käthie.

Käthie (antwortet nicht, preßt ihn an sich im Schmerz). — Ich hab's gewußt. Karl Heinz, einmal im Leben würdest d' noch kommen. Jeden Tag hab' i gewartet. — (Sie streicht ihm über das Gesicht.) So schmal bist worden, und so blaß, Karl Heinz. Hast viel ausgestanden, gelt?

Karl Heinrich. Ja, Käthie.

Käthie. So – so – (streichelt ihn) – die schlimmen Falten – so lach einmal wieder.

Karl Heinrich. — Zwei Jahre. – Du weißt nicht, Käthie, was das für Jahre gewesen sind. Es gibt keinen Menschen, der so einsam war wie ich.

Käthie (angstvoll, dringend). — Lach einmal wieder.

Karl Heinrich (mühsam lächelnd). — Lachen?

Käthie. Ja! So! Noch einmal!! Wie du früher gelacht hast. Lach, Karl Heinz, ach lach doch.

Karl Heinrich. Wann war es? Gestern oder vorgestern? Mitten in der Nacht sind wir fortgefahren, hierher. Ich hab es nicht mehr ertragen, einmal mußt ich noch her. Zum letzten Mal.

Käthie (lehnt sich an ihn). Ja.

Karl Heinrich. Es war alles, Käthie, wie früher: der Main, der Neckar und – Heidelberg. Nur die Menschen sind anders geworden. Ich habe keinen wieder gefunden.

Käthie (schmiegt sich dichter an ihn).

Karl Heinrich. Nur dich, Käthie. Du bist die einzige.

Käthie. Karl Heinz – –

Karl Heinrich. – – – Du bist die einzige – –

Käthie (zieht ihn neben sich auf eine Bank). Komm. – – Weißt du noch den Tag, als du fortgingst, Karl Heinz? Und wir wollten zusammen in den Odenwald?

Karl Heinrich (nickt).

Käthie. Und kutschierten zuzweit nach Neckargemünd – und wollten nach Paris? (Sie lächelt.)

Karl Heinrich. Da oben, Käthie, hinter den zwei Fenstern, weißt du's noch? Du und ich!

Käthie (vergräbt den Kopf an seiner Brust).

Karl Heinrich. Draußen die Frühlingsnacht, und alles schlief.

Käthie (selig). Du hieltest mich fest.

Karl Heinrich (preßt sie an sich, küßt sie stürmisch). – – – Käthie! – Süße Käthie!

(Pause.)

Käthie. Lustig sind wir gewesen, wir zwei, das ist nun aus. Oft, wann i mir a Müh geb' und i will's und will's zwingen, lustig kann i nimmer sein. I bin auch alt geworden, gelt, da im Gesicht?

Karl Heinrich (lächelnd). Nein, Käthie.

Käthie. Doch. – Und da hier ist's einsam geworden. 's ist net mehr wie früher. Die Studenten kommen net mehr. Oft Abends sitz i ganz allein – – – – Zum Herbst geh' i fort.

Karl Heinrich. Wohin?

Käthie. Nach Oesterreich. Der Franzel schreibt alle Vierteljahr, i soll komme, er will nun endlich heiraten.

Karl Heinrich. Ja.

Käthie. I hätt scho lang fortgehen und heiraten sollen, 's war gar zu traurig dahier. – Sixt, Karl Heinz, dann bin i a fort vom lieben Heidelberg.

(Pause).

Karl Heinrich. Ich halte auch Hochzeit, Käthie, – weißt du's?

Käthie. Ja. I hab's gelesen in der Zeitung. I hab mir auch die Bilder kauft, euer beiden Bilder. Die Prinzessin-Braut ist schon sehr schön. – (Prüfend, ängstlich) Gelt?

Karl Heinrich (zuckt die Achseln, gleichgültig).

Käthie (leise). Sei lieb zu ihr.

Karl Heinrich (faßt sie an beiden Armen, schüttelt sie fast grimmig). Käthie! (in überströmendem Schmerz) Käthie!

Käthie (nimmt seinen Kopf zwischen ihre Hände). Sei net traurig. Sixt, wann i wüßt, daß du traurig wärst und würdest nimmer wieder heiter werden, – ach, Karl Heinz, dann – dann – ja was sollt i dann anfangen? Dann sollt i nach Wien und Hochzeit halten und mit den Leuten reden und immer dabei denken, daß du nimmer froh wärst, dann doch lieber glei (innig) Karl Heinz, i bitt di!!

Karl Heinrich (nimmt sich mühsam zusammen). Ja –

Käthie. Sixt, mit uns Zweien, das hat doch net anders sein können, net wahr? Und das haben wir doch auch immer gewußt.

Karl Heinrich (nickt).

Käthie. Na alsdann –

Karl Heinrich. – – Ja – –

Käthie. Die schöne Jugendzeit, die is halt so kurz –

Karl Heinrich (träumend). Ja –

Käthie. Nun wirst du heimfahren, Karl Heinz, und Hochzeit machen, und 's wird alles gut werden. I kann das ja net so verstehn, aber einer wie du, der muß schon den Kopf obenbehalten, gelt? Schon um der vielen anderen wegen, gelt?

Karl Heinrich. Kleine Käthie!

7. Szene

Lakai (diskret herein). Ew. Durchlaucht –

Karl Heinrich (blickt auf). Was –? – Ja, ich komme.

Lakai (diskret hinaus; ab).

Käthie. Bleib noch!

Karl Heinrich (zieht sie an sich). Käthie.

Käthie (lehnt sich an ihn, die Hände auf seinen Schultern). Bleib noch.

Karl Heinrich. Nun komme ich nicht wieder, Käthie.

Käthie. Karl Heinz!

Karl Heinrich. Es war die letzte Fahrt nach Heidelberg, aber vielleicht die beste. Es soll vieles anders werden. Käthie, ich verspreche es dir.

Käthie (streichelt nur immer seine Wangen, zu ihm emporschauend, wie jemand, der etwas, was er für immer verliert, noch einmal berühren will).

Karl Heinrich. Wir behalten uns, Käthie. Ich vergesse dich nicht und du mich nicht. Wir sehen uns nicht wieder, aber wir vergessen uns nicht. Meine Sehnsucht nach Heidelberg und die Sehnsucht nach dir, – und dich hab' ich wiedergefunden. (Küßt sie lange.) Leb wohl, Käthie. (Er geht.)

Käthie (steht mit schlaff herabhängenden Armen, sieht ihm nach).

Karl Heinrich (wendet noch einmal). Ich habe nur dich lieb gehabt, Käthie, von allen Menschen nur dich. (Küßt sie, geht.)

Käthie (steht stumm, starrt ihm nach, sekundenlang. Dann schlägt sie die Hände vor das Gesicht und schluchzt bitterlich).

(1901)

Bertolt Brecht

»Alt-Heidelberg«

In diesem Saustück steht eine Szene, die unerhört grauenhaft ist. Ein alter Mann kommt zu einem prinzlichen Deppen, um eine Position zu erbetteln, und der Depp läßt ihm ein Abendmahl bringen. Der alte Mann ist Korpsdiener, deutsche Jünglinge haben ihn gedrillt, so daß er nimmer gerad gehen, nimmer ruhig reden, nimmer anständig denken kann. Und deutsche Mütter und zukünftige Mütter beklatschen gerührt das alte, widerliche, würdelose, verhunzte Wesen und lachen über seine Anhänglichkeit, freuen sich, wenn es sich auf den Bauch schmeißt, die Hände des Deppen küßt. Und dann schlurft der sympathische alte Mann hinaus, und an der Tür, merken Sie auf, an der Tür sucht er in seiner weißen Weste nach einem Trinkgeld für den Kammerdiener, findet keines und gibt ihm – die Hand. Und da lacht das ganze Haus aus vollem Herzen; denn wie unglaublich lächerlich ist es, wenn ein kleiner Korpsdiener einem herzoglichen Kammerdiener ein Trinkgeld geben will, und wie geradezu zum Wälzen komisch ist es, überhaupt einem Diener die Hand zu geben!

Die deutschen Jünglinge, die sich gegen den alten Mann wie Schweine, gegen den Deppen wie Hunde benehmen, haben den Erfolg von »Alt-Heidelberg« ausgemacht. *(15. Oktober 1920)*

KURT TUCHOLSKY

»Alt-Heidelberg«

Im Deutschen Theater zu Berlin, wo einst Max Reinhardt Meister war, hat man ›Alt-Heidelberg‹ gespielt, jenen Reißer aus unsrer Väter Tagen, einen anachronistischen Buntdruck. In allen Schaufenstern liegen ›Rheinlieder‹ aus, mit bunten Umschlägen wie aus den achtziger Jahren: blondgelockte Mädchen kredenzen wackern Jünglingen ein Glas edeln Weines, der Rhein fließt romantisch und unbeschreiblich grün bedruckt vorüber, und innen steht ein schönes altes Lied. Die Sehnsucht nach dem Früher ist allgemein. Deutschland spielt: gute alte Zeit. Es ist, wie wenn eine Welt vor ihrem endgültigen Untergang noch einmal alles, alles rekapitulierte, was je dagewesen ist, und vor allem das Schlechte: ein Haus ist heruntergebrannt, und das erste, was die Leute unverändert wieder aufbauen wollen, sind die sehr unhygienischen Toilettenräume. Sie waren so romantisch… Noch nie war die Sehnsucht nach dem Bürgerlichen so groß wie heute – noch nie so groß die Wertschätzung jener spezifisch bürgerlichen Tugenden, ihre Pflege und ihre falsche Vergötterung.

Wie nun jede Zeit das Bestreben hat, sich die vorige als harmlos, ruhig und still-vergnügt und satt-zufrieden vorzustellen – im Gegensatz zu jener bösen, bewegten und übeln, in der man zu leben grade das Pech hat: so lügt sich diese die Jahre 1870 bis 1914 in eine freundliche Epoche leiser Beschaulichkeit um und zurecht, und, nicht genug damit, will sie sie auch noch nachahmen. Drollig und tragisch zugleich, wie dieses Kostüm in dieser Zeit wirkt. Es geht ja nicht, auch wenn ihr euch noch so anstrengt. Es geht ja nicht, vom ›Heim‹ zu reden, wenn selbst die paar Quadratmeter Holzplanke den Wohnungsämtern unterliegen; es geht nicht, vom ›frisch-fromm-fröhlichen‹ Studenten zu sprechen, wenn er gezwungen ist, sich seinen Lebensunterhalt zu verdienen; es geht nicht, von der ›keuschen deutschen

29 *Ramon Novarro und Norma Shearer in dem »Alt-Heidelberg«-Stummfilm
von 1927*

Jungfrau‹ zu fabeln, wenn Kunigunde den ganzen Tag über im Büro die schnatternde Schreibmaschine bedient. Es geht nicht.

Aber wie in einem Anilinglanz sonnen sie sich in dieser versunkenen, maßlos überschätzten Epoche ... Je härter und erbarmungsloser die Zeit wird, desto verzweiflungsvoller klammert sich eine ganze Generation von alten Jungen an die Dinge, an denen einst ihr Herz hing. Nun grade – nun erst recht... Und stemmen sich gegen den rollenden Stein der Zeit, gegen die ganze Erde – aber es hilft nichts, es hilft nichts, es hilft nichts. Vor dem Sterben fallen manche Kranke in Euphorie – das heißt: es geht ihnen noch einmal sehr gut, noch einmal blühen sie, scheinbar, auf, noch einmal werden die Wangen rot, die Augen glänzend, noch einmal... Und sie hoffen und fühlen sich federleicht und wohl und ganz gesund und denken, morgen aufzustehen und heraus zu dürfen... Und ahnen nicht, daß sie morgen in der Tat hinausdürfen durch die Tür, die Füße vorneweg... So ist das mit unserm Alt-Heidelberg.

Sie spielen die alten Possen. Sie weinen über die alten Schmachtfetzen. Sie baden sich in den alten Vorstellungen. Sie schmunzeln über die alten Scherze. ›Alte Sachen? Alte Sachen?‹ Noch niemals ist in diesem Artikel der Absatz so reißend gewesen wie heutzutage. Man fühlt: Im Leben ist das zwar alles dahin, so wollen wir es wenigstens auf den Bühnen, den Ansichtskarten, den Filmen – so wollen wir wenigstens da das alte, geliebte, schlechte Leben vorgetäuscht sehen, und wenn wirs noch so teuer bezahlen müssen... Alt-Heidelberg, du feine...!

Auch das wird vorübergehn. Eine neue Generation wird kommen, die da nichts mehr weiß von der Väter Idealen und nichts mehr von ihren Wünschen und Hoffnungen. Und es wäre geschmackvoll und vernünftig, diese Prozedur abzukürzen und beizeiten Schluß mit einer Serienaufführung zu machen, deren Besetzung immer schlechter und deren Publikum immer wahlloser wird. Liebe Direktion Deutschland! Wir bitten um ein neues Stück... *(1923)*

ALI HUBERT

»Alt-Heidelberg« in Hollywood

Die Vorbereitungen für die Ausstattung des Films »Alt-Heidelberg« bereiteten mitunter arges Kopfzerbrechen. Der kalte Prunk der kleinen deutschen Residenz und das Studentenmilieu boten keine Schwierigkeiten. Dagegen die bürgerliche Atmosphäre der Zeit von 1890 bis 1900, die für den Film gegeben war; sie ist in bezug auf Kleidung, Interieur und Hausrat eine der geschmacklich tiefstehendsten, die wir je erlebt haben.

Die Damenmode brachte gegen Ende des Jahrhunderts Ungeheuerlichkeiten hervor, wie riesige Keulenärmel, Glockenröcke mit langen Schleppen und entsetzlich häßliche Hüte, die immer das Bestreben hatten, sich vom Kopfe zu lösen und mit einem halben Dutzend langer Nadeln von einem Viertel Meter Länge festgehalten werden mußten.

Das bürgerliche Heim war angefüllt mit Hausgreuel jeder Art, die man heute im Kitschmuseum in Stuttgart zeigt: Nippes aus Porzellan, Glas und Terrakotta, in Holz gebrannte Haussegen, gehäkelte Möbelschoner mit sinnigen Sprüchen, Makartbuketts und silberne Brautkränze unter Glasstürzen.

Diese geschmacklichen Verirrungen galt es nachzubilden, um das Milieu wiederzugeben. Mit vorzüglichen Bauten unterstützten die Architekten der Metro-Goldwyn diesen Hintergrund für Meyer-Försters Liebesgeschichte. Was die Mode anbelangt, war es natürlich geboten, sich Beschränkungen aufzuerlegen. Man konnte eine so reizvolle Künstlerin wie Norma Shearer nicht so grauenhaft verunstalten. Nach vielen Entwürfen, Kostümproben usw. gelang es mir endlich, eine erträgliche Linie für die Käthie zu finden. Auch für die jungen Mädchen der Kleinstadtresidenz milderte ich die Echtheit des Kostüms so weit, daß sie nett und anziehend auf das Prinzenherz von Karl Heinz wirken konnten. Ihm selber konnte ich die albern geschnittenen Anzüge nicht ersparen. Aber Ramon Novarros

Jugendfrische wurde nicht einmal von dem steifen Gehrock der neunziger Jahre gehemmt. Für Studenten, Offiziere und Hof lagen die Richtlinien fest. Das bürgerliche Milieu und die Veteranen waren unserem Humor überlassen.

Alles hatte ich schließlich beisammen, für 64 Dekorationen die Innenausstattung bis zum Glücksschwein auf dem »Vertikow«, das damals jede Wohnung zierte. Es fehlte mir nur noch eine Schwarzwälder Uhr und eine alte Heidelberger Droschke, die den Prinzen und Dr. Jüttner in das kleine Studentenwirtshaus am Neckar bringt. [...]

Lubitsch arbeitete überaus gewissenhaft. Den Soldaten, die dem jungen Prinzen von Karlsberg präsentierten, wurde der Präsentiergriff von ehemaligen deutschen Offizieren beigebracht. Die Studenten übten den Salamander ebenso fleißig wie die Kommerslieder, da es im Film genau zu erkennen ist, ob der Darsteller ein deutsches oder ein englisches Wort spricht.

Die jungen Amerikaner übten mit Eifer und Hingebung die »Alte Burschenherrlichkeit« unter der Leitung eines alten Semesters, das hier in Hollywood endlich wieder einmal Gelegenheit hatte, sich seiner Natur nach auszuleben.

Jackie Coogan, der zu gleicher Zeit unter einem anderen Regisseur einen jungen Trompeter spielte, trieb sich in seiner freien Zeit auf dem Metro-Grundstück herum und blies herzzerreißend auf seiner Trompete. Da mich das Getute schrecklich nervös machte, traf ich mit ihm ein Abkommen. Er durfte mit den Studenten mitsingen, wenn er das Blasen einstellte. Entzückt ging er darauf ein und lernte auf die Art »Der Mai ist gekommen« und ein halbes Dutzend deutscher Trinklieder, was im Lande der Prohibition schließlich keine Gefahr bedeutet.

Für die Freiaufnahmen mußte eine dem Neckar ähnliche Landschaft gefunden werden. An den Ufern des Las Turas Lake fanden wir eine Landschaft, die der Gegend am Neckar zwischen Hirschhorn und Neckargemünd ziemlich nahekam. Als wir später die kalifornischen Freiaufnahmen am Original-Nekkar ergänzten, paßte der an so verschiedenen Stellen der Erde aufgenommene Landschaftscharakter glänzend zueinander, und niemand merkte einen Unterschied.

Eine ganze Expedition begleitete die drei Darsteller des Karl Heinz, der Käthie und des Kellermann zu dem hoch oben in den Bergen liegenden See: fünf Lastautos, beladen mit den notwendigen Requisiten, Aufnahmeapparaten, Stativen, Podesten, beladen mit einem großen Floß, von dem aus das Liebespaar für die Großaufnahmen im Boot gekurbelt wurde.

Ein Küchenwagen fuhr mit, in dem zwei Köche für das etwa 50 Personen starke Aufnahmepersonal das Essen herstellten. Nachdem man die Gegend von Klapperschlangen gesäubert hatte, wurde ein lustiger Mittagstisch im Freien errichtet. Die mitgenommenen Tische und Bänke wurden aufgestellt, alles saß bunt durcheinander: Darsteller, Beleuchter, Regiestab und Arbeiter. Selbstverständlich bekam auch jeder das gleiche Essen.

An einer anderen Stelle der Umgebung Hollywoods war mitten in die Berge das klassische Studentenwirtshaus »Rüders Gasthof« mit dem Wirtsgarten gebaut. Hier war es charakteristisch, wie der Film mit der Natur umspringt, um sie für die Aufnahme »natürlich« zu machen. Die vorhandenen Bäume und Sträucher, die man nach Bedarf durch dazwischengepflanzte ergänzte, wurden zunächst entlaubt, dann wurden sie, der Jahreszeit entsprechend, entweder mit geschickt nachgemachtem Frühlingslaub und Blüten oder mit Herbstlaub frisiert. Das letztere wurde, um die Stimmung zu steigern, mit einem Flugzeugmotor von den Bäumen geweht und tanzte vor der trostlosen Käthie seine melancholischen Wirbel. *(1927)*

Das deutsche Herz

Fast dreihundert Jahre sind vergangen seit dem Tag, wo unsre Geschichte anfängt. Am Fuße des Königstuhles rauschte der Neckar lauter, als er heute rauscht, denn man war den Granitblöcken, die im Strombett liegen, noch nicht mit Pulver und Dynamit zu Leib gegangen. Viel mehr Waldvögelchen als heute netzten ihre Schnäbel im Neckarwasser, denn man hatte die Ufer des Flusses und der Seitenbäche noch nicht von dem tausendfältigen Buschwerk gesäubert und ließ die lieben Hecken wachsen, wo sie wachsen wollten. Die Reiher im Reiherwald hatten herrliche Tage, denn den Junkern war die Falkenjagd abhanden gekommen und der Neckar wimmelte von Fischen. O, wie es in einer lauen Sommernacht unter dem Ersheimer Kirchlein schnalzte! Die Fische waren wie trunken vom Mondenlicht. Zuweilen klang es plump und grob vom Neckar her, wie wenn ein Pfundstein ins Wasser fiele. Das war ein alter Hecht, der ein Maul voll Sommernachtlicht geschnappt hatte, oder ein würdevoller Salm... Nachtigallenchöre sangen herüber und hinüber über den schimmernden Strom, und die Turteltäubchen gurrten aus dem Wald. Es ist keine Frage, bei Nacht war es damals schöner im Neckartal als heute. Bei Tag dagegen ist es heute lustiger. Noch nicht floß vor dreihundert Jahren der grüne, tiefe Strom des Waldes von Berg zu Berg und ins Tal herunter bis zu den Neckarwiesen. Man wußte nicht, was man mit dem Holz anfangen sollte, und rodete sinnlos bald hier, bald dort für ein paar Jahre; dann ließ man wieder die Buchen und Eichen hereinwachsen über den ausgeraubten Boden und fing woanders an. So sah man rechts und links auf den Höhen nur dürftige Gerstenfelder oder unerfreulichen Lausewald. Die Berge, worauf die Burgen liegen, waren völlig kahl, und die Schlösser, in deren übergrünten Ruinen heute der Heidelberger Student die Arme in die Höhe wirft und – im Her-

zen überwältigt von all der träumerischen Schönheit – die liebsten, stolzesten Namen jauchzt, diese Schlösser, als sie noch
ganz waren, sahen sehr weißgetüncht, nüchtern und behäbig
aus, halb ritterlich, halb bäuerlich. Der Torwärter saß in
Schlappen auf dem Bänklein, sagte: »Hä!« und aß ein dickes
Käsebrot. *(1907)*

ALFRED WEBER

Der Geist Heidelbergs

Die Atmosphäre dieser kleinen Stadt war ganz und gar nicht
bürgerlich eng oder gesättigt. Sie war vollgesogen und wurde
durchströmt von Neuem, das in Deutschland auf merkwürdige
Weise seit der Jahrhundertwende sich zu entwickeln begonnen
hatte. Sie war geistig und persönlich anregend und dabei nach
allen Seiten geöffnet. Jener ›Geist Heidelbergs‹, wie ihn vor allem immer wieder Friedrich Gundolf zu bezeichnen pflegte,
war für den, der als Hinzugekommener an ihm teilnahm, etwas
wie eine Art Offenbarung. Er zog die Geschichte, er zog die
philosophische Existenz, er zog alle alte Tradition vor seinen
Richterstuhl. Und das Besondere war, er war zugleich gesättigt
von einer Skepsis gegenüber allem, was als Durchschnittliches
dem Tag sein Gepräge gab. Er suchte nach neuer Tiefe, nach
neuen tieferen Fundamenten überall. Und für mich ergab sich
alsbald, daß ich naturgemäß von ihm hingezogen wurde zu der
Frage: wo stehen wir als Fragende eigentlich geschichtlich gesehen? Eine Frage, die ich nach dem Charakter des hier herrschenden Geistes gar nicht anders als universell, erdumfassend
zu stellen vermochte. *(1907)*

Henry Thodes Vorlesung

Nach solcher Enttäuschung war es fast nur, um den dringenden Empfehlungen meines Bruders genugzutun, als ich am selben Nachmittag noch einmal die Universität betrat, wo der Kunsthistoriker Henry Thode zwischen 5 und 6 seine Vorlesung angesetzt hatte. Man war wieder in dem kleinen düsteren Raum versammelt; aber es schien nach Kleidung und Gehaben eine etwas gewähltere Gesellschaft zu sein, die mich jetzt umgab. Auch ältere Herrschaften waren anwesend und auch einige mehr von den damals noch seltenen Studentinnen, die aber mehr intelligent als sympathisch wirkten. [...]

Noch einmal tat die Tür sich auf, und mit leichten Schritten trat eilig, denn es war schon über die Zeit, noch jemand herein, den ich in seiner jugendlichen Eleganz ebenfalls für einen Zuhörer hielt; auch als er schnell die Stufen zum Podium hinaufstieg, hatte ich noch die Vorstellung von einem Assistenten etwa, der sich da noch zu schaffen machen mußte. Erst als er hinter dem Katheder stand und zu sprechen begann, in eine lautlose und fühlbar gespannte Stille hinein, konnte kein Zweifel mehr bestehen, daß ich Thode vor mir sah.

Ich weiß nicht, aus welchem Grunde ich mir ihn als einen langen dünnen Menschen mit einem spitzen Knebelbart gedacht hatte; vielleicht hatte mir der Klang des Namens etwas Langgezogenes und Makabres vorgetäuscht. Aber er war eher klein und zierlich, und von der geschmeidigsten Bewegtheit und Lebendigkeit; und wenn ich ihn für einen Studenten hatte halten können, so war wohl die Abwesenheit jedes Bartes daran schuld, die ihn aus der Ferne so jung erscheinen ließ, denn alles, was ich sonst je von Professoren gesehen und vorgestellt hatte, trug würdigen Vollbart. Aber sowie das Gesicht im Sprechen sich uns zuwandte und belebte, schien es keineswegs mehr jung, zeigte fast leidvoll durchfurchte erfahrene Züge, und mit

Auge und Geste wurde die leicht und klangvoll fließende Rede in eine Sphäre großen Ernstes gehoben. Er sollte über venezianische Malerei lesen. Aber da kam kein Manuskript zum Vorschein, es wurde keine Literatur über das Thema diktiert, man sah auch kaum jemanden nachschreiben oder eine Notiz machen. Er begann damit, die Atmosphäre Venedigs vors innere Auge zu zaubern, die Stadt und ihre Geschichte lebendig zu machen, das Wesen ihrer Kunst in großen Zügen anzudeuten. Ich folgte gebannt, wie ich noch keiner Rede gefolgt war – alles war mir neu; schon die klingenden italienischen Namen malten mir eine ungeahnte Welt, die Ferne tat sich auf, der Süden, aus dem er selber ja eben unmittelbar kam, wie sein gebräuntes Gesicht bezeugte; aber durch all das faszinierende Unbekannte, das sich da Zug um Zug erschloß, klang noch ein anderer tieferer Ton, der mich erst ganz gefangen nahm: der da stand und sprach, war nicht nur ein Belebender und Klärender, er war ein Verkündender; ein Verkünder der Kunst, wie ich es irgendwie erhofft und geträumt, aber nicht in Wirklichkeit zu finden erwartet hatte. Gewiß, ich war immer dem Worte, der Rede offen gewesen, und hatte es in meinem Vater in Vollendung erlebt; aber die gleiche Sicherheit der Rede nicht nur, sondern auch der Überzeugung, die dort den Offenbarungen der Religion gedient hatte, sie galt hier den Offenbarungen der Kunst: die Ahnung davon durchfuhr mich schon bei den ersten Worten wie ein Blitz. Ich wußte plötzlich, daß es ein seelisches Erlebnis der Kunst gab, vielleicht tief verwandt dem der Religion, eine letzte Wirkung von ihr, ein Ersatz für sie in glaubenslos gewordenen Zeiten; während ich bis jetzt bloß eine Freude an Farben und Linien, einen Genuß des Schönen, zuhöchst das Hinnehmende einer Stimmung gekannt hatte, und gar dem Historischen gegenüber nur zu Bewunderung und Respekt erzogen war, ohne eigene Liebeswahl und Entscheidung.

Es öffnete sich in diesen Augenblicken in mir das Organ zur wahren Empfängnis der Kunst, und ließ mich im Flug unendliche Möglichkeiten gewahren. Gleichzeitig aber erhob sich über dem beredten Verkündiger der Kunst für mich das Wunschbild: so dastehen und sprechen können, geistiges Erleben in anderen entzünden – das konnte das Ziel des Lebens sein. [...]

Thode war von seinem Glauben an die Kunst überzeugt, und die Art, wie er Kunst-Wissenschaft und -Forschung mit Kunst-Verkündigung durchdrang, war ganz sein eigner Stil, der auch dem Burckhardts nicht glich, von dem er als Student manches gelernt haben mochte. Als eine Art Rolle konnte uns höchstens sein Eintreten für Richard Wagner erscheinen, dem er nicht nur als Schwiegersohn der Cosima verbunden war, sondern wohl auch persönlich viel verdankte: es hieß, er sei aus einem wilden verschwenderischen Jugendleben durch ihn gerettet und zum Ernste geführt worden; jedenfalls hatte er noch den starken persönlichen Eindruck von ihm erfahren, dem sich wohl niemand entziehen konnte, war als einer der Nächsten bei seinem Tod in Venedig im Palazzo Vendramin um ihn gewesen, und dergleichen vergißt sich nicht. Aber wenn er im kunsthistorischen Kolleg hie und da einen wirksamen Abschluß mit Wagner zu machen wußte, so war das meist nur der zufälligen Anwesenheit seiner Gattin zuzuschreiben, die solches zu erwarten schien; uns dünkte es unangemessen, und seine spätere Entwicklung zeigte, daß er die Bayreuther Mission schon immer als eine geheime Last empfunden hatte, von der er sich schließlich gewaltsam löste. Daß er Wagner auch ganze Vorlesungen widmete, machte ihn den Kollegen begreiflicherweise nicht sympathischer, und für die Studenten ward dies auch mehr eine Sensation, der man mit sehr verschiedenartigen Gefühlen beiwohnte. Immerhin erhob er sich auch damit über die Begrenzung des Fachs; und als ich, noch im ersten Semester, sein Montags-Publicum abends von 6 bis 7 hörte, das »Die Theorie des Gesamtkunstwerks« betitelt war, machte mir diese Vertrautheit mit allen Künsten und mit dem klassischen Altertum doch großen Eindruck. Ich wußte anfangs nicht, daß dies Wagner gelte, da ich von dessen theoretischen Schriften keinen Begriff

hatte, und es dauerte auch ziemlich lange, bis das deutlich wurde, da er diese Gedanken sehr frei und selbständig aus einer
Philosophie der Tragödie entwickelte, in der wieder seine Meisterschaft in großen historischen Überblicken zur Geltung
kam. *(1902)*

Alexander von Bernus

Sommergäste auf Stift Neuburg

Vor allem war es Karl Wolfskehl, den ich 1904 bei Ricarda
Huch kennen gelernt hatte, mit dem mich seitdem eine lebenslange Freundschaft verband. Es war der unvergeßliche Sommer
1909, der erste, den er auf Stift Neuburg verbrachte. Noch sehe
ich ihn, wie er mit den drei jüngeren Freunden, dem Zeichner
Rolf von Hoerschelmann, der für die »Schwabinger Schattenspiele« die meisten Silhouetten geschnitten hatte, dem 1916
gefallenen Zeichner Karl Thylmann und dem Musiker Wilhelm Petersen, die gleichfalls für den Sommeraufenthalt nach
Stift Neuburg gekommen waren, in einer Droschke in dem gro
ßen Hofe angefahren kam und mir aussteigend um den Hals
fiel.

Es ergab sich von selbst, daß mit Karl Wolfskehls Aufenthalt
auf Stift Neuburg sich auch andere aus dem Stefan George-
Kreis zu kurzem oder längerem Besuch dort einfanden: Friedrich Gundolf, Melchior Lechter und zuletzt Stefan George, der
Meister. Ich selbst habe niemals dem Stefan George-Kreis angehört und von Anfang an gegen jede Besitzergreifung mich
bewußt immun gemacht. Die blinde abgöttische Verehrung
und dieses förmlich demütige Aufsehen der ihm Zugetanen
zum Meister war etwas, das meinem ganzen Wesen widersprach, und ich habe es nie begriffen, daß Karl Wolfskehl, der
selbst ein Dichter von so hohen Graden war, so völlig in dem
Bann Stefan Georges stehen konnte. Ihm gegenüber aber dieses

30 *Ernst Fries: Stift Neuburg, um 1828*

zu äußern, wäre, damals wenigstens, unmöglich gewesen, denn
es hätte unsere Freundschaft gekostet.

Das Überzeugende und Zwingende an Stefan George war
nicht so sehr sein Gedicht, das ohne die Vorbilder der Engländer und vor allem der Franzosen nicht zu denken ist, als die
Ausstrahlung einer großen, leidenschaftsgebändigten Persönlichkeit, die aber weit mehr die eines römischen Cäsaren als die
eines Dichters war – und heute, nachdem diese magische Ausstrahlung seit Jahrzehnten nicht mehr wirksam ist, ist es um
das Bild dessen, den in den Jahren vor dem ersten Weltkrieg ein
fast mythischer Nimbus umgab, sehr still geworden, während
das dichterische Wort und die geistige Aussage Hofmannsthals
und die von jeder Selbstbespiegelung abgelöste, zeitüberhobe-
ne lyrische Sage Rilkes das Gegenwartsbewußtsein angehen
und auch das Zukunftsbewußtsein angehen werden.

Und doch: Stefan George war ein großer Dichter, und es hatte etwas Imponierendes, zu sehen, wie er einen ganzen Kreis

bedeutender Persönlichkeiten bewußt zu Herolden seines Ruhmes zu machen wußte. Ich sehe ihn noch in der Bibliothek von Stift Neuburg ganz nahe vor mir stehen und mit einer leidenschaftlichen Intensität in mich hineinsagen:

»Ich will Ihnen ein Geheimnis anvertrauen: Man macht alles nur mit Fanatismus. Sie sind noch lange nicht fanatisch genug.« Ich habe diese Maxime nicht zu der meinigen gemacht.

Diese Sommer 1909 und 1910 auf Stift Neuburg: es wäre ein unzulängliches Unterfangen, über so intensiv gelebtes Leben schreiben zu wollen, denn das Atmosphärische, Einmalige dieser Tage und Nächte läßt sich in Worten nicht einfangen, nur mitunter im Gedicht hat es seinen gewandelten Niederschlag gefunden.

> Maler, Dichter und ihre Gesellen
> Halten hier immer wieder Haus,
> Sehen die Schiffe drunten fahren,
> Lehnen mit den wehenden Haaren,
> Wie früher andere an den hellen
> Sommertagen aus ihren Zellen
> Über das offene Tal hinaus.
> Aber an Abenden, den klaren,
> Trauernden, die nur sie verstehen,
> Treten sie in den Park und gehen
> Hin auf Träumen von hundert Jahren,
> Und sie bilden, was sie sehen.

Es war ein strahlender Sommernachmittag des Jahres 1909. Stefan George hatte sich zu seinem ersten Besuche angesagt. Alle Anwesenden waren zu seinem Empfange im Flur bei der Haustüre zusammengekommen. Adelheid von Bernus bot ihm auf der Schwelle auf einem Tablett Brot und Salz. Stefan George, die Situation beherrschend, tauchte das Brot in das Salz und führte es zum Munde. – Das ihm zugedachte Zimmer – es war das schönste und ihm gemäßeste Gastzimmer auf Stift Neuburg, denn es führte nebenan über eine Stufe in eine kleine Zelle mit gotischem Gewölbe –, das Zimmer hatte auch seine zwielichtige Seite: es war darin nicht recht geheuer.

Ich hatte im Lauf der Jahre fast in allen Schlafzimmern Stift Neuburgs geschlafen, um ihre Ausstrahlung aufzunehmen, und habe in manchen von ihnen das Unheimliche einer fremden, unsichtbaren Gegenwart, die sich mitteilen wollte, wahrgenommen, doch in keinem Zimmer so konzentriert und sich andrängend, wie im Stefan George-Zimmer. Geräusche wurden hörbar, und mitunter, wenn auch ganz selten, kam es von unter dem Fußboden her wie das Rollen von Kegelkugeln. Nicht ich allein, auch andere, die in dem Zimmer schliefen, machten die gleiche Wahrnehmung.

Als ich mit Karl Wolfskehl Stefan George nach seiner Ankunft in das Zimmer geleitete, glaubten wir, ihn auf diese Eigentümlichkeit des Zimmers aufmerksam machen zu müssen, um ihn auf etwaige nächtliche Überraschungen vorzubereiten. Stefan George nahm es zur Kenntnis und sagte nur: »Vielleicht sind heute nacht stärkere Gegenkräfte anwesend.« Karl Wolfskehl war von dieser Antwort überwältigt. Ich dachte: abwarten.

Am anderen Morgen erschien George etwas übernächtigt am Frühstückstisch. Er frühstückte immer schon um halb acht Uhr morgens. Um 8 Uhr pflegte sich Gundolf pünktlich mit seiner Mappe einzustellen, worauf George sich erhob und sagte: »Komm, Gundel, regieren.«

An jenem ersten Morgen gab George, von Wolfskehl befragt, ob er während der Nacht in seinem Zimmer etwas gespürt oder wahrgenommen habe, zur Antwort: »Sie sind da. Ich habe die ganze Nacht kein Auge zugetan...« Die Gegenkräfte waren nicht stark genug gewesen. [...]

Die gemeinsam verlebten Tage auf Stift Neuburg verliefen in einem gleichmäßigen Rhythmus: Die Vormittage bis zu Tisch verbrachte jeder auf seinem Zimmer bei der Arbeit oder er saß in der Bibliothek, las und stöberte in den Büchern. Die Maler und Zeichner gingen mit ihren Mappen und Klappstühlen ins Freie. Nach der Mahlzeit im Speisezimmer ebener Erde mit dem Ausgang auf die Veranda und Terrasse ging man wieder auseinander, um sich zwischen drei und halb vier Uhr bei dem in der prallen Sonne im Obstgarten, unweit des alten runden Eckturmes mit dem Feigenspalier gelegenen Schwimmbade einzufinden. Das waren unvergeßliche Nachmittage müßiggängerischer Sommerfeier.

Zwischen fünf und halb sechs Uhr wurde auf der Veranda Tee getrunken, und dann verloren sich die meisten paarweise im Meinungsaustausch bis zum Abendessen in dem angrenzenden Wald oder gingen auf einige Stunden nach Heidelberg.

Nach dem Abendessen kam man in der Bibliothek zusammen. Es waren das die Höhepunkte, diese Abende ausladender Gespräche, die mitunter bis in den frühen Morgen gingen.

KLAUS MANN

Der Hexenmeister

Ich schlug Heidelberg vor. Von der Odenwaldschule aus hatte ich ein paar Ausflüge dorthin unternommen und behielt den Ort in angenehmster Erinnerung. Besonders hatte es mir eine malerische alte Baulichkeit angetan, etwas außerhalb der Stadt, am Neckar gelegen – Stift Neuburg, ein früheres Benediktinerkloster, jetzt im Besitz des Dichters Alexander von Bernus. War der Baron nicht mit meinen Eltern vor Jahren recht gut bekannt gewesen? Man könnte bei ihm anfragen, ob er gesonnen sei, mich als Pensionär bei sich aufzunehmen. Ich dachte es mir anregend und gemütlich, ein paar Monate in so kurioser Umgebung zu verbringen. Übrigens traf es sich so, daß mein Freund Uto, der bald nach mir die Odenwaldschule verlassen hatte, in einer kleinen Stadt, nicht weit von Heidelberg, zu Hause war [...]

Es war ein wunderlicher Kreis, in dessen Mitte ich nun mit heiterer Zwanglosigkeit aufgenommen wurde. Der Baron selbst entsprach in Aussehen und Haltung durchaus dem Bilde, das die volkstümlich-romantische Phantasie sich vom Poeten macht. Seine Miene, von der Fülle des seidig-lockeren Haares wirkungsvoll gerahmt, war von blasser Milde, beinah priesterlich, dabei aber nicht ohne eine gewisse sinnliche Energie. Er hatte seine Laufbahn als literarischer Bohèmien begonnen, um sich aber bald tieferen Studien und Abenteuern zuzuwenden. Aus dem verspielten Ästheten wurde ein Mystiker, aus dem Mystiker ein professioneller Adept und Künder der okkulten Sphäre. Nach kurzer Lehrzeit bei verschiedenen esoterischen Gruppen schloß er sich der Anthroposophischen Gesellschaft an, deren Gründer und Leiter, Dr. Rudolf Steiner, dem Hause Bernus auch persönlich nahestand. Der »große Eingeweihte« mag als Lehrer und Redner faszinierend gewesen sein; nur daß ihm leider die Gabe fehlte, seine Einsichten und Orakel in halbwegs gefälliger Form zu Papier zu bringen. Der Baron, obwohl sonst von wählerischem Geschmack und übrigens seinerseits nicht ohne echt poetische Gaben, schien jedoch an der Dürftigkeit der Steinerschen Prosa keinen Anstoß zu nehmen. Ein nicht unerheblicher Teil seiner Zeit und seiner Energie war der Auslegung und Propagierung des anthroposophischen Evangeliums gewidmet; in den verbleibenden Stunden beschäftigte sich der Schloßherr von Stift Neuburg mit Alchemie, Astrologie und der Herstellung von allerlei heilsamen Pulvern und Tinkturen nach Rezepten des Paracelsus. Während das Suchen nach dem Stein der Weisen zunächst nur Kosten verursachte, erwiesen sich die magischen Pillen schon jetzt als Goldquelle, weshalb der Baron sich denn auch auf diese Branche der Geheimwissenschaft besonders konzentrierte. In der Hexenküche ging die Arbeit immer flink von der Hand, zumal dort die Baronin dem Gemahl mit kundigem Rat assistierte.

Sie war eine höchst pikante, fesselnde Persönlichkeit – die Baronin Imogen von Bernus, Herrin von Stift Neuburg. Das geistvoll-zierliche Haupt glich dem einer intellektuellen *grande dame* des französischen Rokoko, eine Ähnlichkeit, die sie bewußt unterstrich, sowohl durch ihr Kostüm als auch durch die barocke Höhe ihrer silberweißen Kunstfrisur. Übrigens ließ sie gern Bemerkungen fallen, die auf ihre intime Bekanntschaft mit gewissen distinguierten Persönlichkeiten des *Dixhuitième* nekkisch anspielten. Ja, einmal teilte sie mir geradezu mit – lachend, aber keineswegs mit scherzhafter Absicht –, daß sie in ihrer vorigen Inkarnation eine erfolgreiche Kurtisane am Hofe des Louis XVI. gewesen sei. »Ich hatte es lang geahnt«, sagte Frau Imogen; sie war zugleich schalkhaft und majestätisch: eine ungewöhnlich pikante Person! »Aber jetzt habe ich die Beweise.«

Eine kleine Plauderei über Seelenwanderung gehörte durchaus zum Alltäglichen auf Stift Neuburg. Man unterhielt sich über Erzengel, Poltergeister und die verschiedenen Stufen der Erleuchtung mit derselben Selbstverständlichkeit, mit der man in anderen Kreisen den Stand der Börse oder das Wetter diskutiert. Ein Herr mit rothaarigem Charakterkopf, der als Dauergast bei der Familie Bernus weilte, steuerte eine besondere Nuance bei, indem er tagespolitische Fragen vom okkulten Gesichtspunkt aus erörterte und entschied. Kein Wunder, daß die Deutschnationalen bei den letzten Wahlen in Ostpreußen so gut abgeschnitten hatten, da ja der Erzengel Gabriel schon seit letztem Neumond die Aufsicht in dieser Gegend übernommen hatte, und gerade dieser Cherub hält es bekanntlich immer mit den Konservativen… Was den Charakterkopf betrifft, so war er Anarchist, hatte auch als solcher anno 1918 irgendwo eine gewisse Rolle gespielt, um sich dann freilich bald aus der politischen Arena zurückzuziehen. »Ich warte meine Stunde ab«, versicherte er uns beim Abendessen. »Gewöhnlich wohlinformierte Quellen« hatten ihn wissen lassen, daß die anarchistische Weltrevolution bis zum 10. August 1929 kosmisch unerwünscht und daher undurchführbar sei. »Ich werde mir doch nicht die Finger verbrennen«, sagte der Charakterkopf mit düsterem Lachen.

Die »wohlinformierte Quelle«, von der mein Hausgenosse seine politischen Tips bezog, war ein sehr erlauchter und gefälliger Geist, der sich durch den Mund eines Bauernjungen gelegentlich auf Stift Neuburg vernehmen ließ. Der Bauernjunge hieß Maxl und machte sich nicht nur als Medium, sondern auch als Gehilfe des Barons im Laboratorium nützlich. Er war etwa achtzehnjährig, bärenstark, groß und schön, von einer durchaus männlichen und gesunden Schönheit; niemand würde dem prachtvollen jungen Riesen die unheimlichen Gaben zugetraut haben, über die er in der Tat verfügte. Seine Empfänglichkeit oder Durchlässigkeit für die Berührung der »drüberen« Welt war derart überentwickelt, daß die Stimmen und Gesichte ihn zuweilen ganz unerwartet, unter den peinlichsten Umständen heimsuchten, zum Beispiel, wenn er gerade wohlig im Bade lag. Dann erschrak der schöne Maxl wohl selbst vor seinen Visionen und ergriff panisch die Flucht. So sah ich ihn einmal, wie er unter furchtbarem Gebrüll aus dem Badezimmer hervorbrach und durch die Korridore von Stift Neuburg raste, nackt und triefend, mit zerwühltem Haar und starr geweiteten Augen. Er war gräßlich und doch auch wieder herrlich anzuschauen in seiner bebenden Blöße, jenen mythischen Figuren gleich, die schnaubend und fäusteschüttelnd die elementare Wucht und Unentrinnbarkeit des Heiligen Wahns schaurig-pittoresk symbolisieren.

Das einzig »normale« Wesen in diesem leicht exzentrischen Milieu war die junge Tochter der Baronin, Ursula Pia, ein adrettes kleines Ding von eher barschen Umgangsformen. Nüchtern und gewissenhaft machte die Halbwüchsige sich im Obstgarten oder im Stall zu schaffen, nahm sich wohl auch des etwas vernachlässigten Haushalts an, während die Erwachsenen ihren wunderlichen Spielen und Berechnungen oblagen: Welcher Erzengel übernimmt das kosmische Regime im Jahre 1951? Was für Rückwirkungen hat dieser Regierungswechsel auf die Entwicklung der Alchemie? Werden wir, unter dem neuen Zepter, endlich das höchst Köstliche entdecken dürfen, wonach selbst der große Paracelsus vergebens suchte – den Stein der absoluten, quasigöttlichen Weisheit? Wann finden wir sie, die gebenedeite Formel? Die lang ersehnte, lang verheißene Metamorphose des gemeinen Metalls in himmlische Gold-Substanz, wann darf sie Ereignis werden?

[…] »Die spinnen ja alle«, murrte Ursula Pia, wenn sie mir die Post oder eine Tasse Tee in mein Zimmer brachte. »Warum bleiben Sie eigentlich hier?« erkundigte sie sich mißtrauisch. »Sind Sie auch übergeschnappt?«

Übergeschnappt…? Eine taktlose Frage, auf die man lieber nicht eingeht. Und meinen Aufenthalt hier im Stift betreffend – ja, warum blieb ich wirklich? Es schien nicht ganz leicht zu erklären. Schließlich konnte ich dem kleinen Mädchen doch nicht gut sagen, daß ich mir das Schloß als zeitweiligen Wohnsitz gewählt hatte, einfach, weil mir für den Augenblick kein besserer zur Verfügung stand. Also bemerkte ich nur, etwas ausweichend: »Es ist so ruhig hier… Und diese Landschaft! Sieh doch, wie schön! Der Fluß…«

Das Panorama, auf das ich mit zärtlicher Gebärde wies, war in der Tat von einzigartiger Lieblichkeit. Zwischen den alten Linden und Apfelbäumen des Stiftgartens öffnete sich der Blick zum Neckar, der im goldenen Licht des späten Nachmittags wie in heiterer Verklärung dahinfloß. Auf dem gegenüberliegenden Ufer standen die sanften Hügelketten freundlich beglänzt vor einem sehr klaren Himmel. In der Ferne trat die Silhouette des Heidelberger Schlosses zart und ehrwürdig aus silbrigem Dunst hervor.

»Sieh doch, der Himmel! Wie aus Glas…«

»Der Himmel ist ganz gewöhnlich«, stellte sie trocken fest. »Der Himmel ist nicht aus Glas.« *(1924)*

ROSA MEYER-LEVINÉ

Russische Revolutionäre

Zum erstenmal begegnete ich Eugen Leviné im Frühjahr 1910 in Heidelberg. Die Stadt war voll von russischen Revolutionären. Zu ihnen gehörten die zwei schönen Steinberg-Brüder – Alexander, der ältere, war später eine Zeitlang Justizminister in Lenins erster Koalitionsregierung aus Bolschewisten und linken Sozialrevolutionären. Ein weiteres prominentes Mitglied der Sozialrevolutionären Partei in diesem Kreis war Kamkow, der aussah wie ein Revolutionsheld auf einer russischen Ansichtskarte. Die legendäre Gestalt aber war Leviné. Ich sah ihn auf einer literarischen Abendgesellschaft bei dem Schriftsteller Olgin, einem bekannten russischen Revolutionär. Für mich war diese Begegnung »Liebe auf den ersten Blick«.

Ich war nach Heidelberg gekommen, um Deutsch zu lernen. Mit einer zweiten Sprache hoffte ich, mich später in Rußland als Gouvernante oder mit Privatstunden besser durchschlagen zu können. […]

Den Namen Heidelberg kannte ich aus der russischen Literatur. Was mich besonders daran anzog, war, daß es Alt-Heidelberg hieß. Ich sah darin die Möglichkeit, in eine alte, romantische Welt zu entfliehen.

Die Atmosphäre in Rußland nach der mißglückten Revolution von 1905 sagte mir nicht zu. Jeder wollte plötzlich originell sein, etwas Besonderes, ein »Übermensch«. Auch das jüdische Getto blieb nicht verschont von dieser Sucht, mehr zu sein, als man wirklich war.

Auch war viel von »freier Liebe« die Rede. Zum erstenmal wagte man, offen von nacktem Sex zu sprechen. Ein progressives Mädchen durfte nun keine Annäherung mehr abweisen, ohne zu erklären, warum. Die Provinzler begnügten sich mit einfachen Küssen, aber die Studenten aus den Hauptstädten, die ihren Urlaub in unserer Gegend verbrachten, waren nicht so bescheiden und ließen sich nicht leicht abweisen. »Sind Sie so altmodisch, Fräulein?«

Für meine Wahl war auch Olgin bestimmend, den ich aus Wilna kannte. Er war Sozialist und ein universal gebildeter jüdischer Schriftsteller. Er gehörte dem »Bund« an, einer Partei mit einem jüdisch-nationalistischen Einschlag und menschewistischer Orientierung. Im Jahre 1920 ist er zu den Kommunisten übergetreten.

Er war zweiundzwanzig Jahre älter als ich, und ich hoffte, er würde mich auf meiner Suche nach dem Sinn des Lebens anleiten und mir helfen, meine karge Bildung zu erweitern.

Als eines der wenigen Mädchen der sehr großen russischen Kolonie in Heidelberg war ich ziemlich gesucht. Olgin neckte mich: »Bilden Sie sich nicht zuviel auf Ihre vielen Verehrer ein. Es gibt hier einen Mann, den zu erobern es sich lohnt. Aber der ist für Sie nicht zu haben.« Er zeigte mir die große Villa, wo Leviné mit seiner Mutter lebte, und erzählte mir von dem Mann, der auf Reichtum und Karriere verzichtet hatte, um der russischen Revolution zu dienen. Ich war keine Revolutionärin, aber ich war von diesem Bild ganz überwältigt. Das war ja wie ein Held aus einem Roman. [...]

Wir trafen uns zufällig auf der Straße wieder, und Leviné lud mich zu einem Spaziergang ein. Auf einer Bank vor dem romantischen Heidelberger Schloß bedeckte er meine Arme, Hände und Stirn mit flüchtigen Küssen. Es lag ihm offensichtlich daran, mich nicht allzu sehr zu erregen. Er wollte zuerst herausfinden, wie weit ich zu gehen bereit war, und erzählte mir ein Märchen von einem müden Wanderer und einem jungen Bäumchen. Für eine kurze Weile wollte der Wanderer in seinem Schatten rasten. Er konnte nicht verweilen, er mußte weitergehen.

Mir erschien dieses Gleichnis egoistisch und die mir zugedachte Rolle frostig und ziemlich erbärmlich. Ich war nicht einmal zwanzig. Kein Wort von Liebe oder gar von der ewigen Liebe, die der Wanderer mit auf den Weg nehmen würde. Diese

Rolle wollte ich nicht spielen. Leviné war überzeugt, daß er mir mehr nicht bieten konnte. Er glaubte, es sei unfair, zu heiraten, oder auch nur einen anderen Menschen ernstlich an sich zu binden und ihn dem ungewissen Schicksal eines Revolutionärs auszusetzen. Er beschloß, mich zu meiden. Aber er war noch sehr jung, erst siebenundzwanzig Jahre alt. Bei den Zusammenkünften der russischen Kolonie grüßte er mich immer höflich und fragte: »Darf ich Sie nachher noch sprechen?« Aber er tat es dann doch nicht. Ein paarmal hatten wir dennoch ein längeres Gespräch, kamen uns dadurch aber nicht näher. Einmal sprach er von der jämmerlichen sozialen Lage der russischen Frauen, die für ihre Tatkraft und ihre Fähigkeiten kein Betätigungsfeld fanden. Dafür hatte ich ein probates Mittel: »Sie könnten doch nach Deutschland oder anderswohin gehen.« Ich zog mir eine energische Zurechtweisung zu und eine Lektion über finanzielle und andere unüberwindliche Hindernisse. Aber das nützte nichts bei mir. Ich hätte, dachte ich, ihn leicht widerlegen können; war ich doch selber nach Deutschland mit dem wenigen gekommen, was ich mir als Privatlehrerin in meinem Heimatstädtchen abgespart hatte. Es ihm aber zu sagen, hätte wie Prahlerei geklungen. Ich zog es vor, zu schweigen. Meine Ersparnisse gingen zu Ende, und Heidelberg war nicht der Ort, wo ich hätte Arbeit finden können. Leviné riet mir, nach Berlin zu gehen, und versah mich mit zahllosen Empfehlungsbriefen. Das half mir, sehr schnell eine Stellung als Halbtags-Gouvernante in einem deutsch-russischen Haushalt zu finden.

Fenster wo ich einst mit dir
Abends in die landschaft sah
Sind nun hell mit fremdem licht.

Pfad noch läuft vom tor wo du
Standest ohne umzuschaun
Dann ins tal hinunterbogst.

Bei der kehr warf nochmals auf
Mond dein bleiches angesicht..
Doch es war zu spät zum ruf.

Dunkel – schweigen – starre luft
Sinkt wie damals um das haus.
Alle freude nahmst du mit.

(um 1900)

EDGAR SALIN

Um Stefan George

An einem heißen Frühlingsmittag des Jahres 1913 ging ein junger Student durch die Hauptstraße der Stadt Heidelberg. Er
hatte eben das Brunngäßlein gekreuzt und beobachtete, wie
der gewohnte Strom der Gänger, die sonst in unbekümmert
lauten Gesprächen und in ungeregelten Reihen auf Steig und
Fahrweg sich zur Hochschule hin und vom Ludwigsplatz zurück bewegten, erschöpft durch die noch ungewohnte Hitze
träg über das glühende Pflaster kroch. Als mit einem Mal die
Müden sich zu raffen schienen: federnden Ganges, leichten
Schrittes kam ein Einzelner des Weges, – alle wichen zur Seite,

auf daß nichts seinen Gang hemme, und wie schwebend, wie beflügelt bog er um die Ecke, zum Wredeplatz hin.

Der Betrachter stand erstarrt, auf den Fleck gebannt. Ein Hauch einer höheren Welt hatte ihn gestreift. Er wußte nicht mehr, was geschehen war, kaum wo er sich befand. War es ein Mensch gewesen, der durch die Menge schritt? Aber er unterschied sich von allen Menschen, die er durchwanderte, durch eine ungewußte Hoheit und durch eine spielende Kraft, so daß neben ihm alle Gänger wie blasse Larven, wie seellose Schemen wirkten. War er ein Gott, der das Gewühl zerteilt hatte und leichtfüßig zu andern Gestaden enteilt war? Aber er hatte Menschenkleidung getragen, wenn auch besondere: eine dünne gelbe Seidenjacke wehte um den schlanken Körper; ein großer Hut saß seltsam leicht und fremd auf seinem Kopf und dichtes braunes Haar quoll darunter hervor. Und in der Hand wirbelte ein kleiner, dünner Stock, – wars der Stab des Götterboten, wars eine menschliche Gerte? Und das Antlitz? Der Betrachter entsann sich nur undeutlich der einzelnen Züge; gemeißelt waren sie, und die Blässe der Wangen trug dazu bei, den Eindruck des Fremden, Statuenhaften, Göttlichen zu wecken. Und die Augen? Plötzlich wußte der Betrachter: es war ein Strahl dieser Augen, der ihn gebannt hatte, schnell wie ein Blitz war ein Blick zu ihm herüber geflogen, hatte ihn ins Innerste durchdrungen und war mit einem leichten, flüchtigen Lächeln weitergewandert. Und nun stieg das Wissen auf: war es ein Mensch, dann – Stefan George.

Und als der Name sich geformt hatte, wich die Starre und der Jüngling eilte dem Entschwundenen nach, hoffend ihn noch ein Mal zu sehen, ja, vermessen hoffend noch ein Mal gesehen zu werden. An der Anlage erreichte er den Dichter wieder und überholte, nun schnell laufend, ihn auf der gegenüberliegenden Seite. Jetzt, da George im Schatten der alten Bäume ging, schien ein Licht von ihm auszugehen, das heller und wärmer war als der stechende Glanz der andern, sonnengesengten Straßenseite. Die geheime Hoffnung schien Gehör zu finden: sein Blick strich in

31 *Stefan George, um* 1914

die Ferne, strich herüber. Aber wie? Lag nicht diesmal ein Unmutsfunke darin, als er den jungen Studenten gewahrte? War es die Absicht der erneuten Begegnung, die ihn verstimmte? Wieder blieb der Jüngling angewurzelt stehen, erschreckt, verwirrt und zugleich selig beglückt. Als er wieder aufzublicken wagte, war die lichte Gestalt schon fast entschwunden, – an der Biegung zum Schloßberg stand noch ein letzter Schimmer.

Ein halbes Jahr war seit jenem Frühlingstag vergangen. Der gewaltige Eindruck hatte sich in dieser Spanne nur noch vertieft, ein langer Aufenthalt in Rom hatte dem jugendlichen Sinn den erhabenen Raum gewiesen, in dem vor Zeiten Menschen solchen hohen Maßes ihr Leben der großen Tat, der edlen Schönheit und des heißen Glaubens geführt hatten. Der spät und ungern Heimgekehrte versuchte mit den gleichgesinnten Freunden, mit Wolfgang Heyer und Norbert von Hellingrath und mit manchen schon heute Namenlosen, den lange eingeschlagenen Weg zur alten und zur neuen Dichtung der Deutschen eindringlicher, gründlicher, ausschließlicher zu beschreiten, – das lebendige Bild des lebenden Dichters erschien als Zauberstab zum Leben aller Dichtung. Der regelmäßige Besuch von Gundolfs Vorlesungen gab den willkommenen Anlaß zu anschließenden Gesprächen mit dem verehrten, uns freundschaftlich zugetanen Lehrer, und von dem Stoff, den er gerade behandelte, von Luther wie von Hutten, gelangte die Wechselrede meist schnell zu dem Stoff, der uns wie ihm am Herzen lag, Hölderlin und George. Oft nahm er an unsern abendlichen Lesungen teil, meist am Anfang Zuhörer, bald aber vor innerer Bewegung aufspringend, ein Buch ergreifend und nun hingerissen-hinreißender Leser. War er aufgeschlossen und mitteilsam, so brachte er ungedruckte eigne Verse mit. Aber nie strahlte er von höherem Glück und von reinerer Freude als an jenem Tag, an dem er erklärte: seine Mappe berge das schönste Geheimnis. Spät am Abend zeigte er, las er seine Schätze: aus den ersten Druckbögen, die er erhalten hatte, die ersten Gedicht-Reihen des »Neuen Buchs«.

In diesen festlichen Dezember-Wochen, in denen wir mit Ungeduld jede neue Sendung der Druckerei erwarteten, forderte Gundolf kurz vor Weihnachten uns drei auf, gegen Abend zu ihm zu kommen; Salin und Heyer erwarte er gemeinsam, Hellingrath sollten wir zur gleichen Stunde bestellen. Wir fanden uns um 6 Uhr bei ihm auf dem Schloßberg ein, – ohne Hellingrath, der sich wie oft verspätet hatte. Gundolf wohnte damals wie schon manches Jahr in der berühmt gewordenen Pension Neuer, einem geräumigen Haus etwa 200 Schritt unterhalb des Schloßtors, – im Erdgeschoß hatte der Besitzer eine Bäckerei, im Oberstock waren die Gästezimmer, die meisten mit Fenstern neckarwärts und mit freiem Blick in den großen Garten und hinüber zur waldigen Anhöhe jenseits des Flusses. Nur das nordwestliche Eckzimmer, in dem Gundolf damals arbeitete, – das Zimmer hat er mehrfach gewechselt –, hatte auch noch ein Seitenfenster, das den Blick hinunter zum Schloßberg freigab. Die Einrichtung war einfach. An der Eingangswand stand ein Sofa, davor ein Tisch – am rechten Neckarfenster, quer gerückt, ein Schreibtisch. Die Stühle boten nur für zwei Besucher Platz; doch zogen vertrautere Gäste ohnehin den Sitz an der Fensterbank vor.

Gundolf empfing uns an diesem Abend stiller als sonst. Das Gespräch kam schwer in Gang. Wir glaubten ihn müde von seiner Vortragsreise: er hatte in Göttingen über »Stefan George in unserer Zeit« gesprochen. Nicht aus freien Stücken und übersprudelnd wie meist, sondern nur auf unsern Wunsch und stockend begann er von der fremden Hochschule zu erzählen, nach jedem Satz unterbrach er sich unruhig, ob denn Hellingrath nicht komme. In einer Gesprächspause kam von außen eine Stimme: »Gundel! Gundel!« Gundolf zwängte sich durch einen Türspalt hinaus auf den Gang und schloß die Tür leise, doch fest hinter sich.

Wir hörten ihn flüsternd sprechen – sehr nahe –, vielleicht hielt er die Klinke von außen in der Hand. Uns Beiden war beklommen zumut. Vielleicht – dachten wir – ist Gundolfs Bruder Ernst gekommen oder der große Wolters oder ein andrer von Gundolfs Freunden, deren Namen er mit scheuer Liebe nannte und um die wir nur durch ihre Beiträge zu den »Blättern für die Kunst« oder zu den »Jahrbüchern für die geistige Bewegung« wußten. Gundolf kam schweigend zurück, nahm die Petroleum-Lampe vom Tisch und stellte sie auf den Schreibtisch, nah dem äußern Rand, so daß vom Fenster her der ganze Raum ein mattes Licht empfing. Derweil wir seinem Tun mit den Augen folgten, ward fast unhörbar die Tür in unserm Rücken geöffnet und wieder verschlossen. Nur an leisem Atmen hinter uns wurden wir gewiß, daß wir nicht mehr mit Gundolf allein im Raum waren und wandten uns um, sehr langsam, sehr furchtsam. Vor uns stand Stefan George.

George ging mit schnellen Schritten zum Schreibtisch und wandte sich uns zu: »Sie sind Gundolfs Schüler?« Wir bejahten, – nein, wir sprachen ein »Ja«, vor dessen Klang wir selbst erschraken. In die Stille des Zimmers, in welcher das laute Pochen unsres Herzens der einzig vernehmbare Ton zu sein schien, fiel unser »Ja« aus einer Lage der Stimme und der Brust, die wir selbst nicht kannten, und schwebte im Raum, solange des Dichters Blick freundlich-ernst und forschend auf uns ruhte. »Sie sind älter als Heyer?« Das »Ja« kam diesmal so schnell und energisch heraus, daß die nächste Antwort »21 Jahre« einen schallenden Heiterkeitsausbruch hervorrief: »Ganze 21 Jahre, ganze 21 Jahre.«

Die menschliche Wechselrede hatte uns allzusehr erleichtert, – neues, tieferes Erschrecken überkam uns Beide, als wir sagen sollten, ob wir Gedichte immer laut lesen und warum. »Weil dies der einzige Weg ist, in den Geist eines Gedichtes einzudringen«, – diese Antwort gab der Geist des Raumes ein. »Das läßt sich hören. Dann wollen wir mal gleich die Probe machen.«

Die leicht gesprochenen Worte klangen uns wie ein Todesurteil. Wir Armen sollten vor dem höchsten Dichter Gedichte lesen… Wir zitterten vor Angst, und die Erregung wuchs, je länger die Entscheidung über unsre Aufgabe sich verzögerte. George beriet mit Gundolf, der sich bis dahin lautlos im Hintergrund gehalten hatte. Gundolf, dessen Bücherei in Darmstadt geblieben war, hatte nur eine geringe Auswahl zur Hand und schlug vor, aus den Druckbögen des »Neuen Buches« lesen zu lassen, – wie das »Neue Buch« hieß, haben wir übrigens vor dem Erscheinen nicht erfahren... George lehnte ab. Neuer Vorschlag Gundolfs: »Patmos oder andre Hymnen.« »Nein. Das ist für den Anfang zu schwer. Such einmal, Kind – du wirst schon etwas Geeignetes finden.«

George spürte unsere Erregung und suchte uns durch freundliche Fragen zu beruhigen. Was für Bücher wir selbst besitzen, mußten wir berichten, welche Folgen der »Blätter« wir kennen, welche wir unser eigen nennen. Schließlich kam Gundolf aus dem Nebenraum und brachte die dritte Folge. George blätterte kurz darin, schlug Seite 100 auf und reichte Wolfgang das Buch: »Lesen Sie das erste Gedicht aus dem Sieg des Sommers.«

Das Lesen mißglückte völlig. »Das Jahr der Seele« war uns Beiden wohlvertraut, und wenn wir hätten wählen dürfen, so hätten wir sicherlich selbst dieses Buch vorgeschlagen. Aber wir kannten es als Buch, kannten es in den späten Ausgaben, in denen jedes Gedicht auf besonderer Seite in der schönen, eigenen Type gedruckt ist. Nun, in dieser Erregung und vor des Dichters Ohr, schien die Aufgabe, die Gedichte in andrer Type und andrem Satzbild zu lesen, fast unlösbar – die Worte kamen uns so fremd vor wie die Buchstaben – und die Anfangsworte waren tatsächlich andere.

George ging zum Sofa und von dort, halb sitzend, halb liegend, gab er uns mit gütiger Stimme Ratschläge für unsre Lesungen in den nächsten Monaten, bis er uns wieder zu sich kommen lasse. »Sich dem Rhythmus, sich den Fließungen anvertrauen«, »Mut haben«, »nicht nur im Zimmer, oft im Freien lesen«, mahnte er. »Haben Sie schon auf der Höhe des Königsstuhls Gedichte gesprochen?«, fragte er...

Im Monat unserer letzten Begegnung blieb George noch einige Tage in Heidelberg. Wir sahen noch von fern ihn durch die Straßen wandern, mit weitem Mantel und großem Hut, doch wagten nicht, ihm ungerufen zu nahen. Dann hieß es, er sei nach Italien gefahren. Schon im Frühjahr kehrte er nach Heidelberg zurück. Es war der Frühling vor dem ersten Weltkrieg, jener Frühling von einzigartiger Süße und Schwermut, den kein damals Junger vergessen hat. Tage von strahlendem Sonnenschein und Nächte linder Lüfte und dunkler Ahnungen folgten sich ohne Unterbruch, und es lag ein während Zauber über Fluß und Stadt und Berg, als hätten die Olympier ihre reichsten Gnadengaben über selige Menschen ausgegossen. All unser Werk gedieh und wuchs fast überschnell zur Reife. Um uns Drei, die einst Einsamen, fand sich eine größere Zahl gleichstrebender Altersgenossen und begeisterter Mädchen zusammen, und die »Georginen«, wie pfälzische Lästerzungen unsre Schar genannt hatten, fühlten sich und waren die sieghafte Jugend der Neckarfluren.

In diesen Tagen geschah es, daß unsre ganze Schar wie oft gemeinsam sich in Gundolfs Vorlesung begab. Gegen alle Gewohnheit klang uns aus dem Raum nicht das Schwirren vieler Stimmen entgegen, sondern es herrschte lautlose Stille. Eintretend sahen wir den Grund: auf einer der hinteren Bänke saß der Meister. Gewiß haben nur Wenige ihn gekannt, einige Andere mögen von diesen den Namen erfahren haben, aber Alle standen unter dem zwingenden Bann dieses einsamen Mannes mit dem ausdrucksvollen Dichterkopf, mit den stahlharten Augen und dem festgeschlossenen Mund. Und an jenem Male wie in den anderen, seltenen Stunden, wenn George zur Vorlesung des Jüngers kam, durchzitterte eine Spannung den Raum, die auch die fremdesten Hörer ergriff: Gundolf trat ein, ging wie immer mit schnellen Schritten zum Pult und begann, aus seinen Blättern seinen Vortrag vorzulesen. Aber es war nicht wie sonst eine Lesung, die kaum der Hörer achtete, sondern in seiner Stimme lag die ehrfurchtsvolle, fast ängstliche Erregung, die einen jungen Schüler vor seinem weisen Lehrer überkommt, und bei allen wichtigeren Sätzen klang es, als seien sie bittend, um Zustimmung werbend an den Dichter gerichtet.

MARIANNE WEBER

George zu Besuch

Am Montag kam also der Meister. Ich nahm an, daß er uns beide sehen wollte und war so kühn dabei zu sein. Und es war schön und voll Schwung zum Schluß. Gespräche über Georg und Gertrud Simmel, über die besondere Sensibilität der Frauen, über Frauen im allgemeinen – und dann kam ein Augenblick, wo George wohl schon das ›Programm‹ erörtern wollte. Aber wir waren unsicher und begannen von Paris, von Christentum, Protestantismus und Subjektivismus. Da waren wir an der Schwelle des Aktuellen, die Max mit kühnem Schritt betrat, als George ihn zum Eideshelfer gegen die moderne Frau heranziehen wollte. George neigte sein durchfurchtes Löwenhaupt ganz nahe zu mir, seine tiefliegenden Augensterne schossen nach vorn, und er fragte: ›Sie glauben, daß alle Menschen über sich selbst Richter sein können?‹ – ›Nicht daß alle es *können,* aber daß es ein letztes Ziel ist, sie dafür reif zu machen.‹ – ›Und *Sie* wollen Ihr eigener Richter sein?‹ ›Ja, das wollen wir.‹ Dann stritten wir ganz vertraut miteinander, und er fühlte vielleicht hinter unserem ›Frevel‹ doch einen Glauben. Aber schön war vor allem, daß ihm daran lag, jener Kränkung im ›Jahrbuch‹ den Stachel zu nehmen und über die letzten Gegensätze hinweg Freundschaft zu halten. Er verstieg sich sogar zu der Behauptung: Wir hätten alles falsch verstanden, und nicht *wir* seien gemeint, was ich allerdings nur als Ausdruck liebenswürdiger Gesinnung, nicht als ›Wahrheit‹ nehmen konnte. Er war zwei Stunden da, und als Gundolf ihn abholte, war größere Nähe zwischen uns, als zuvor. Vielleicht ist er doch noch vor Erstarrung zu bewahren. Wir sind noch ganz bewegt von dem Eindruck dieses Mannes, der seinen Dichterberuf auffaßt als ein Prophetenamt. Ob zu Recht? Aber das Wollen ist doch groß. *(Dezember 1911)*

32 *Georg Edmund Otto Sahl: Heidelberg, von der Terrasse der Fallenstein-Weberschen Villa aus gesehen. An die Säule gelehnt: der Literaturhistoriker Gervinus, 1851*

KARL JASPERS

Der Heidelberger Geist

Die Weltweite des Heidelberger akademischen Lebens wurde mitbestimmt durch die Anwesenheit sei es merkwürdiger, sei es bedeutender Persönlichkeiten, die aus Deutschland und Europa nach Heidelberg drängten, hier einen geistigen Boden und Widerhall fanden.

Nach der fehlgeschlagenen russischen Revolution (1905) kamen Russen in großer Zahl. Sie bildeten eine Kolonie, schufen sich eine Bibliothek, gaben ihre Feste, zu denen jeder von uns, der geladen war, gern kam. Die Bewunderung für diese außerordentlich intelligenten, ständig diskutierenden, leidenschaftlich bewegten Männer war groß. Etwas ganz Ungewohntes und auf neue Weise Befreiendes strömte durch sie nach Heidelberg. Die Gemütlichkeit der Bildungszufriedenheit hatte vor ihnen keinen Bestand. Ein anderer Ernst schien uns anzuwehen.

Nach Heidelberg kamen viele freie Literaten und potentielle Habilitanden. Unter ihnen waren auch Georg Lukács aus Budapest und Ernst Bloch aus Mannheim. Beide haben später als Marxisten einen Namen gewonnen. Damals waren sie Gnostiker, die ihre theosophischen Phantasien in geselligen Kreisen mitteilten. Nach einem Vortrag von Lukács sprach Bloch feierlich: eben ging der Weltgeist durch diesen Raum, es ist etwas geschehen – und ließ eine Pause folgen, ehe er weiter im gewohnten Stile verkündete. Lukács galt manchen als eine Art Heiliger, war übrigens ein feinsinniger Kenner der Dichtung und ein nicht uninteressanter philosophischer Aesthetiker. Bloch war eher ein elementarer, ganz aufrichtiger Junge, der durch seine Wärme und Unbefangenheit und seine geistreichen Ironien Sympathie erweckte. Man sprach in Heidelberg von beiden. Der Philosoph Lask machte den Witz: Wer sind die vier Evangelisten? Matthäus, Marcus, Lukács und Bloch. [...]

Ich höre auf mit solchen Berichten und frage wieder: Was ist der Heidelberger Geist, dessen Verwirklichung wir, wenn auch immer nur in neuen und anderen Ansätzen zu erfahren meinten?

Dieses deutsche, abendländische Heidelberg schwebt gleichsam einige Meter über dem Boden.

Die Bevölkerung Heidelbergs, nicht ureingesessen, stammt zum größten Teil von Menschen ab, die, nach dem Brande und der totalen Zerstörung der Stadt durch die Franzosen 1692, Jahre später, auf einen Aufruf des Kurfürsten, zum Wiederaufbau an den menschenleer gewordenen Ort aus ganz Europa kamen. So wurde bis heute die Universität in ihren hohen Zeiten geschaffen von Fremden aus aller Welt, die hier ihr neues sinnlich-übersinnliches »zu Hause« fanden und, wohin sie in der Folge auch kamen, bewahrten.

Dieser Geist, von dem Boden gelöst, übernational, überstaatlich, lebendig innerhalb der Universität, wird getragen von ungezählten Einzelnen. Wer zugehören möchte, bittet gleichsam durch eigenes Leben und Hervorbringen, durch seine Denkungsart um Aufnahme, aber ohne daß eine Instanz da ist, die sie gewähren oder abschlagen könnte. Jeder entscheidet durch sein Tun, ob er zugelassen oder ausgeschlossen ist, und weiß es nicht.

Manche, nur vorübergehend hier, sind Heidelberger geworden kraft einer verborgenen Einweihung. Viele haben hier ein lebendiges Feuer empfunden, das in die Welt strahlt. Sie ließen einen Funken von dort in ihr Dasein fallen, der bis ans Ende glimmt, sie befragt und beglückt. In Eichendorff's Versen: »So hatten sie's in Träumen wohl gesehen – – – Und jeden blickt's wie seine Heimat an – – – Und keinem hat der Zauber noch gelogen.«

Wer sich auf diesen Geist berufen will, dem allerdings versagt er sich. Wer ihn beschwören will, dem verbirgt er sich erst recht. Er scheint frei sich zu offenbaren und dann wieder ganz und gar zu schweigen.

Aber ist in Landschaft, Schloßruine, Stadt nicht der genius loci sichtbar geworden in einer Chiffre dieser Landschaftsstadt, die anschaulich ergreift, auch wenn der Gedanke nicht zu folgen vermag?

Die in sanften Wellen abfallenden Berge, die Weite der Ebene, der Strom, der fortdrängt zum fernen Ozean, wirken, als ob ein Architekt diese Landschaft geformt hätte, um in den Ausgang des Tales die Altstadt, auf halbe Höhe die Schloßruine zu setzen. Ob der Blick von den Bergen in die Ebene oder von der Ebene in das Neckartal hinaufgeht, immer die gleiche, in unendlichen Aspekten sich zeigende Geformtheit. Die Ebene ist wie das Meer, lebendig durch die Bewegung der Wolken und ihrer Schatten, der Lichter und Farben, von der Erhöhung der Berge her übersehbar, unterschieden von den Ebenen des Nordens nur durch die die Unendlichkeit einschränkenden fernen Berge der Hardt.

Aus den Heimlichkeiten in den Nebentälern, an Wiesen, Quellen und Teichen, in den Wäldern, geht der Weg zurück in diese Weite, von der Geborgenheit in das Wagnis.

Das Schloß hat architektonische Schönheiten, aber durch sie keineswegs die einzigartige Bedeutung. Es ist die Halbruine *(Goethe)*, an die Natur hingegeben, ohne ihr zu verfallen. Vereinzelte historische Studien der Bauten und der Ereignisse, die sie hervorbrachten und zerstörten, erschließen noch nicht die Schönheit dieser Chiffre. Sie zeigt sich erst, wenn man sieht, wie Bauwerke und Garten, auf die Landschaft bezogen und von ihr getragen, immer nur mit dieser eigentlich existieren, wenn in der Zerstörung das Unzerstörbare fühlbar wird. Im Aufstieg über den alten Schloßberg und über den Friesenberg, im Wandeln vom Stückgarten bis zu der Terrasse, im Schloßhof und auf dem Altan, offenbart sich die leibhaftige Kraft dieses Gleichnisses menschlichen Schaffens in formender und geformter Natur.

Hölderlins »Heidelberg« hat die wundersamste Deutung gegeben. Welche Stadt besitzt solch ein Lied! Ihr Adel weist durch Hölderlin in den Grund des Menschen.

Aber der Geist Heidelbergs, von dem die Chiffre zu künden scheint, war vieldeutig wie das Menschsein selber.

Heidelberg konnte auch zu einem geistigen Capua werden (wie Max Weber es nannte), in dessen sublimen Zauber mancher sich verlor.

Die Radikalität ließ Absurditäten vernunftwidriger Revolutionäre frei, persönlich bedeutende, idealistische Menschen mit manchmal tragischem Schicksal.

Heidelberg war gefährlich und zog das Gefährliche an. Das große Spiel des Geistes geriet dann aus dem Ernst in die Leichtfertigkeit des Abenteuers, das ständige »weiter«, »darüber hinaus« endete im Nichts; das Alles-verstehen in nihilistischer Skepsis. [...]

Der erste erbitterte Kampf mit Folgen für die gesamte Stimmung an der Universität begann 1924. Gumbel, Privatdozent

33 *Karl Jaspers in der Alten Aula der Universität, 1949*

für Statistik, anerkannter Gelehrter, hatte Schriften mit Angaben von Tatsachen über die schwarze Reichswehr veröffentlicht. Er sagte die Wahrheit. Man war empört, aber konnte nichts tun. Nun aber sprach dieser Mann, ein ehrlicher, uneigennütziger Pazifist in einer öffentlichen Versammlung, an der zahlreiche Kriegsteilnehmer mit Beifall zugegen waren, von dem Unheil des Krieges, in dem so viele Menschen »ich will nicht sagen auf dem Felde der Unehre gefallen, aber auf schreckliche Weise ums Leben gekommen sind«. Jetzt erhob sich ein Sturm der Entrüstung unter den Professoren. Es kam ein Disziplinarverfahren gegen ihn in Gang mit dem Ziele der Entziehung der venia legendi. Die Untersuchungskommission (ein Jurist, ein Vertreter der Nichtordinarien und ich) hatte den Tatbestand festzustellen und einen Vorschlag zu machen. Es war zu unterscheiden, erstens die Auffassung der Worte und Schriften Gumbels und zweitens die Bedeutung der Lehrfreiheit. Man konnte die Veröffentlichungen und Äußerungen Gumbels mißbilligen und doch zum Schutz der Freiheit der Universität gegen die Entziehung der venia legendi sein. Davon überzeugten wir uns gemeinsam. Nun aber geschah das Erstaunliche. Als wir unser Gutachten unterschrieben hatten, mit dem einmütigen Vorschlag, die venia legendi nicht zu entziehen, erhob sich nach Bekanntwerden, noch vor Weitergabe des Gutachtens, ein neuer Sturm. Meine Kollegen beurteilten die Lage unter diesen Umständen anders. Sie erhielten mein Einverständnis zur Zurückziehung ihrer Unterschrift. Das gemeinsam verfaßte Gutachten gelangte nun als mein Separatvotum an die Fakultät. Nach stundenlanger Diskussion stimmten sämtliche Kollegen gegen mich. Gumbel, beschloß man, sei die venia legendi zu entziehen. Niemand wußte mehr, so schien mir, was Freiheit der Universität bedeutet.

ERNST BLOCH

Symbiose mit Lukács

Heidelberg wurde mir wichtig um seiner selbst willen. An der Universität hatte ich nichts Besonderes zu tun, ich war ja schon in Berlin ein junger Doktor. Ich traf in Heidelberg 1912 meinen Freund Georg Lukács wieder, den ich in Budapest kennengelernt hatte. Dann gab's den Kreis um Max Weber. Es gab auch viel Spaß mit Figuren, die wir nicht besonders geschätzt haben. Verblühte Wespen unter den Weibern und besoffene Lokomotivführer unter den Professoren, die so rasten und so feuilletonistisch sein wollten, wie es kein Feuilletonist zustande bringt, mangels professoraler Gründlichkeit. Ich will keine Namen nennen, aus Höflichkeit, obwohl sie schon tot sind.

Aber es war auch ein Genius loci, der die Nähe Heidelbergs zu Ludwigshafen aufhob und Heidelberg so entfernt machte, beinahe wie Moskau oder das alte Spanien.

Das alles kam zusammen auf seltsame Weise, aber Zentrum war sofort die wirkliche Symbiose mit Lukács, die drei oder vier Jahre gedauert hat. Wir waren so verwandt geworden, daß wir wie kommunizierende Röhren funktionierten. Ich war immer wieder von Heidelberg weg, habe eigentlich meinen Schreibtisch in Garmisch stehen gehabt, Garmisch und Heidelberg haben alterniert; in Garmisch sind auch die Anfänge meiner Philosophie schriftlich entstanden – also eine bayerische Geburt, mit dem Willen, der Alpen würdig zu sein, die ich vor meinem Fenster hatte. Wenn wir getrennt waren, ich in Garmisch und Lukács in Heidelberg oder sonstwo, und wir uns dann wiedersahen nach ein oder zwei Monaten – da konnte es vorkommen, daß ich oder er dort anfingen zu sprechen oder zu denken, wo der andere gerade aufgehört hatte. In der Zwischenzeit war ganz Verwandtes in uns geschehen, obwohl wir gar nicht miteinander gesprochen hatten, so daß wir uns, wie wir es nannten, einen »Naturschutzpark der Differenzen« bauten, indem wir einige Gegensätze sozusagen synthetisch herstellten. Einig waren wir uns vor allem in den Salons der Geheimräte und Geheimrätinnen, in denen wir verkehren mußten oder zu verkehren pflegten; »mußten« bezieht in diesem Fall sich mehr auf mich, »pflegten« mehr auf den viel liebenswürdigeren Georg Lukács.

Unsere Einheit, ja wie soll ich die ausdrücken: die war von Eckhart bis Hegel; Lukács schoß Literaturwissenschaft zu, Kunstwissenschaft, Kierkegaard und Dostojewskij, die mir fremd waren. Ich pflegte damals zu sagen: »Ich kenne nur Karl May und Hegel; alles, was es sonst gibt, ist aus beiden eine unreinliche Mischung; wozu soll ich das lesen?« Ein hübsch jungenhafter Satz, jedenfalls entschieden. Hier war mir Lukács unermeßlich überlegen. Wir hielten es jedenfalls mit dem objektiven Denken, dem systemhaften Aus-sich-Hervorgehen, dem existentiellen Verstehen; Lukács betonte das Menschliche, während das Gebäude, die Landschaft, das System der Natur in einem anderen Sinn, die Wiedergeburt von Aristoteles, Thomas und Hegel mein Geschäft war. Kurioserweise also übten wir strengste Systematisierung, Einräumung aller Gegenstände an ihren Ort, wodurch sie auch erkannt werden. So wie eine Hausfrau alles auf den Platz stellt, muß ein Philosoph alles auf seinen Platz stellen – die Hausfrau, damit sie es leicht findet, und der Philosoph, damit er es erkennt. Die Topologie ist schon die halbe Philosophie.

Also Ordnungspathos gegen Freiheitspathos, gegen Boheme, gegen Feuilletonismus, gegen vieles in Heidelberg, was sich später Soziologie des Expressionismus nannte. Das gefiel uns beiden gar nicht. Wir waren esoterische Schulmeister, mit höchster Sturm-und-Drang-Lust. Man erwartete, daß wir schäumend enthusiastisch sind, und wir sprachen ungeheuer gelehrt und in langen Perioden mit ironischer Geheimrätlichkeit, eine alte Zeit beschwörend, eben die der Aristoteles, Thomas und Hegel. Ein sonderbarer Zusammenstoß, wobei wir uns gut verstanden und die Melodie gut beherrschten.

ERNST BLASS

Heidelberg

Die Landschaft blitzte freudig und gerettet
Und weiterwebend recht in ihrem Werk,
Allein der Fluß lief sonderbar gebettet
Vorbei der Stadt und dem beschneiten Berg.

Der Weg am Ufer hatte nichts zu dulden:
So wußt' er keine Freunde, keine Feinde!
Und auf der andern Seite, ohn' Verschulden
Glänzte die Stadt von Häusern und Gemeinde.

Der klare Schnee lag auf den Häuserziegeln
In einem Sichtbarsein wie kaum zuvor.
Und jedem Schmerzlichen fest zu verriegeln
Schienen sich Brücke, Kirche und das Tor.

(1915)

ERNST JÜNGER

Wohl wert, dafür zu bluten

Der Zug brachte uns nach Heidelberg. Beim Anblick der von
blühenden Kirschbäumen bekränzten Neckarberge hatte ich
ein eigentümliches, starkes Heimatgefühl. Wie schön war doch
das Land, wohl wert, dafür zu bluten und zu sterben. So stark
hatte ich seinen Zauber noch niemals gespürt. Gute und ernste
Gedanken kamen mir in den Sinn, und ich ahnte zum ersten
Male, daß dieser Krieg mehr als ein großes Abenteuer bedeutete. *(1915)*

MARIANNE WEBER

Kriegsbeginn

Die Stunde ist da und von ungeahnter Erhabenheit. Zwar die
äußeren Geschehnisse tragen in der kleinen Stadt keine bedeutende Gestalt. Auf dem Marktplatz zwischen Kirche und Rathaus sammeln sich fast nur die Leute aus den Gassen der Altstadt, um die Kunde zu empfangen. Worte der Weihe und Kraft
erklingen nicht. Sie stehen still beieinander und gehen still von
dannen. Dennoch ist es eine Stunde höchster Feierlichkeit – die
Stunde der *Entselbstung,* der gemeinsamen Entrückung in das
Ganze. Heiße Liebe zur Gemeinschaft zerbricht die Schranken
des Ich. Sie werden eines Blutes, eines Leibes mit den andern,
zur Bruderschaft vereint, bereit, ihr Ich dienend zu vernichten.
– Auf dem Heimweg verweilen die Gefährten einen Augenblick
auf der Höhe der alten Brücke, ein leuchtender Sommerabend
schenkt allem ringsum Vollendung. Die Abendsonne glüht als
Feuerbrand in den Fenstern der am Berghang gelagerten Häuser, der hohe Himmel verleiht dem Fluß sein zartes Blau. Die
Erde ruht selig in ihrer Schönheit. Aber bald wird sie das Blut
von Tausenden trinken. Die Augensterne der Jugend, die sich
an ihr entzücken, noch unkundig ihres vollen Reichtums, wird
sie in Dunkel hüllen, wie die sommerliche Pracht gereifter
Männlichkeit. Der Mensch steht nun schaudernd am Rande
des Wirklichen. Und tiefer noch als das Schicksal der Jugend
ergreift dasjenige der Männer, die von der Höhe des Lebens:
wissend und rauschlos ins Dunkel schreiten. *(1914)*

ERNST TOLLER

Heidelberg 1917

So bleibt nur eines: das Geschenk menschlicher Beziehung, bleibt Richard Dehmel, bleibt Max Weber. In abendlichen Gesprächen enthüllt sich die kämpferische Natur dieses Gelehrten. Mit Worten, die seine Freiheit, sein Leben gefährden, entblößt er die Schäden des Reichs. Im Kaiser sieht er das Hauptübel, er nennt Wilhelm II. einen dilettierenden Fatzken. »Wenn der Krieg zu Ende ist«, sagt er, »werde ich den Kaiser so lange beleidigen, bis er mir den Prozeß macht, und dann sollen die verantwortlichen Staatsmänner Bülow, Bethmann Hollweg, Tirpitz gezwungen werden, unter Eid auszusagen.« Bei diesen tapferen Worten wird den Jungen klar, was sie von ihm scheidet. Sie wollen mehr als den Kaiser treffen, anderes als nur das Wahlrecht reformieren, ein neues Fundament wollen sie bauen, sie glauben, daß die Umwandlung äußerer Ordnung auch den Menschen wandle.

Von Lauenstein fahre ich zum Wintersemester nach Heidelberg. Söhne aus bürgerlichen Familien, die nicht wissen, was sie mit sich anfangen sollen, studieren Nationalökonomie, das ist Brauch und Mode. In Deutschland gehört es zum guten Ton in allen Lebenslagen, ›Doktor‹ zu sein, und wer's nicht ist, dem verleihen Zimmervermieterinnen und Hotelwirte, Kellner und Straßenmädchen den nichtssagenden Titel. Die Heidelberger Fakultät hat den Ruf einer Doktorfabrik. Des alten gutmütigen Professor Gothein Fragen, die sich seit Jahrzehnten wiederholen, sind sorgfältig von ›Einpaukern‹ notiert, nebst richtigen Antworten werden sie den bedürftigen Studenten verkauft.

Ich hole mir bei Gothein ein Doktorthema, er schlägt mir ›Schweinezucht in Ostpreußen‹ vor.

Das Heidelberg der Kriegszeit hat wenig gemein mit der Limonadenromantik der Alt-Heidelberg-Filme. Die meisten Studenten sind Krüppel und Kranke, die der Krieg freigab. Die Wirte erzählen von den schönen Zeiten, in denen Burschenschafter und Korpsstudenten, mit bunten Bändern und Kappen geschmückt, durch die Straße zogen und das gute Bier in Strömen floß, die Zimmervermieterinnen ärgern sich über die vielen Studentinnen, die am Monatsende die Rechnungen kontrollieren und jeden Pfennig zweimal umdrehen.

Ich werde zu Bekannten eingeladen. Studenten und Studentinnen sind versammelt. Man trinkt deutschen Kriegstee aus getrockneten Lindenblütenblättern, man ißt deutschen Kriegskeks aus Kleie und Kartoffelmehl. Endlich begegne ich Freunden. Junge Menschen, die wissen, daß die ›große Zeit‹ eine elend kleine Zeit ist, klagen den Krieg an und seine sinnlosen Opfer, haben nur einen Wunsch, im Wust der Lüge die Wahrheit zu erkennen. Doch auch sie schrecken zurück vor der Tat, die an ihre Worte sich binden müßte. Wenn sie mit heißem Kopf und erregtem Gefühl stundenlang diskutiert haben, gehen sie nach Haus, in die schlecht geheizten, häßlich möblierten Zimmer und glauben beruhigt, es sei etwas geschehen. Ich höre ihren Diskussionen zu, ich denke an Lauenstein, an den Wortschwall, an die Tatenlosigkeit, an die Feigheit.

Haben wir nicht, als im Feld der Tod unser Kamerad war, der bei uns hockte in Schützengräben und Unterständen, in zerschossenen Dörfern und Wäldern, im Hagel der Schrapnells und unterm Licht der Sterne, geschworen mit heiligem Ernst, daß der Krieg nur einen Sinn haben kann: den Aufbruch der Jugend? Dieses Europa muß umgepflügt werden von Grund auf, gelobten wir, die Väter haben uns verraten, die Frontjugend, hart und unsentimental, wird das Werk der Reinigung beginnen, wer hätte das Recht, wenn nicht sie. Was man uns weigert, das erzwingen wir.

34 *Max Weber und Ernst Toller, 1917*

Es hat keinen Sinn, rufe ich, daß ihr anklagt, heute gibt es nur einen Weg, wir müssen Rebellen werden!

Im Zimmer ist es still. Die Ängstlichen nehmen ihre Mäntel und gehen davon, die andern finden sich zu einem Kampfbund. ›Kulturpolitischer Bund der Jugend in Deutschland‹ heißt er. Für friedliche Lösung der Widersprüche des Völkerlebens will er kämpfen, für Abschaffung der Armut. Denn, sagen wir uns, ist keiner mehr arm, wird die Gier aufhören, fremdes Geld zu raffen, fremdes Land, fremde Völker zu knechten und fremde Staaten zu unterjochen, nur die Armen sind verführbar, leidet keiner Hunger, wird niemand dem anderen das Brot neiden, Krieg und Armut sind verhängnisvoll verkoppelt. Keiner weiß, wie die Armut abzuschaffen ist, keiner, wie die Widersprüche des Völkerlebens friedlich gelöst werden sollen, nur daß es geschehen muß, wissen wir alle.

Die Deutsche Vaterlandspartei greift uns an, nennt uns Verräter am vaterländischen Gedanken, pazifistische Verbrecher.

»Ihr mißbraucht das Wort vaterländisch«, antworten wir, »Eure privaten Interessen sind nicht die Interessen des Volkes. Wir wissen, daß unsere Kultur von keiner fremden Macht erdrückt werden kann, wir verwerfen aber auch den Versuch, andere Völker mit unserer Kultur zu vergewaltigen. Unser Ziel ist nicht Machterweiterung, sondern Organisation des Geistes.

Alle Teilnahmslosen wollen wir aufrütteln und sammeln.

Wir empfinden Achtung vor den Studenten in fremden Ländern, die gegen die unfaßbare Sinnlosigkeit und Entsetzlichkeit des Krieges, gegen jegliche Militarisierung schon jetzt protestieren.«

Die Antwort wird in den Zeitungen gedruckt. Einige Menschen schreiben uns zustimmende Briefe, darunter der alte Foerster und Einstein.

Aber zahlreicher sind die Schimpf- und Drohbriefe, die täglich an meine Adresse kommen.

Eine anonyme ›deutsche Mutter‹ wünscht uns, daß wir in

einem Granattrichter festgebunden und von englischen Geschossen zerrissen werden. Ein ›Veteran aus dem Kriege 1871‹ möchte, daß die schwarzen französischen Soldaten uns das Fell bei lebendigem Leibe schinden und als Trophäen nach Afrika, dort wo es am dunkelsten ist, mitnehmen.

Die Zeitungen der Rechten rufen die Behörden gegen uns auf. Demokratische Professoren in der Universität nennen uns würdelose Pazifisten.

Wir wehren uns. Das ›Berliner Tageblatt‹ druckt unsere Antwort.

»Schon immer wurde unbequemer Gesinnung der Vorwurf ›nicht vaterländisch‹ oder ›würdelos‹ gemacht. Ist der ›nicht vaterländisch‹, der den friedlichen Bund freier selbständiger Völker erstrebt? Heißt das schon, die Schändlichkeiten irgendwelcher Regierungen beschönigen? Heißt das schon, den Frieden um jeden Preis erstreben? Dann hat unsere deutsche Sprache ihren Sinn verloren.

Daß wir Wenige sind, soll als Argument nichts gegen die Wirklichkeit sagen, die wir aussprechen.

Politik heißt für uns, sich für das Geschick seines Landes mitverantwortlich fühlen und handeln. Wer diese Aufgabe nicht erfüllt, hat das mit seinem Gewissen abzumachen. Es gibt nur eine Sittlichkeit, die für die Menschheit gültig ist. Es gibt nur einen Geist, der in der Menschheit lebt.

Gerade die von uns, die im Felde Krieg erlebt haben, fühlen sich doppelt verpflichtet, ihren Weg unbeirrt zu gehen. Wir wissen, daß wir unsern Brüdern draußen den wahren Dienst leisten. Auch wir lieben Deutschland, nur auf eine andere Weise, mit höheren Ansprüchen – auch an uns.«

Da greift die Oberste Heeresleitung ein. Sie warnt die deutsche Jugend vor Verführungen, die Militärbehörden beginnen zu arbeiten.

Österreichische Studentinnen, die dem Bund angehören, müssen binnen vierundzwanzig Stunden Deutschland verlassen. Alle männlichen Mitglieder werden zum Bezirkskommando bestellt. Selbst die, die bei jeder Siebung von neuem dienstuntauglich befunden wurden, sind plötzlich kriegsverwendungsfähig und werden in die Kasernen geschickt.

Am Tag, an dem die Verfolgungen einsetzen, liege ich mit schwerer Grippe und hohem Fieber im Krankenhaus. Eine Studentin bringt mir die Nachricht.

– Man sucht Sie schon in Ihrer Wohnung, Sie müssen sofort abreisen, sonst werden Sie verhaftet.

Fröstelnd und fiebernd sitze ich im Zug nach Berlin. Am nächsten Morgen gehe ich in den Reichstag, alarmiere demokratische und sozialistische Abgeordnete. Der Bund bleibt verboten. Auch die Gruppen, die an anderen Universitäten sich gebildet hatten, werden aufgelöst. Aber dieser Bund war ein Alarmzeichen. Wir hatten begonnen, gegen den Krieg zu rebellieren. Wir glaubten, daß unsere Stimme jenseits der Fronten gehört werde, und die Jugend aller Länder mit uns den Kampf aufnähme gegen die, die wir anklagten: die Väter!

GUSTAV REGLER

Heidelberg 1918

Ich fuhr auf dem Neckar, die Baltin Hanna war mit mir; sie ließ meinen Kopf in ihrem Schoß liegen und lenkte mit der einen Hand das Steuerruder; wir trieben stromabwärts.

»Hab' ich es endlich erreicht«, sagte sie zärtlich, »die erste Fahrt in die Natur, wo du merkst, daß es auch Bäume gibt.«

Ich sah über die herbstbraunen Uferberge. [...] Da war hoch oben die große Fassade des Heidelberger Schlosses, theatralisch vor den herbstlichen Wald gestellt; alte feudale Pracht, Platz der Turniere; höfische Selbstsicherheit, alles genauso gewichtig, wie es früher erschienen sein mochte; man konnte sich leicht vorstellen, daß Trompeter auf der weiten Balustrade erschienen und Standarten aufgestellt würden, denn ein hoher Gast war gekommen.

Statt dessen aber hatte sich in der fensterreichen Fassade des Gebäudes ein Giebelfenster geöffnet, man sah einen Kopf herausschauen, eine Hand am Rahmen tasten, und nun fiel eine rote Fahne ins Freie, rollte hinunter und begann im leichten Wind zu wehen.

»Da ist es!« rief Hanna, hob meinen Kopf aus ihrem Schoß und griff nach den Rudern. Ich wußte sofort, was geschehen war, obwohl wir Politik vermieden hatten. Aber nun war sie da, auch für uns: Die Revolution war ausgebrochen. [...]

Als wir über den Universitätsplatz gingen, kam eine Gruppe von Matrosen mit bunten Armbinden, die nun für Monate das deutsche Straßenbild beherrschen sollten; sie waren sehr fremde Gestalten auf diesem Platz einer Innenstadt, aber sie waren um so selbstbewußter; sie sahen an uns vorbei, als sie daherschlenderten. Plötzlich hörten wir einen Schrei, wie ein Tier ihn ausstößt, das zum Sprung auf seine Beute ansetzt; wir drehten uns um und sahen die Matrosen, die sich auf einen jungen Offizier stürzten; er versuchte nicht zu fliehen, er schlug um sich, bedeckte dann wieder mit beiden Händen seine Achseln; sie überwältigten ihn schnell; er stand in ihren Griffen wie ein Verurteilter, der eben die Guillotine erblickt hat, in die man ihn hineinschieben will; sein Kopf war krampfhaft vorgestreckt, seine Augen wölbten sich vor, und da kam auch schon das Geräusch, das sich wie das Ausreißen von Flügeln anhörte: sie zerrten die Achselstücke von seiner Uniform; sie schlugen ihn nicht mehr, sie ließen ihn los; er blieb stehen, hilflos und schlapp, als hätte man ihm den Lebensstrang durchschnitten.

»Komm«, sagte Hanna; aber ich konnte nicht weitergehen; ich verstand, daß da einer unschuldig litt, bestraft für etwas, das nicht sein Vergehen war, gedemütigt im Namen einer Republik, die er nun immer hassen würde.

Links von mir erhob sich der harmonische Bau der Universität; es gab Philosophen dort, Historiker und Sprachforscher; ich hatte ihre Lesungen belegt und war nie hingegangen; nun wußte ich, warum ich nicht gegangen war: es war sinnlos, über Kolleghelften mit den Daten der Vergangenheit zu hocken, sie vollzuschreiben und nichts zu wissen von der Welt, in der Deutsche Deutschen Achselstücke abrissen wie Teile ihres Körpers, wo der Haß umging in sauberen Matrosenkleidern und die Falschen überspülte.

Hanna hatte geduldig gewartet; jetzt sagte sie: »Laß uns zu Oncken gehen! Er sagt sicher etwas über die Geschehnisse.«

Oncken war Geschichtsprofessor; ich hatte ihn über Bismarck lesen hören; mit Souveränität hatte er das Gemisch aus Schläue und Härte analysiert, das der Reichskanzler war; sein Ausnützen der Schwächen der preußischen Nachbarn; die Siege an den Grenzen: Düppel, Königgrätz, Sedan.

Ich sah mich um in dem niedrigen Raum, der von primitiven Lampen beleuchtet war; die Zuhörer waren alle entlassene Soldaten; Zwanzigjährige wie ich, Krüppel, Enttäuschte, die sich auf die Schulbank gesetzt hatten, um den Krieg zu vergessen und alles, was er ihnen genommen hatte; jetzt war der Krieg zu Ende und war doch wie eine Brandung, die durch den Damm gebrochen war und ihr mühsam behütetes Land überschwemmte.

Noch war nicht alles verloren; ich sah in ihren Gesichtern die Erwartung: Der Mann mit dem gepflegten Bärtchen und der prägnanten Aussprache, der dort am Pult stand, konnte ihnen sagen, was zu tun sei.

Neben mir rief einer »Bravo!«, ein ungewöhnlicher Ausruf in diesem Raum, aber es war ja auch ein ungewöhnlicher Tag; zustimmendes Getrampel folgte dem Ausruf; ich drehte den Kopf und sah die verletzte Uniform; neben mir stand der Mann, den man eben auf der Straße auf so brutale Art degradiert hatte; Schweiß tropfte von seiner Stirn, sein Mund war grimmig geschlossen; seine Augen hingen an Oncken, er folgte jedem Wort, das vom Pult des Vortragenden herüberkam. Oncken sagte eben:

»Vor einer Woche erwähnte ich den stolzen Ausspruch des Kanzlers: ›Wir Bismarcks waren *vor* den Hohenzollern in der Mark.‹ Heute möchte ich ergänzen: Die Bismarcks werden auch länger in der Mark bleiben, das heißt: besser in unserem Gedächtnis!« Oncken hob seine dünne Stimme: »Wenn es wahr ist, daß Seine Majestät heute morgen kampflos die holländische Grenze überschritten hat, so geht unsere ganze Sympathie zu jenem halben Dutzend Offizieren, die sich in Berlin im kaiserlichen Schloß verschanzt haben und entschlossen sind, bis zum letzten den Horden der Reichshauptstadt Widerstand zu leisten...« Er senkte in echter Trauer die Stimme: »...und lieber auf ihrem Posten zu fallen als feige aufzugeben.«

Ein wildes Getrampel des Beifalls folgte diesem Vergleich. Ich sah, wie Oncken das Rednerpult umklammerte, als ob er Halt brauchte; seine feingliedrigen Hände zitterten. [...]

Hanna sagte: »Ich möchte, daß du einen Freund von mir kennenlernst; er ist eine Art Prophet; ich treffe ihn heute nacht am Schloßberg – *mon Dieu,* wieviel hast du noch zu lernen!«

Ich hörte, wie sie wegging; es war angenehm, ihre Schritte verhallen zu hören. »Ich brauche keinen Propheten«, dachte ich.

Aber um zehn Uhr war ich dann doch an der Stelle, die sie mir bezeichnet hatte. Es war die kleine Plattform östlich des dicken Turms, die sich über den Abgrund hebt.

Ich ging schnell den schmalen Pfad hinab, streifte überhängende Sträucher zurück und stand plötzlich vor Hanna und ihrem Propheten.

Ich war betroffen von dem Gesicht, das mir im Mondschein entgegensah. Es war groß und bleich mit den Augen einer uralten Eule; forschend war der Blick und dann ganz plötzlich verträumt. Der Mann sprach gerade, er ließ sich nicht unterbrechen:

»Ich will die Verbitterten sammeln«, sagte er. Seine Gesten

waren die eines müden Schauspielers; er hatte das jüdische Gesicht, in das sich das Schicksal seines verfolgten Volkes eingegraben hatte wie die Spuren einer geheimen Krankheit.

»Die Verbitterten sind die wahren Opfer, sie geraten immer in die falschen Hände, und es sind meistens die Hände derer, die an ihrer Bitterkeit schuld sind. [...] Was wir tun müssen, ist, *die* zusammenzubringen, die noch nicht *zu* verdorben sind; wo der Kern noch nicht faul ist; wo jede Begegnung das Heil bringen kann.«

Er ging auf der kleinen Plattform hin und her; es war, als spräche er zu sich selbst:

»Deshalb bin ich hergekommen; ich will, daß die Studenten, die hier herumlaufen, als wären sie in diesem Schloß geboren, hinüber nach Mannheim gehen und mit denen sprechen, die in Baracken aufwuchsen; mit Ratten zusammen, mit Flöhen, mit dem Geruch ihrer Geschwister und dem Liebesstöhnen ihrer Eltern. Sie haben beide den Krieg verloren; sie sollten sich unterhalten, warum es immer so ausgeht...«

Der Mann wurde nun sehr erregt: »Dies sind die Augenblikke, wo neue Kriege geboren werden. Wenn ich an einen Teufel glaubte, würde ich sagen: Jetzt ist er am Werk! Die Aktivisten läßt er in Bitterkeit sich zurückziehen; er gibt ihnen recht; die ganze Sache war nichts mehr wert; sie war nie etwas wert. Und das sagt er denen, die ohne einen Glauben, ohne ein Ideal nicht leben können. Die anderen stößt er mit der Nase auf die Fehler der neuen Behörden, und nach kurzer Zeit werden es diese neuen Behörden und nicht der Kaiser sein, die an allem schuld waren und sind. Bitterkeit und Pharisäertum! Die alten Füchse freuen sich, daß die jungen Kaninchen keine Reißzähne haben. Und dann kommt der Sieger und zeigt seine Bajonette; morgen wird er hier sein, und der Krieg hat von neuem begonnen; er hat überhaupt nicht aufgehört.«

Hanna, die am Rand der Plattform saß, hörte dem Mann zu wie einem Orakelpriester.

Plötzlich glaubte ich in den Büschen oben Geräusche gehört

zu haben; ich gab dem Mann ein Zeichen zu schweigen. Ich ging einige Schritte den schmalen Pfad hinauf, sah aber nichts.

»Ich fürchte niemand«, sagte der bleiche Mann, als ich zurückkam.

»Du solltest sie fürchten«, sagte Hanna.

»Mein ganzes Leben lang hat man mir gedroht«, sagte der Mann, »diesmal ist das Volk um mich herum. Nun nehmen sie das Brot, und sie wissen, es ist die richtige Nahrung.«

Ich neigte mich zu Hanna:

»Wer ist er, daß er so spricht?«

Sie sah mich an; es war wohl Stolz, der sie dann erröten ließ: »Toller«, sagte sie, »Ernst Toller.« [...]

Am nächsten Tag ging ich wieder zu Oncken. Ich wollte ihn an Toller messen. Ich täuschte mich aber in der Stunde und fand im Hörsaal den liberalen Ökonomen Alfred Weber.

Ich setzte mich in eine Bank und hörte mit wachsendem Interesse zu.

»Wir haben eine Republik«, sagte Alfred Weber. »Wir sollten sie nicht erwürgen lassen. Sie ist jung. Alle stürzen sich auf sie. Das deutsche Übel: Uneinigkeit. Das deutsche Übel: Rechthaberei. Das deutsche Übel: Fremdenanbetung. Die Republik ist schwach; ihre neuen Ideen sind noch nicht durchdacht; es ist alles spontan, aber ist das ein Grund für die Jugend, sie zu hassen? Ich sah nie eine Jugend, die so schnell verbittert ist wie die unsrige. Warum sind wir nicht stolz, daß wir endlich Zivilisten sein können? In Berlin ist der Kampf entbrannt. Sozialdemokraten gegen Spartakus. Republik gegen Mob. Spartakus! Dummköpfe, die nicht wissen, daß die Zeit gekommen ist, sich die eigene Res Publica zu gründen. Einige, die sich nicht begnügen können, sprechen so. Einige, die es der Welt nicht verzeihen können, daß der Kaiser sie einmal eingesperrt hat; aber ist die Republik vielleicht der Kaiser? So gehen sie lieber mit dem Abschaum Berlins auf die Barrikaden. Und keine Jugend ist da, sie wegzufegen! Man hat mich heute gefragt, was ich von meinem Kollegen Oncken halte...«

Ich fühlte, daß Weber mich ansah; es war ein Zufall, aber mir schien es, als würde diese Rede wahrhaftig für mich gehalten.

»Man hat Oncken«, fuhr Weber fort, »das Medaillon genommen; er kann sein Zarenbild nicht mehr an die Lippen drücken; der Zar ist ein landesflüchtiger schlechter Feldherr. Warum sollt ihr Jungen diesem Dauerbegräbnis beiwohnen? Laßt die Toten ihre Toten begraben! Und verhütet, daß man eure Jugend, eure Zukunft, euer Heute mit verscharrt. Ich spreche von Berlin; ich spreche von den Barrikaden, die ihr niederlegen solltet. Die Offiziere im Keller sind wie Nachtfalter, die sich die Köpfe an den Fensterrahmen einstoßen. Vielleicht ist es Unsinn, daß wir hier hinter Pulten stehen – natürlich ist es Unsinn, wir sollten alle nach Berlin gehen. Die Vorlesung ist beendet!«

Alfred Weber verneigte sich und ging hinaus.

FRIEDRICH GUNDOLF

An Stefan George

9. Januar 1919

Teuerster Meister: Gestern war ich in Heidelberg und habe meine neue Wohnung angesehen: es sind in dem Palazzo unmittelbar neben dem Schloß zwei getrennte Zimmer, gross und hell und gut heizbar.. das übrige Stockwerk unbewohnt.. ein grosser marmorner Vorplatz mit Oberlicht und eine grosse Terrasse in den Garten, sehr italienisch.. Es kommt für dich in Betracht wie nichts andres. Ich habe für jetzt nur das eine Zimmer genommen (mit Frühstück 40 Mark), doch steht mir das andre jederzeit zur Verfügung.. Die Wirtin wird dir übrigens gefallen.. Ich hoffe, es kommt bis zum Frühjahr kein Spartacus oder Foch oder sonst was dazwischen.. Auch bei Gotheins war ich, er ist jetzt badischer Abgeordneter, ebenso Marianne We-

35 *Friedrich Gundolf, 1899*

ber, dagegen ist Max Webers Aufstellung durch allerlei Sonder-
interessen der Parteimaschinisten hintertrieben worden. Bei
Webers war ich nicht. Percy ist ja in München..

In Liebe und Treue stets Dein Gundolf

PERCY GOTHEIN

Das Seelenfest in der Villa Lobstein

Lächelnd empfing mich der Dichter und nahm mich beim arme. Er leitete mich aus dem gemache durch die halle auf einen
altan hinaus, durch dessen säulen man hinüber zum garten des
schlosses und hinab auf die stadt und den fluss im tale sah.
Unter dem lezten bogen, durch den man weit hinaus in die
blaue ebene schaute, stand im halbkreis die schar der freunde,
die jezt in ihrem plaudern verstummte, als der Meister heraus-
trat. Ich fühlte mich der zeitlichkeit entrückt und mich bedünk-
te, dass eine ewigkeit angebrochen sei, als ich am arme des
Dichters durch die offene halle zu ihnen hinschritt. Wenn das
die ewigkeit gewesen wäre, an seinem arme immer fort und fort
in die unendlichkeit zu schreiten, stets im angesicht einer solchen schar, die wir erst am ende aller tage erreicht hätten, so
wäre sie glückselig gewesen.

Allmählich fanden sich alle zusammen, und nachdem noch
ein weilchen geplaudert worden war, stand der Meister auf
und klatschte in die hände. Die älteren verstummten und für
uns jüngere war es ein zeichen, flink bei der hand zu sein, wenn
jezt etwas zu tun wäre. Worauf wir uns schon den ganzen tag
gefreut hatten, sollte nun stattfinden: es wurde gelesen. Nach
dem zwanglosen plaudern der theestunde kam plötzlich eine
ganz veränderte stimmung unter uns. Eine fast soldatische
straffheit herrschte, alle verhielten sich ruhig und niemand
sprach ein wort, der nicht vom herrn des abends dazu aufgefordert wurde – knappe anordnungen wurden getroffen und

ebenso knapp und lautlos ausgeführt. Nach kurzer beratung wurde jedem aus den gedichten der abschnitt zugeteilt, den er lesen sollte, die reihenfolge der lesenden behielt sich der Meister vor, die stühle wurden an die wand gerückt und jeder nahm still platz. Den jüngsten winkte der Meister, dass sie neben ihm sich niederliessen. In der mitte unter der lampe blieb so ein weiter raum wo der lesende in hellem lichte stand.

Einer der älteren begann nun mit fester stimme. Einen augenblick musste ich an die musik denken: Es schien derselbe lösende einfluss zu sein, der von diesen rhythmischen worten ausging wie von den schwellenden tönen, und doch war es am ende etwas andres. Die musik löst alle verstocktheit und befreit die seele vom dumpfen stoffe des körpers, dass sie sich den schmeichelnden tönen hingibt und wie eine welle vom grossen strom ins uferlose und unbegrenzte meer der selbstvergessenheit hinausgetragen wird. O ich liebte sehr die musik und hatte oftmals linderung meines kummers durch sie im selbstvergessen gefunden. Aber hier war doch etwas anderes. Das hören und mitschwingen in den versen löste *auch* die verstocktheit, aber es löste nicht gänzlich auf und trennte nicht leib und seele wie die verflüchtigenden töne, es läuterte sie und durchdrang formend den leib wie die seele. […]

Es ist kein augenblick des tages an farbentrunkener pracht dem zu vergleichen, in welchem die sonne niedrig steht und eben am unteren saume der abendwolke hervortaucht und unvermutet ganze strahlengarben noch vor ihrem untergange aussendet, sodass die welt für eine kurze frist in goldener lohe brennt und sich verzehrt. Aber auch die unerhörteste tropische pracht verrauscht ebenso gleichgiltig wie ein trüb dahindämmernder unbeachteter nebeltag im grauen winter, wenn kein auge da ist, das sie wahrhaft schaut. Egon und ich wandelten zur seite des Meisters, und Rüdiger in seiner schlichten graugrünen jacke ging einige schritte vor uns, und als er nun aus dem schatten in die volle sonne trat, war er und alles um ihn her leuchtend durchdrungen von der lebendigen flut goldenen lich-

36 *Der George-Kreis in der Halle der Villa Lobstein, Pfingsten 1919*

tes. Hinter ihm das rote gemäuer schien zu brennen, neben und
über ihm das zart entfaltete weiche grün des frischen laubes
glich seiner seele am meisten. Goldgrün schmiegte es sich zu
seinem goldenen haar, und von seinem blassen auge, das geheimnisvoll hinter seinen langen flimmrigen wimpern auf-
glänzte, schweifte unser blick hinauf zu dem äussersten ende
des buchenastes, wie er sich frei in den gelben himmel hinein-
tauchte, der ihm jede feine rippe und die zarten grauen härchen
an den kanten aller blätter gegen seinen tiefen grund abhob.
Ihm unbewusst war so sein traum zur landschaft geworden.
Wir blieben eine kurze weile stehen, um uns des anblicks zu
freuen, dann begann der Meister: »Kennt ihr das Goethesche
wort: ›Genau genommen kann man sagen, es sei nur ein augenblick, in welchem der schöne mensch schön sei‹? – da liegt eine
tiefe wahrheit verborgen.«

Inzwischen war die dämmerung eingebrochen, wir gingen
immer noch im garten am englischen bau in eifrigem gespräch,

dann standen wir still am geländer und schauten über den finsteren burggraben zur ruine hinüber, die klar und dunkel gegen den noch hellen abendhimmel abstach. Je mehr das licht schwindet und unsere sicht beschränkt, umso hellhöriger wird unser ohr, und manches geräusch der nächtlichen stille bringt greifbar längst entschwundene erinnerungen herauf. Der Meister und ich entsannen uns, wie wir vor vielen jahren spät in der nacht nach weitem gang eben an dieser gleichen stelle noch lange vor dem abschiednehmen nach der dunklen burgruine hinübersahen und ebenso wie jezt dem zauberhaften rauschen des nächtlichen Heidelberg lauschten. Wieviel glücklicher war die heutige stunde als die frühere! Auch damals hatte mich der rausch der zaubrischen sommernacht erfasst, aber er dauerte nicht an, da ich schon verschlossen und von den quälenden stürmen des reifejahres geschüttelt wurde.

»Ach, – seufzte ich, – Meister, wenn du mich nur ein jahr früher getroffen hättest; da war ich noch offen und hätte mich kampflos liebend schon damals an dich schliessen dürfen, was mir später so lange verwehrt war durch die schlimmen jahre der qual hindurch.« »Nein – liess sich jezt die kühle stimme des ernsten grossen vernehmen, der lautlos hinter uns getreten war – kampflos durfte dies nicht sein, denn wo keine hemmungen und kein widerstand zu überwinden sind, tritt bald erschlaffung ein. Es wird noch einmal die zeit kommen, wo Sie den sinn Ihrer irrwege erkennen werden.« »Nur dass sie mich zum geringeren machten als der ich ohne sie geworden wäre.« »Still – unterbrach mich jezt die träumende stimme Rüdigers – so zu dieser stunde zu sprechen ist sünde und unfromm«, und seine hand verschloss mir den mund. Da fühlte ich mich geborgen in der liebe der freunde, und die brunnen des parks rauschten wieder vernehmlicher und spülten allen kummer verwichener jahre, der wie ein spätes aufschluchzen in die nacht hinausgehallt war, hinunter in ihre dunkle tiefe.

Dann hub der Meister, der lange geschwiegen hatte, zu sprechen an: »Der geist, der schon manches jahrhundert um diese mauern wittert, ist auch heute nicht erstorben, nur muss er von frist zu frist immer von neuem wieder geschwängert werden vom edelsten, was unser land hervorbringt, sonst verödet diese stätte unfruchtbar wie manche andere, die nur noch die verjährte pracht ahnen lässt. Die lezten die hier vorüberschritten, deren flüchtige tritte den schimmer hinterliessen auf diesen wegen, der heute noch nicht ganz verblasst ist, waren Goethe und Hölderlin. Das romantische ist schon eine abschwächung des geistes, der hier ursprünglich hauste, bis zur bürgerlichen verflachung, der drüben auf der terrasse ein standbild errichtet ist.

Soll der uralte zauber, der um diesen platz webt, nicht weichen, so müssen wir ihn heute neu besprechen, dass er wie vormals an geweihter stätte hafte. Und du, mein kind – wandte er sich zu mir, – wenn du nicht all die zeit unter dem besonderen schutze dieses geistes deiner heimat gestanden wärest, dem ich dich damals in jener nacht, wo du hier mit mir warst, anempfahl, so wärest du längst verloren und niemals zu dieser stunde hierher zurückgekommen.« – Inzwischen war es zeit geworden, ins haus zurückzukehren, wo die übrigen mit dem allabendlichen lesen auf uns warteten. *(1919)*

CARL ZUCKMAYER

Heidelberg 1919

Wenn ich an dieses erste Jahr in Heidelberg zurückdenke, erscheint es mir in einem immerwährenden Glanz von Frühlicht und Morgensonne, von Heiterkeit, Illumination, Beschwingtheit und geistiger Erregung.

Es gab dort kein schlechtes Wetter, auch wenn es goß oder die Hitze gewitterschwer auf den Dächern lag.

Nicht abwägend und allmählich, sondern explosiv, aus den Knospen platzend wie der Ausbruch einer hitzigen Baumblüte im Neckartal, stellte sich die Verbindung her, der Zusam-

37 *Carlo Mierendorff*

menschluß zwischen jungen Menschen, von denen die meisten vorher nichts voneinander gewußt hatten und deren Symbiose – eine viel engere, als studentische Korporationen sie zeitigen dürften – vielfach zu Lebensfreundschaften verwuchs.

Schon vorher war ich von Frankfurt aus gelegentlich mit Carlo Mierendorff nach Darmstadt gefahren, zu Redaktionsbesprechungen des ›Tribunal‹, und hatte seinen dortigen Kreis kennengelernt, vor allem Theodor Haubach, mit dem Carlo von der gemeinsamen Schulzeit bis zum Lebensende in untrennbarer Brüderschaft vereint blieb. Man nannte sie damals schon – und nennt sie heute noch in den verschiedenen Erinnerungen an die beiden – die ›Dioskuren‹; auch in den geheimen Planungen und Gesprächen der deutschen Widerstandskämpfer gegen Hitler und in den anderen, in der Ferne des Exils geführten, wurde der Name Mierendorff selten ohne den Namen Haubach genannt. […]

Haubach liebte die Nacht. Wir fuhren manchmal mit einer späten Zahnradbahn auf den Königstuhl hinauf und gingen dann mit einer Taschenlampe auf langen Umwegen durch die Wälder nach Hause; oder wir wanderten gegen Mitternacht, die Stadtlichter hinter uns lassend, viele Stunden am Fluß entlang und wieder zurück. Dann, wenn der eine kaum das Gesicht des anderen erkennen konnte, wurde er freimütig und vertrauensvoll, entspann die Gewebe überraschender, kühner Gedankengänge, begann auch manchmal mit einer harten, schartigen Stimme zu singen, am liebsten das Marschmotiv aus der Dritten Symphonie (Einzug des Sommers) von Gustav Mahler.

Zuerst waren wir unser drei, Carlo, Theo und ich, die sich am selben Tag immatrikulieren und in den ›Kriegsteilnehmerverband‹ einschreiben ließen. Bald kamen andere hinzu, die dachten, empfanden, leben wollten wie wir und mit denen wir über Nacht vertraut und verbündet waren. Wir bildeten, auch wenn der eine oder andere in der sozialistischen Studentenvereinigung und im Soziologen-Club fungierte, keine ›Gruppe‹ –

wir waren ein Kreis, der sich auf eine fast magische Weise zusammenfand, ein kleines Freundes-Orchester, in dem jeder seine eigene Stimme spielte, verbunden durch die neue Tonart, die wir in Kunst, Gesellschaft, Geisteswelt erspürten und erstrebten, auch durch unbändige Lebenslust, Lach-, Spott- und Spielfreude, stets etwas abenteuerlich gestimmt, weit offen für alles Ungenormte und Kühne, für allen produktiven Zündstoff der Zeit.

Wenn unser Kreis wirklich, wie ich vermute, ein magischer Zirkel war, so hatte er seinen Mittelpunkt und seine zentripetale Kraft in einem ebenso singulären wie sonderlichen, veritablen Magus, der uns allen an universalem Wissen, geistiger Frequenz und geformter Persönlichkeit um viele Spannen überlegen war: dem Doktor Wilhelm Fraenger, unvergänglichen Angedenkens.

Er war damals wohl um die dreißig, Direktor des kunsthistorischen Instituts und mit allen intellektuellen Prämissen, mit allen musischen Emanationen vertraut und befaßt, die das Weltbild der Epoche bezeichneten. Das Absonderliche, Seltsame, Geheimnisvolle in den Künsten und vor allem in Volkskunde und Folklore war sein eigenster Bezirk, sein bevorzugtes Forschungsgebiet, in dem er mit abundanten Kenntnissen, mit genialem Einfühlungs- und Ausdrucksvermögen schaffte und wirkte. Aber er war ebenso, im sokratischen Sinn, ein Lehrer und Bildner seiner jüngeren Freunde, nicht auf dem Weg des trockenen Unterrichts, sondern auf dem des lebendigen Dialogs, der sich auch häufig bei Gastmählern und Symposien oder bei gemeinsamen Spaziergängen, Ausflügen und künstlerischen Veranstaltungen ergab.

Ungewöhnlich wie sein Geist und seine sprühende Phantasie war seine Erscheinung, die sich von allen anderen Gestalten der akademischen Welt aufs originellste abhob und unterschied. Nicht groß gewachsen, breit und gedrungen, früh zu einem kleinen Bäuchlein neigend, mit fränkischem Ochsenschädel und ebenso undurchsichtigen, hintersinnigen wie bestrickenden, ja anmutigen Gesichtszügen, wenn er lachte, zur Laute sang, oder im erregten Gespräch: ein faunsäugiger, weltlicher Prädikant, ein sensueller Anachoret.

Kam er so auf der Straße daher, den linken, von einer Kindheitsverletzung mißbildeten Fuß etwas nachschleifend, mit seinem schwarzen, flachkrempigen Deckelhut – oder empfing er uns, in seinem refektorienartigen Studierzimmer, mit der losen Samtjoppe oder dem langen Schlafrock angetan, so dachte man weder an einen modernen Gelehrten noch an einen zeitgenössischen Bohemien, aber erst recht nicht an eine Spitzweg-Figur oder einen ›Stillen im Lande‹; eher an einen Alchimisten und Goldmacher, einen Geheimbündler der Steinmetzenzunft, an einen spitzzüngigen Erzschelm, einen aus der Kutte gesprungenen Mönch, Reformator oder Wiedertäufer, vielleicht auch an einen Baalspfaffen, Mystagogen und Laster-Abbé, dem man die Zelebration der Satansmesse zutraute – doch ebensosehr an einen hartköpfigen, sprachmächtigen Zuchtmeister der Gesellschaft und des Geistes wie der von ihm mit Vorzug zitierte Johann Amos Comenius. [...]

So kamen wir gerade recht, um der ›Gemeinschaft‹, wie Fraenger seine Gründung getauft hatte, eine feste und vitale Basis zu verschaffen. Wir wurden Publikum und Mitwirkende, Schüler und Assistenten seiner Veranstaltungen, die von Lichtbildervorträgen und Privatseminaren bis zu Dichterlesungen, Aufführungen alter und neuer Stücke, auch selbst verfaßter oder zusammengestellter Szenenfolgen, eine vielschichtige Skala umfaßten.

Diese Aufführungen fanden an Sommerabenden gewöhnlich im ›Wolfsbrunnen‹ statt, einem in Höhe des Schlosses auf der linken Neckarseite gelegenen alten Wirtshaus, an den Waldrand gelehnt, mit einem großen Gastgarten und einem geräumigen Saal, vor dessen Eingang ein Brunnen mit zwei steinernen Wolfsköpfen plätscherte. Aus dem Brunnenbecken wurden die frischen Forellen gefischt, und der Wein, pfälzischer ›Schwarzer Herrgott‹ oder ›Kaiserstühler‹, war dort ausgezeichnet. Vom Heidelberger Schloß aus konnte man diesen romantischen Fleck in einer knappen Gehstunde erreichen, und bald wanderte zu den durch Handzettel und Plakate angekündigten Abenden der ›Gemeinschaft‹ eine große Schar von jungen und älteren Leuten hinaus, die sogar einen kleinen Eintritt entrichteten. Fraenger hatte eine städtische Lizenz für öffentliche Veranstaltungen mit oder ohne Musik erworben. Unsere Unkosten waren gering, da wir fast alles selber machten, aber die Einnahmen reichten gewöhnlich gerade dazu aus, um sie bei dem anschließenden Symposion zu vertrinken. Die Kostüme, falls nötig, liehen wir uns aus dem Fundus des Stadttheaters, Kulissen brauchten wir nicht, die Instrumente spielten wir selbst – ich damals noch Cello oder Gitarre, Fraenger die kleine Harfe, Laute und Englisch-Horn, und für Flöte und Oboe, Geige und Bratsche hatten wir ein paar junge Musiker.

Was da geboten wurde, stand hoch über dem Niveau gewöhnlichen Dilettantentheaters oder gar des Studentenulks und wurde von Fraenger systematisch unter einen kulturvergleichenden Aspekt gestellt.

Ich erinnere mich eines Abends, an dem der hochgewachsene Prinzhorn, im bordeauxroten Frack, gemeinsam mit einer jungen Sängerin den altfranzösischen Text von ›Aucassin und Nicolette‹ vortrug – er hatte eine schöne, gepflegte Bariton-Stimme –, dessen Strophen wir pantomimisch umrahmten.

Tief in der Nacht verwandelte sich Fraenger in Danton und ernannte mich zu seinem Camille Desmoulins – wir sangen, vor einer enthusiastischen Elite von späten Hockern, er mit der Laute, ich mit der Gitarre im Arm, sämtliche Strophen der ›Carmagnole‹.

Fast immer graute der Morgen und fiel der kühle Tau, wenn man von solchen Nachtfesten zur Stadt zurückwanderte, beseligt, berauscht, verzaubert und nach neuen Dingen begierig.

Heidelberg war damals von Göttern und Halbgöttern, Propheten und Narren, Faunen, Bacchen und Eroten, Dionysiern und Peripatetikern durchwandert, wobei die Nymphen, Hetären und Vestalinnen nicht fehlten. Auch der Nachtalb fehlte nicht, der hinkende böse Zwerg, in Gestalt von Joseph Goebbels, der eines Klumpfußes wegen den Krieg nicht hatte mitmachen können und seinen Neid und Haß besonders gegen uns richtete, die verändert und voll neuen Antriebs Heimgekehrten: wir waren später die ersten Ziele seiner Verfolgung. Damals hielt er sich noch zurück und saß bei Gundolf (dem Juden) in den Kollegs.

Im Schloßpark konnte man den Dichterfürsten Stefan George, mit wallendem weißen Haar, auf die Schulter eines Epheben gestützt, einherwandeln sehen. Am Friesenberg hauste der Lyriker Alfred Mombert, zurückgezogen wie in einer Grotte des Erymanthos – man sah ihn einsam und vergrübelt durch die Straßen gehn. Alexander von Bernus, Dichter und Anthroposoph, veranstaltete manchmal auf seinem Gut Stift Neuburg am Neckar esoterische Abende mit Kammermusik und Vorträgen.

Max Weber, den bedeutendsten deutschen Soziologen, hörten wir nur noch einmal, bei seiner Abschiedsvorlesung. Er ging in diesem Sommer nach München. Sein Bruder Alfred übernahm seine Schüler in Heidelberg und leitete den Soziologen-Klub, der alle zwei Wochen zu einem Lese- und Diskussionsabend im alten Hotel Schrieder zusammenkam.

Dann kam aus Ungarn der Professor Emil Lederer hinzu, ein genialer Interpret des Marxismus, Freund von Georg Lukács, dessen ›Soziologie des Romans‹ gerade erschienen war und heftig diskutiert wurde. Auch Ernst Bloch war gelegentlich in Heidelberg zu Gast, durch sein Werk ›Der Geist der Utopie‹ zu frühem Ruhm gelangt. In privater Gesellschaft las er aus seinem noch nicht gedruckten ›Thomas Münzer‹ vor und illustrierte dazwischen die Zeit der Bauernkriege durch Szenen aus Goethes Götz, die er mit seiner harten, kraftvollen Stimme faszinierend vortrug. Mir imponierte er vor allem durch seine geradezu enzyklopädische Kenntnis sämtlicher Karl-May-Bücher und -figuren; ich glaube, außer Schlichter und mir war er der gründlichste Karl-May-Forscher dieser Zeit. Bloch und ich prüften und examinierten einander bei einem Spaziergang auf dem ›Philosophen-Weg‹ mit detaillierten Fangfragen über die Verwandtschaftsverhältnisse der weniger bekannten Gestalten aus dem wilden Kurdistan oder der Umgebung des Llano Esta-cado und konnten uns nicht überrumpeln. Schließlich legte Bloch mich durch eine Frage hinein, die ich nicht beantworten konnte: wie die Cousine des ›Schut‹ geheißen habe. Es stellte sich dann heraus, daß er gar keine hatte.

Bei Marie-Luise Gothein, der Frau des Historikers, verkehr-ten die Anhänger des Stefan-George-Kreises, die sich weniger um den genialischen Gundolf als um den jungen Privatdozen-ten Edgar Salin scharten, und die man schon äußerlich an einer gewissen Glätte und Feierlichkeit der Aufmachung erkennen konnte. Wir machten uns nicht viel aus diesen, doch wir ver-ehrten Gundolf – neben Karl Wolfskehl und Friedrich Wolters wohl die bedeutendste aus diesem Kreis hervorgegangene Er-scheinung.

Damals, im Sommer 1919, hielt er seine berühmten Vorle-sungen über die Romantik, die immer überfüllt waren; auch wir drängten uns hinein. Aber er hatte sie auf eine unglückliche Zeit gelegt, nämlich die heißen Stunden zwischen zwei und vier am Nachmittag, in denen ein normaler Mensch, ob er nun bes-ser oder schlechter gegessen hat, dem Rhythmus des Tages-ablaufs entsprechend, eine gesunde Schläfrigkeit empfindet. Dazu kam, daß Gundolf in darmstädtischem Tonfall und mit einer, im George-Kreis üblichen, monotonen Intensität vor-trug, die vom Hörer die äußerste Konzentration verlangt und für den weniger Aufnahmefähigen manchmal dem Hu-Hu-Huuhh des heulenden Derwischs gleichkommt. Ich habe keine dieser Vorlesungen versäumt, aber die meisten verschlafen und sie erst aus dem gedruckten Buch kennengelernt. Die Einschlä-ferung war unwiderstehlich. [...]

Am 24. Juni 1922 wurde in Berlin der deutsche Außenmini-ster Walther Rathenau ermordet, von ein paar ahnungslosen jungen Leuten, die sich für Idealisten der ›Nationalen Bewegung‹ hielten.

Er wurde ermordet, weil er Jude war.

Am Tag seines Begräbnisses hatte die Regierung Volkstrauer angeordnet, und die Heidelberger Universität hatte für diesen Vormittag geschlossen. Vom Rektorat war verfügt worden, daß auf sämtlichen Haupt- und Nebengebäuden der Universität die schwarzrotgoldene Fahne der Republik auf halbmast gesetzt werde.

Während sich ein Trauerzug demokratischer Bürger und Arbeiter durch die Stadt bewegte, um an einem Ehrenmal für den großen Toten einen Kranz niederzulegen, wurde bekannt, daß das physikalische Institut, auf Anordnung des nationalistischen Professors Lenard, die befohlene Arbeitsruhe und Trauerstunde nicht einhalte und keine Flagge gesetzt habe. Wegen eines toten Juden, hatte der Professor geäußert, lasse er seine Studenten nicht müßig gehen.

Mit einem Arbeitertrupp begab sich Carlo Mierendorff in das etwas abseits vom Universitätsviertel gelegene Institut und nahm, im Namen der Republik und der Universität, den störrischen Professor in Schutzhaft. Das Institut wurde der Verordnung gemäß geschlossen, ohne daß sich dabei irgendeine Gewalttat ereignete, der Professor nach einigen Stunden wieder freigelassen. Außer dieser kurzen Sistierung war ihm nichts geschehen.

Aber der Vorfall, durch den die Würde des Tags und die Autorität der Hochschule gerettet war, erregte unter den Gegnern der Republik einen ungeheuren Aufruhr. Carlo wurde wegen ›Hausfriedensbruch‹ unter gerichtliche Anklage gestellt und sollte, unmittelbar vor seiner Promotion, von der Universität relegiert werden. In beiden Fällen erzielte er durch seine brillante Verteidigung und die positive Stellungnahme aller freiheitlichen Professoren einen bedingungslosen Freispruch.

Am Abend des Trauertags traf sich unser Freundeskreis im ›Goldenen Hecht‹.

Wir wollten Carlos Mut und Tatkraft feiern, aber wir waren eher bedrückt als festlich gestimmt.

Draußen zogen Trupps von Burschenschaftern und anderen Randaleuren herum – zum ersten Mal hörten wir jene ›Sprech-Chöre‹, von denen später, als Hitlers braune Banden die ›nationale Erhebung‹ inszenierten, die deutschen Städte widerhallten:

> »Verreckt ist Walther Rathenau,
> Die gottverdammte Judensau!«

Wir saßen zusammen – ein kleiner, ernst entschlossener Kreis. Wir hörten die Stimmen der Mörder.

Hermann Glockner

Gundolf und Jaspers

Auch Gundolf besuchte ich, bevor ich ihn auf dem Katheder gesehen hatte; aber es gelang mir nicht aufs erste Mal zu ihm zu dringen. Er wohnte am Ende der steilen, schlecht gepflasterten Schloßbergstraße, wenige Schritte vor dem Eingang in den Schloßgarten, zu dem man hier auch über den Kurzen Buckel heraufsteigen kann. Das stattliche, vornehm-steinern wirkende Haus ist nach römischer Art um ein ›Atrium‹ gebaut; zur ersten Etage gehört eine prächtige Altane, von welcher man fast den gleichen Ausblick auf Stadt und Neckartal hat, wie von der Schloßterrasse. In späteren Jahren verfügte Gundolf über diese Altane, und er versuchte dann wohl auch einmal plaudernd und sogar rezitierend mit einem Freunde dort oben auf und ab zu wandeln. Im Winter 1919/20 begnügte er sich aber noch mit einem einzigen Raum, in dem sich alles befand, was er brauchte: Bett und Schreibtisch, Waschlavor und Kleiderständer, dazu zwei oder drei Bücherregale mit seiner schon damals kostbaren Bibliothek.

Diese schlichte Junggesellenwohnung lag im Hochparterre des nach der Straße vorspringenden Gebäudeteils, links neben der Treppenhalle, die innerhalb des Hauseingangs in das ›Atrium‹ führt. Auf der rechten Seite befindet sich ein ähnlicher Raum: beide mit nur je einem Rundbogenfenster nach der Straßenfront. Es sind einfache, aber verhältnismäßig große und hohe Zimmer, wie man schon von der Straße aus erkennen kann. Innen zeigte sich damals links wie rechts eine dunkel gebeizte Holztür mit je einer Wartebank an der Wand daneben.

»Hier wohnt der Gundelfinger«, sagte der mit mir eintretende Briefträger, nach links deutend. »Aber so früh ist der Professor nicht zu sprechen; er gibt auch keine Antwort, wenn man klopft; probiere Sie's nur.« Mit diesen Worten legte er die für Gundolf bestimmten Briefe und Drucksachen auf die Bank, während er alles andere in einen breiten Kastenschlitz verschwinden ließ. Ich las: Dr. Lobstein. »Jawohl, Dr. Lobstein«, bestätigte der plauderfreudige Pfälzer mit vertraulichem Augenzwinkern. »Reicher Mann! Schöne Frau! Sängerin! Wisse Se, so eine serieese, die immer am Karfreitag ufftritt! Für die Wohltätigkeit. Net für Geld.«

Den rechts der Treppe gelegenen Raum schien niemand zu bewohnen. Gundolf führte mich später einmal hinein. Er stand Meister Stefan George persönlich zur Verfügung und enthielt außer der Lagerstätte vor allem Bücherregale. Die Bibliothek des Dichters war hier aufgestellt: hinter weißen, mit Reißnägeln befestigten Gazestreifen vor Staub geschützt. Bei Gundolf blieben die Vorhänge auf der Straßenseite immer dicht geschlossen; George dagegen stand wiederholt stundenlang unbeweglich am Fenster, als er einmal in Heidelberg weilte. Er gehörte damals mit zu den Sehenswürdigkeiten und die Besucher des Schloßgartens machten sich gegenseitig auf den grauhaarigen alten Mann mit dem steilen Danteprofil aufmerksam.

Bei meinem ersten Besuch wußte ich davon noch nichts. Es

war bereits zehn Uhr morgens; ich hielt Anklopfen für erlaubt. Aber der Briefträger hatte aus Erfahrung gesprochen; es blieb alles still. Da machte ich also zunächst einmal einen Spaziergang durch den Schloßgarten, den ich dann sogar bis zum Wolfsbrunnen ausdehnte.

Über eine Stunde war vergangen, als ich mich zum zweiten Male vor der Tür einfand. Aber der Professor schien noch immer zu schlafen; die Briefe lagen unberührt auf der Bank. Da der Besuch einmal auf meinem Plane stand, wiederholte ich den Schloßgartengang. Auch um zwölf Uhr mittags fand ich noch alles wie bisher, während man im übrigen Hause nun allerdings erwacht zu sein schien. Ich hörte Schritte; eine Dame kam die Treppe herunter. Ich grüßte, wagte es aber nicht sie anzusprechen. Lächelnd war sie schon vorbeigegangen; dann besann sie sich und blieb stehen. »Sind Sie verabredet?« Ich antwortete verneinend und meinte, es handle sich um einen ersten Besuch; ich hätte einen Empfehlungsbrief bei mir. »Legen Sie den Brief doch zu den anderen auf die Bank«, meinte Frau Dr. Lobstein, denn sie war es; »er wird Sie dann bestellen.« [...]

Am andern Tag erwartete er mich bereits im aufgeräumten Zimmer. Die Einrichtung heimelte mich an. Der Schreibtisch stammte von seinem Vater, wie er mir sofort zutraulich erzählte. Sein Vater sei Mathematiker in Darmstadt gewesen; er selbst verstehe gar nichts von Mathematik; alles was mit Zahlen zusammenhänge, sei ihm ein Greuel. Es war völlig der gleiche Schreibtisch, wie wir ihn auch besaßen: billige Fabrikware. Ebenso altmodisch und wertlos war der Garderobenständer, ein sogenannter Kammerdiener. Gundolf meinte, von seiner Soldatenzeit her brächte er den Rheumatismus in Armen und Schultern gar nicht mehr los, und so habe er die Absicht, sich an den Schreibtisch ein Brettchen anschreinern zu lassen, auf dem der Arm ruhen könne. Er zeigte mir auch gleich sein Manuskript: ein Buch über Kleist. Seine Arbeitsweise war noch einfacher als die meine. Er hatte Briefblocks und schrieb seine

Bücher Blatt für Blatt herunter. Korrekturen kamen kaum vor. Die versparte er auf die Zeit, wo ihm die fertigen Kapitel im Fahnensatz gedruckt vorgelegt wurden. Leider war das Kleist-Buch nun vor Beginn der Vorlesungen nicht ganz fertig geworden. Er freute sich überhaupt gar nicht auf das Semester und warnte mich ein wenig vor seinem Kolleg. »Ich gebe Ihnen lieber das Manuskript mit heim«, meinte er liebenswürdig-sorglos. »Von der Vorlesung haben Sie nichts.«

Gundolf war groß, schlank, dunkelbrünett, aber schon mit weißen Strähnen dazwischen. Die strahlenden Augen hatten etwas Kindliches und mußten jedem gefallen. Er machte keinen verzärtelten Eindruck, hüstelte jedoch ein wenig. Die Stimme klang weich und etwas belegt. Neben dem Kleist-Manuskript stand ein Körbchen mit Mandarinen. Von denen bot er mir an und wir aßen im Laufe einer Stunde alle auf. »Man kann sie mit der Hand essen«, meinte er gutmütig, »und die Kerne spucken Sie ruhig in den Papierkorb.« […]

Daß er seine Jugend in Darmstadt verbracht hatte, hörte man sofort. Einmal brachte ich ihn auf Niebergall, den Dialektdichter seiner Heimatstadt. Sofort begann er mir die erste Szene des »Datterich« aus dem Gedächtnis so vorzutragen, wie ich sie kaum mehr hören werde. Er las gelegentlich das ganze Stück an Gesellschaftsabenden; leider war ich niemals dabei. Es war sicher viel schöner, als wenn er aus seinen Büchern vorlas. Eigene Gedichte las er angenehm unpathetisch; ich bat ihn oft darum und er holte dann auch ältere Sachen herbei, wie z.B. den »Fortunat«, einzelne Stücke aus den »Blättern für die Kunst«, auch Ungedrucktes – immer ängstlich darauf bedacht, daß es mir nicht zuviel würde. Seinen Meister George dagegen rezitierte er hochfeierlich und monoton; das war für ihn Gottesdienst. […]

Sein Auditorium war überfüllt, doch kamen jedesmal andere und immer wieder neue Leute. Jeder wollte den berühmten Gundolf gesehen haben. Aber die Neugier war rasch gestillt und eine Kollegstunde eigentlich schon viel zu lang dafür. So kam es, daß eilige Heidelbergbesucher schon nach zehn Minuten wieder gingen, andere erst in der letzten Viertelstunde eintraten. Das störte ihn, zumal ihm die Konzentration im Hörsaal an sich schon schwer wurde, so daß er bisweilen die gleiche Zeile seines Manuskriptes ein paar Mal las oder auch wohl beim Umblättern eine Seite übersprang, ohne es zu merken. Selten wußte er ganz genau, bis zu welcher Stelle er das letzte Mal gelesen hatte, weil er sich zwar Striche machte, aber immer wieder neue, ohne die Merkzeichen früherer Semester wegzuradieren. »Für mich sollte die Universitätskasse Kurtaxe erheben, statt Kolleggeld«, scherzte er dann; aber er litt unter dem Trubel. Immer wieder versuchte er, den Hörsaal abzuschließen, und als ihm das zuerst einfiel, zog er sogar den Schlüssel ab und steckte ihn in die Tasche, so daß niemand mehr hinauskonnte. [...]

In dem Hörsaal Nr. 13 des alten Universitätsgebäudes lasen 1919/20 außer Rickert noch zwei Philosophen: Hans Driesch und Karl Jaspers. Beide begannen am nämlichen Tag. Driesch sprach wie der gesunde Menschenverstand in Person, jeder Zoll ein Naturforscher, dessen als Ordnungs- und Wirklichkeitslehre vorgetragenes System auch einer angelsächsischen oder nordamerikanischen Studentenschaft plausibel zu machen gewesen wäre. Er hatte viele Zuhörer; sein einstündiges Publikum »Leib und Seele« mußte er sogar in das große anatomische Theater verlegen. Ich fand den pädagogisch geschickt vorgehenden Mann ebenso sympathisch wie trivial und hospitierte infolgedessen nur ein einziges Mal. Da er schon im nächsten Semester nach Köln und bald darauf nach Leipzig übersiedelte, lernte ich ihn auch nicht mehr persönlich kennen.

Karl Jaspers trug seine »Geschichte der neueren Psychologie« vor halbleeren Bänken vor. Leider versäumte ich es, den ersten Eindruck im Tagebuch festzuhalten, doch erinnere ich mich noch recht gut, wie der etwas hochmütig wirkende große schlanke Mann mit langen Schritten auf das Katheder zusteuerte und dabei weder nach rechts noch nach links schaute. Die schmale Gestalt hing gleichsam in Scharnieren; die fallenden Schultern und die vorgebeugte Haltung gaben dem noch recht jugendlichen Körper etwas Schlaksiges; wir fanden, daß dieser Professor einem nicht ganz bis zum Einklinken geöffneten Taschenmesser glich. Der graue Anzug war unauffällig, aber so tadellos geschneidert und gebügelt, wie man den Universitätsdozenten damals – ein Jahr nach dem Zusammenbruch – jedenfalls im Bereiche der philosophischen Fakultät noch verhältnismäßig selten gekleidet sah. Der Hirnschädel wirkte groß, die untere Gesichtspartie dagegen schwächlich und ein wenig verkniffen; in dem auffallend bleichen Gesicht lagen kleine, etwas müde, unbestimmt ins Weite spähende Augen. Das dunkle Haar war reich und dicht; er trug es zurückgekämmt und ziemlich lang, wenigstens hinten, wo der Schopf den Kragen fast ganz verdeckte.

Was er sagte, bot mir inhaltlich nichts Neues, doch fesselte die ernste Persönlichkeit des Dozenten, der nicht ein einziges Mal lächelte. Zwischen Philosophie und Psychologie schien er nicht viel Unterschied zu machen. [...]

Er gefiel mir von Minute zu Minute besser, als er nun mit unverhohlener Geringschätzung von der »unproduktiven Schulphilosophie der Gegenwart« sprach, von der »toten Büchergelehrsamkeit« und der »Leerheit des Universitätsbetriebs«, der einen jungen Studenten um so mehr enttäuschen müsse, je begabter er sei und je mehr er sich speziell zur Philosophie hingezogen und dann freilich von dem Gebotenen abgestoßen fühle. Alles sei äußerlich geworden, Seminarscheine müsse man vorweisen können und möglichst viele Testate im Kollegienbuch.

Daß Jaspers kein Philosophiehistoriker war, lag auf der Hand; aber die liberale Art und Weise, mit welcher er Frage um Frage aufwarf und sich dabei zunächst einmal mit uns allen auf die gleiche Ebene der Betroffenheit, Verlegenheit und Bemühungen stellte, hatte meinen Beifall; ich verglich ihn insgeheim mit Hensel, der sehr viel lehrhafter, einfallsreicher und gelehrter, aber auch undisziplinierter, sprunghafter und ironischer gewesen war. Jaspers sprach gleichmäßig kühl, kritisch abwägend, streng, gar nicht gutmütig, gelegentlich sogar scharf zurechtweisend, aus einer moralischen Unbefriedigung heraus.

GERTRUD VON LE FORT

Jetzt kommt Deutschland …

Wir standen miteinander auf der alten Brücke, unter deren schwingendem Bogen der noch ungefesselte Strom – Enzio sagte: der zur Fesselung verurteilte Strom – brausend in die Rheinebene hinauseilte, als wolle er zum letzten Male jubelnd seiner Freiheit inne werden, bevor des Menschen Werk sie unterwarf. Zur Linken stiegen die schwärmerisch bewaldeten Berge mit der Ruine des Schlosses empor: seine weit aufgebrochenen Dächer und Türme erweckten mit ihrem rötlichen, im Abendlicht fast purpurn glühenden Gestein die Vorstellung, es veranstalte dort droben die Natur eine mystische Wiederholung des Schicksals, gleichsam als brenne dieses Schloß noch einmal über dem Tal – so sagte wieder Enzio. Das Tal selbst mit den kleinen treuherzigen Schieferdächern der innig in seine Tiefen geschmiegten Altstadt, war über und über mit einem zarten, träumerisch-blauen Duft erfüllt, der sich am rechten Stromufer mit den Flocken unzähliger weißer Blütenbäume mischte, die wie kleine fromme Lämmerherden an den Abhängen lagerten. Im Westen aber, wo zu beiden Seiten des Stromes die sanft aneinandergeschmiegten Berge sich wie mit plötzlichem heroischem Entschluß portalhaft vor der Ebene öffneten, verwandelte sich die zarte Träumerei dieses Duftes in eine meerhaft wogende und brauende Unendlichkeit. Der Ausdruck ›mit heroischem Entschluß‹ stammte wiederum von Enzio.

Ich fing bereits an hellhörig zu werden für die eigenwillige Symbolik, die seiner Betrachtung dieses lieblichen Stadtbildes

38 *Georg Scholz: Alt-Heidelberg, du feine, 1923*

inne wohnte. Ich selbst nahm kein brennendes Schloß wahr, keinen zur Fesselung verurteilten Strom, keine heroischen Entschlüsse der Berge, sondern ich war erfüllt von der schlichten, aber ergreifenden Wirklichkeit, daß ich zum ersten Mal in meinem Leben mit Bewußtsein eine deutsche Stadt erblickte, die Heimat meiner verstorbenen Eltern, meine eigene Geburtsstadt, aus der man mich als zartes Kind in das ferne Italien entführt hatte. Mein Herz flog der weit vor mir ausgebreiteten Landschaft entgegen wie ein Hölderlinsches Gedicht: ›Lange lieb' ich dich schon –‹ »Enzio«, sagte ich ergriffen, »wie schön ist Deutschland, wie lieblich ist es!« Er blickte unbeweglich geradeaus. »Ja«, erwiderte er zögernd, »Deutschland ist schön und meinethalben auch lieblich, aber vor allem ist es gefährlich. Diese Landschaft hat ein doppeltes Antlitz – sie ruft Entscheidungen auf. Siehst du, wie die Ruine dort droben über alle süße Träumerei des Tales hinweg die Ebene anstarrt? Du weißt doch, was dort draußen in der Ferne liegt?«

Unwillkürlich tastete ich nach unserer beider Vergangenheit – ich war mir hier noch nicht ganz über die Himmelsrichtungen klar. »Meinst du, dort in weiter, weiter Ferne liegt Rom?« fragte ich.

»Unsinn, dort liegt Speyer«, erwiderte er unfreundlich, »die deutsche Kaiserstadt, und Worms liegt dort, die einstige Burg der Nibelungen! Diese Ebene ist der Schicksalsraum der alten deutschen Kraft!« Und dann plötzlich meine Hand fast herrisch ergreifend, setzte er hinzu: »Rom ist vorüber, Spiegelchen, jetzt kommt nur noch Deutschland, hörst du wohl!«

JOSEPH GOEBBELS

Ich hasse dieses sanfte Heidelberg!

2. Mai

Heidelberg! Ins liebliche Tal gebettet. Oben liegt das Schloß. Studenten singen auf dem Bahnsteig. Weiter rollen die ungeduldigen Räder. Weiter! Hügel wird Berg! Das Land dampft in der Sonne. Meine Augen trinken die Schönheit Gottes ein!

5. Mai

In meinen eigenen vier Wänden sitze ich nun, bin Student, frei, mein Herr und Gebieter. Wie oft habe ich mich aus dem Lärm der Schlachten danach gesehnt. Ich strolche durch die Straßen und Gäßchen, als wäre ich hier seit je zu Hause. Das haben wir draußen gelernt, uns hinzusetzen und da zu sein. Die Stadt ist schön und angenehm. Die Leute hier zu Lande haben Zeit. Man sieht kaum einen Menschen hasten. Wir sind schon tief im Süden. Am Karlsplatz stehen Bänke. Die sind immer besetzt, morgens, mittags und abends. Ich sah überhaupt noch keine Bank, die nicht besetzt war.

Die Kastanien am Schloßberg stecken ihre weißen Kerzen an. Wenn ich Zeit habe – und wann hätte ich keine Zeit –

schlendere ich zur Höhe hinauf. Unten liegt die Stadt. Wie die Kücken um die Glucke, so gruppieren sich die alten Häuser um das verwitterte Münster. Die Sonne spielt glitzernd in den roten Dächern der Neustadt. Ganz weit leuchtet das Land. In der Ferne tauchen schwimmend die Vogesen auf. Da irgendwo stand ich vor einem Jahr im Trommelfeuer und hatte nur den einen Wunsch: zu Ende die Qual, sterben, fallen, ein Held sein, nichts mehr wissen. Und heute stehe ich hier und möchte das Leben mit allen Fasern an mich reißen.

8. Mai

Ich wohne draußen in einem Vorort im letzten Haus. Der Blick von meinem Fenster geht auf einen blühenden Garten. Die Sonne scheint fast den ganzen Tag in mein Zimmer hinein. Der Himmel ist über dieser Stadt schon südlich, tief blau.

Wenn ich zur Universität gehe, dann komme ich durch diese sauberen Straßen, die es nur einmal in Deutschland gibt. Neben den Gehsteigen laufen breite Rinnen, durch die perlklares Quellwasser fließt. Scharen von Kindern waten darin bis zu den Knien und treiben mit den Vorübergehenden ihren Schabernack.

Ich lebe wie Gott in Frankreich!

Abends gehe ich durch enge, menschenleere Gäßchen am Münster vorbei nach Hause. Manchmal höre ich dann nur meinen eigenen Schritt. Kosend spielt die Abendluft um mein Gesicht. Wenn ich stille stehe, dann höre ich, wie irgendwo ein Brunnen murmelt und plätschert.

Am offenen Fenster:

> Ein letztes Hauchen
> Von müdem Vogelsang
> Und duftendem Flieder
> Trägt mir der Abendwind
> Ins Zimmer.
> Ich kann nicht schlafen!

20. Mai

In den Hörsälen der Hochschule wird viel geschrieben, mehr noch geredet und, scheint mir, herzlich wenig gelernt. Eine gewisse Sorte von Wissensbeflissenen trifft man da immer. Bleiches Gesicht, Intelligenzbrille, Füllfederhalter und eine dicke Mappe voll von Büchern und Kolleghheften – das ist alles. Die künftigen Führer der Nation! Und Frauen, ach du lieber Himmel! Darunter sind die Blaustrümpfe noch die erträglichsten. Ich suche den Lehrer, der einfach genug ist, um groß zu sein, und groß genug, um einfach zu sein.

22. Mai

Der alte Geheimrat erzählt von der Heimat der Urgermanen. Ich komme selten in sein Kolleg. Aber wie oft hörte ich es schon von ihm, daß unsere Vorfahren an der unteren Donau und an der Küste des Schwarzen Meeres gesessen haben. Gerade auf dem Platz vor mir sitzt eine junge Studentin: eine herrliche Frau! Blondbraunes Haar, weich wie Seide, das in schwerem Knoten auf diesem wunderbaren Nacken liegt. Der ist wie aus weißgelbem Marmor gehauen. Sie schaut verträumt zum Fenster hinaus, durch das sich leise, fast schüchtern ein spielender Sonnenstrahl stiehlt; ich sehe ein feines Profil: eine klargewölbte Stirn, darum ein paar verirrte Haarkringel, eine lange, scharfe, etwas breite Nase und darunter ein weicher, ungemein schwärmerischer Mund…

25. Juni

Stiller Sommernachmittag! Sonnenschein liegt auf den saftgrünen Bergen. Unten im Talkessel die Stadt. Die roten Dächer leuchten. Wind geht leise über die Höhen, streicht schlendernd durch die Wiesen. Dunkle Tannen im Hintergrunde. Wir sitzen auf der Halde und lesen das Buch von der dämmernden Ferne und der festen männlichen Gegenwart, den »Grünen Heinrich«. Stolze Judith, holde Anna! Das Kapitel ist zu Ende. Warten, Schweigen, Stille! An den Gräsern summen tausend Insekten. Würzig duftet das Gras. Alles zusammen ergibt einen Ton des Schweigens in der Natur.

Ich küsse Hertha Holk auf den weichen, schwärmerischen Mund; und wir schämen uns beide über die Maßen...

31. Juli

Der Zug rollt aus der Stadt. Da liegt der Schloßberg. Tränen kommen mir in die Augen. Weiter! Weiter!

17. Mai

Heidelberg! Man geht durch die Straßen. Ausländer und reisende Hochzeitspärchen. Man wird dutzende Male nach dem Weg zum Schloß gefragt. Ein Bäckerjunge pfeift laut und frech »Alt Heidelberg, du feine« durch den heißen Nachmittag. Träge fahren Kutschen. Der Kutscher erklärt. Studenten in bunten Mützen, mit breiten Schmissen durchs Gesicht. Sie gehen breitspurig und hochnäsig durch die Hauptstraße. Verbindungspfiffe tönen. Oben öffnen sich Fenster. Kneipjacken, Jungengesichter. Der Ludwigsplatz ist leer. Vor einer Buchhandlung steht ein Student mit einer Studentin in scherzendem Zwiegespräch. Ich habe keine Lust mehr, eine Vorlesung zu besuchen. Ich sitze am Neckar, bis es Abend wird. Dann gehe ich müde und verdrossen heim...

12. Juli

Eine Hoffnungslosigkeit bricht mit elementarer Gewalt über mich herein. Ich hasse dieses sanfte Heidelberg! *(1920/21)*

Heidelberg, Oktober 1921

Heidelberg ist die Stadt der Herbste und Frühlinge. Im Winter hüllt der Mensch sich ein und wartet oder denkt zurück, verkriecht sich in die Bibliothek oder betrachtet, am Ufer stehend, die herrlich geschwungene alte Neckarbrücke mit ihren Natursteinbögen. Die romantischen Maler haben das alte Schloß, den Mond und das reiche Laubwerk unzähligemal verewigt, und wer als Engländer hier nur flüchtig zweimal 24 Stunden verbringt, kann die in das Bild von der Stadt vielfach eingedrungene Romantik nur schwer von ihm entfernen. Wenn der Mensch aber hier lebt und es sich schon ein wenig von selbst versteht, daß der Mond scheint, und auch das Riesenfaß, das im Schloß gezeigt wird, die Phantasie nicht mehr allzu sehr erregt, dann entdeckt er die vielen harten Züge und die wohltuende Bestimmtheit, die sich in Architektur und Gegend als entdeckenswerter Schatz in größerer Tiefe verbirgt. Zur Zeit meiner früheren Touristenreisen, wenn wir irgendeinen sehenswürdigen Ort verließen, dachte ich, während der Führer seine Sprüche beendete und der eintönige Rhythmus der eingelernten Rede noch in meinem Ohr widerklang, häufig daran, wie wohl diese Stadt, dieser Ort sich dem zeigt, der hier bleibt, der sie nicht im momentanen Aufblitzen des flüchtigen Abenteuers sieht, sondern die Dinge mit seinem Leben abgeht – und niemals etwas anderes als sie sieht. Als Zurückgebliebener und Liebhaber eines solchen »Touristenortes« gehe ich jetzt in der Stadt und den Gärten herum und fühle mich, als erhöbe ich einen meiner alten erdachten Versuche dadurch zur Wirklichkeit, daß ich hier bin. Der Mensch läßt so viele Minuten treulos zurück, wenn er von einer Sache zur anderen eilt; warum soll ich nicht eine dieser Minuten festhalten und sagen, diese Möglichkeit nutze ich diesmal bis zum Ende.

Heidelbergs Schönheit ist die einer in die deutsche Welt verpflanzten italienischen Gegend. Was Riegl über Salzburgs Architektur sagt, das gilt auch für die Heidelberger Gegend: Hier treffen sich die italienische und die deutsche Landschaft; während sich aber in Salzburgs Architektur das Südlich-Romanische mit dem Nördlich-Germanischen nicht in leisen Übergängen vermischt, sondern mit harter Plötzlichkeit eine in der deutschen Umgebung gereinigte italienische Architektur vor uns tritt, liegt es hier nur am Sonnenlicht, ob die weich ineinanderfließenden Farben der deutschen Laubwälder unser Auge festhalten oder ob in die eine weite Sicht ermöglichende Atmosphäre des italienisch klarblauen Himmels die in ein scharfes Liniensystem gegliederte Gegend hineinstrahlt. Genau an jenem Punkt, wo der Neckar, dieser kleine Fluß, sich anschickt, das von den Ruinen mittelalterlicher Burgen eingefaßte Tal zu verlassen, um in die große Ebene zu eilen, am Fuße der letzten Hügel liegt die Stadt. Der Fluß führt noch den Duft der Blumen und Wälder des Tales mit sich, doch hat der Mensch die Empfindung, dieser staue sich hier in der buchtartigen Talmündung und ströme nicht hinaus in die Ebene, wo sich als fremde Blume die amerikanisierte Stadt Mannheim erhebt. Dieser Ort besitzt eine gewisse Abgeschlossenheit, die Geschütztheit eines Glashauses, und ich denke an die Welt immer als an das, was *draußen* ist, an etwas Äußeres, obwohl die abschließenden Mauern nirgendwo zu erblicken sind. Dies ist jedoch nur eine Geschütztheit und keine Abgeschlossenheit, denn wie die Stadt noch im Tal liegt und dennoch mit ihrem halben Antlitz auf die Rheinebene sieht, rundet im Geistigen die Einheit der Abgeschiedenheit das Leben ab, aber nicht die Verschlossenheit nach außen. Heidelbergs Hauptverdienst ist, daß es trotz seiner Tradition, obwohl die Aufgaben und Probleme der Generationen einander ständig abwechselten, nicht in unfruchtbaren Konservativismus versank, der sich wie ein Strudel immer nur um sich selbst dreht. Trotz seiner Tradition ist es kosmopolitisch, denn man ist hier seit Jahrhunderten den Fremden ge-

wöhnt, und über die durchreisenden Ausländer hinaus sind die
Straßen von den sich im Sommer und Winter erneuernden
Scharen von Studenten überlaufen, die die vielen kleinen, sich
ununterbrochen leerenden Mietzimmer bevölkern. Dieses Zu-
und Abströmen, dieses Eingestelltsein auf immer neue Gesichter, ändert den Habitus der Hierbleibenden. Jeder spürt: was er
tut, was er sagt, strebt in menschlicher Form nach außen und
trifft auch in anderswo liegende Ziele. Manchmal abends,
wenn ich die ruhigen Straßen entlang an den Wänden alter
Häuser vorbeischlendere, habe ich die Empfindung, der Wind
der hinter den modernen Handelslinien zurückgebliebenen
mittelalterlichen toten Städte schwebe über den Häusern – das
Andenken an Brügge und Rothenburg erscheint –, wenn ich
aber das von gelbem Licht erhellte Zimmer betrete, und um
den Tisch sitzen Menschen, junge Leute, ihre Augen glänzen
und es ist die Rede von neuen Schmerzen und neuen Freuden –
dann weiß ich, daß wir leben, und die aus dem Gefühl der Ver-
lassenheit stammende Erstarrung fällt von mir ab.

WILLY HELLPACH

An Friedrich Eberts Grab, 5. März 1925

Nun empfängt ihn die Erde dieser wundervollsten aller deutschen Begräbnisstätten, des Bergfriedhofs zu Heidelberg... Du
aber, Friedrich Ebert, indem wir dich in diese erlauchte Toten-
stadt geleiten, bist unter den Edlen des Geistes kein Fremdling
und kein Eindringling. Du gehörst zu ihnen, nicht weil diese
Stadt dich geboren, nicht bloß, weil dich mit diesen Dahinge-
schiedenen die Treue und lohnlose Hingabe an eine Idee ver-
knüpft, die euer aller Lebensinhalt war, sondern weil der Adel,
der hier bestattet liegt und diese Stätte im Geiste heiligt, kein
Adel der Privilegierten, der Geborenen, der Erblichen ist, sondern der Adel derer, die aus sich und durch sich geworden sind,

was sie der Menschheit, dem Volke, dem Erkennen, dem Wirken bedeuten. Ja, wir wissen, die weitaus meisten von diesen Forschern und Denkern sind wie du aus den Häusern kleiner Leute gekommen, wie seither dreiviertel aller Genies und Führer, aller Erlöser und Erzieher der Menschheit aus solchen Häusern kamen. Und hier, wo du dich heute zu ihnen gesellst, ein Ebenbürtiger zu den Ebenbürtigen, angesichts dieser Gräber und dieses Grabes wollen wir das Hohelied der kleinen Leute singen, denen immerdar die Völker den wärmsten Dank für das Beste und Bleibendste, was sie empfingen, zu entrichten haben.

HARRY DOMELA

Der falsche Prinz bei den Saxo-Borussen

Ich wollte einmal untertauchen, ich wollte einmal so recht fröhlich sein, ich wollte unter jungen Menschen die ganze Misere meines bisherigen Lebens vergessen, und wenn es auch nur ein paar herrliche, unvergeßliche Tage werden sollten. Ein paar goldene Tage in vollen Zügen genießen, an denen später meine Erinnerung zehren sollte, an die ich zurückdenken wollte mein Leben lang, als an etwas unvergleichbar Schönes und Herrliches.

Als Kurländer wußte ich, daß viele Edelleute meines Landes Saxo-Borussen gewesen waren. In dieser herrlichen Welt konnten mir nur die gepflegtesten Formen des Umgangs genügen. Kultivierte Menschen… Menschen mit Tradition… Als ich den Burgberg wieder hinunterwanderte, stand mein Entschluß fest, die Gastlichkeit der Saxo-Borussen in Anspruch zu nehmen.

Unten in Heidelberg fragte ich einen Studenten, der mir gerade über den Weg lief, wo ich die Saxo-Borussen treffen könnte. Er verwies mich zum »Seppl«, einem Bierlokal in der Hauptstraße Heidelbergs. Ich fand das Haus rasch. Unter dem First war der »Gambrinus« mit schäumendem Bierglas in der Art eines Heiligenbildes mit bunten Farben aufgemalt. Über dem Tor stand auf weißem Feld in Schwarz und Rot die Aufschrift »Zum Seppl«.

Ich erkundigte mich bei der Kellnerin, wann ich die Herren des Korps sprechen könne; als sie mir entgegnete, in der Regel am Abend, trank ich mein Glas aus und wollte gehen. Da setzte sie hinzu: »Nun, gleich wird ein Herr v. Gemsdorf kommen. Der trinkt jeden Nachmittag hier sein Bier. Den können Sie vorher sprechen. Wenn Sie die andern treffen wollen, müssen Sie schon zur ›Sonne‹ gehen.« Ich wollte nicht warten und entschloß mich, zur »Sonne« zu gehen. Es sollte eine Weinstube mitten in der Stadt sein. Auf dem Weg dorthin komme ich an einem jungen Manne von etwa vierundzwanzig Jahren vorbei, den ich an seinem schwarzweißen Käppchen, bei den Studenten »Tönnchen« genannt, als Saxo-Borussen erkenne. Ein breitschultriger, massiver Geselle mit aufgedunsenem Gesicht und hervorquellenden Augen. Das konnte schon der biertüchtige Gemsdorf sein, von dem die Anna gesprochen hatte. Ich grüßte ihn höflich und fragte zu meiner Sicherheit nochmals, wie weit es bis zur »Sonne« sei. Mit versoffener Stimme, aber äußerst korrekt, gab er mir Auskunft. Als ich weitergehen wollte und grüßte, hielt er die ausgestreckte Hand an den Hinterkopf, so daß ich im ersten Augenblick des Glaubens war, er müßte sich da kratzen. In Wirklichkeit war es der Korpsstudenten-Gruß. Vor der Weinstube angelangt, sah ich mich einem einfachen Hause gegenüber, das auch im Innern einer Fuhrmannskneipe glich. Die Wirtin, eine angenehme Frau von etwa vierzig Jahren, wurde von den Studenten nach ihrem Lokal »Tante Sonne« genannt.

Es war mir klar, daß ich als harmloser Harry Domela nicht die Gastfreundschaft eines so vornehmen Korps finden würde. Ich hatte mir daher meinen Hamburger Namen zugelegt. Als ich mich jetzt der Tante Sonne als »Prinz Lieven, Leutnant im

39 *Saxo-Borusse, 1925*

4. Reichswehr-Reiterregiment, Potsdam« vorstellte, strahlte sie vor Freude, einen leibhaftigen Prinzen als Verkehrsgast ihres Korps vor sich zu sehen. Noch erfreuter war sie, als ich ihr verriet, einen Bruder zu haben, der das nächste Semester in Heidelberg studieren und bei den Saxo-Borussen aktiv werden solle; aus diesem Grunde wolle ich mir vorher einmal das Korps ansehen. [...]

Als ich hineinging, sprang sofort ein Herr auf, der an einem besondern Tisch gesessen und offenbar auf mich gewartet hatte. Er kam auf mich zu, grüßte, wieder mit der Hand am Hinterkopfe, verbeugte sich und fragte: »Durchlaucht von Lieven?« – »Gewiß.« – »v. Helburg, Fuchsmajor Saxo-Borussiae.« An einem Nebentisch saßen noch zwei Saxo-Borussen. Auf einen Wink des Fuchsmajors sprangen sie auf und traten auf mich zu. Unter Hackenknallen stellten sie sich vor: »Graf Schw., v. W.« Dann setzten sie sich wieder still an ihren Nebentisch. Anscheinend Füchse. Herr v. Helburg, ein angenehmer junger Mensch von etwa zweiundzwanzig Jahren, entschuldigte jetzt den Grafen Rotdorn-Troß, wahrscheinlich habe er den Tag vorher zuviel gekneipt. Nach einigem »Palaver« erzählte ich ihm das Märchen von meinem Bruder. Mein Gegenüber war sehr aufmerksam und verbindlich. Er betonte sehr bewußt Militärisches in der Art, sich zu äußern und zu geben. »Dürfte ich im Namen des Korps um die Ehre bitten, morgen unser Tischgast zu sein?« fragte er höflich. »Zuviel Ehre für mich«, erwiderte ich aufrichtig. [...]

Zum Essen war ich pünktlich. Es fand im Korpshause der Saxo-Borussen, auf dem »Riesenstein«, statt. Auf dem Hinwege traf ich mit dem Grafen Schw. zusammen, den ich bat, mich anschließen zu dürfen. Der »Riesenstein« war ein uraltes Haus mit zwei Stockwerken, am Hang eines steil aufragenden Berges breit hingebaut. Weiß gestrichen, schwarz bedacht, mit grünen Fensterläden versehen, gab er die Farben der Saxo-Borussen wieder. Die Fenster waren alle mit bunten Wappen ausgefüllt. [...] Herr v. Helburg, der Fuchsmajor, trat sofort auf mich zu und übernahm die Vorstellung, zuerst der Chargierten, dann der Burschen, zuletzt der Füchse. Sie traten alle einzeln vor und nahmen unter knapper Verbeugung die Hacken zusammen: »v. Meiningen, v. Reisleben, v. L., v. W.«, so ging es endlos, sehr schnell hintereinander. In Haltung und Sprache versuchte man den ehemaligen Leutnant zu kopieren, was nur bei wenigen glücklich ausfiel. Der dicke v. L. verlor dabei fast die Balance. Es waren sehr bekannte Namen darunter. Minister, Hofmarschall, Staatssekretär waren die Väter gewesen, aber unter den Söhnen selten ein intelligentes Gesicht. [...]

Plötzlich wurde die Tür geöffnet, und herein trat ein breitschultriger Herr mit versoffenem, müdem Gesicht. »Ach, wir kennen uns ja schon!« sagte er, mir die Hand hinhaltend: »v. Gemsdorf.« Es war wahrhaftig derselbe, der mir den Weg zur »Sonne« gewiesen hatte. Er legte gleich auf mich Beschlag. Da er mit mir zuerst zusammengeraten war, wollte er niemand anders die Ehre lassen, sich meiner anzunehmen. Auch später versuchte er immer wieder, die Hand über mich zu halten. Jetzt meldete der Fuchsmajor, der den abwesenden ersten Chargierten vertrat, es sei angerichtet. Auf seinen Wink bildeten die Füchse an der Treppe, die zum Speisesaal hinaufführte, Spalier. Der Fuchsmajor forderte mich mit einer Verbeugung auf, voranzugehen. Die Chargierten folgten in kleinem Abstande. Als ich durch das Spalier schritt, riefen die Füchse gedämpft und im Takt: »Gäste! Gäste! Gäste!« Es war, als ob ich wie ein Fürst durch eine spalierbildende, ehrfürchtige Menge ginge. Als die Chargen kamen, riefen die Füchse: »Chargen, Chargen, Chargen!« und bei den darauffolgenden Burschen: »Burschen, Burschen, Burschen!« Dann machten sie selbst den Schluß.

Der Speisesaal war nicht sehr groß. Die Tafel in Hufeisenform war schlicht gedeckt. Es mochten an die zwanzig Herren anwesend sein. Zwei Diener in gestreifter Jacke und weißer Binde standen zur Bedienung bereit. Ich erhielt den Ehrenplatz zur Rechten des Fuchsmajors, neben mir der zweite Chargierte, der »Beau«. Die vorzüglich geschulten Diener begannen zu servieren. Das Essen war einfach und gut, Suppe, Braten, Nachspeise. Die Unterhaltung war lebhaft und ungezwungen. Merkwürdigerweise sprachen jedoch nur die Burschen. Die Füchse saßen still am Ende der Tafel. Sie schienen hier nur ein Schattendasein zu führen und mußten sich Unglaubliches gefallen lassen.

»Na, L., wieviel Pfund hast du denn abgenommen?« Jemand rief dazwischen: »Das Schwein frißt zuviel! Die Sau nimmt ja noch zu!« Als L. nicht antwortete, wurde er angefahren: »Warum antwortest du nicht?« – »L. einmal aufschreiben wegen beleidigten Gesichts!« – »Na?! Noch immer keine Antwort?!« L. sprach noch immer kein Wort und war mit einem Blick auf mich auffällig rot geworden. »L. nochmals aufschreiben wegen Nichtantwortens!« – »W. einmal aufschreiben wegen Schadenfreude und frechen Grinsens!« Ein anderer Fuchs, ein Herr v. W., Sohn eines bekannten hohen Staatsbeamten, wurde beständig wegen seines Nasenhöckers gehänselt. So ging es in einem fort über die Füchse her. Das Aufschreiben bedeutete eine kleine Geldstrafe, die verhängt wurde, wenn sich jemand unkommentmäßig benahm. Wenn auch die Strafe gering war, so riß sie bei manchem im Monat ein großes Loch in den Beutel, zumal bei solch wilden und willkürlichen Verurteilungen. [...]

Vom Fuchsmajor wurde ich gefragt, ob ich mir das Haus näher ansehen wolle. Es war mir recht, und wir fingen gleich damit an. Die Zimmer waren alle in altdeutscher Manier eingerichtet. Der ganze Zauber, die ganze Romantik des Mittelalters, wie sie mir noch vor einigen Tagen in Frankfurt auf Straßen und Plätzen entgegengetreten waren, wehten mir jetzt, nur viel geheimnisvoller, aus den kleinen, in gedämpftem Licht gehaltenen Stuben entgegen. Butzenscheiben, bemalte Fenster in tiefleuchtenden Farben, schwere eichene geschnitzte Tische und Stühle, angeräucherte Balken, getäfelte Wände, Bilder aus verschollenen Tagen. Besonders originell war das Kneipzimmer. Die eine Wand war von oben bis unten mit kleinen Schattenbildern in Schwarz und Weiß geschmückt, Reihe an Reihe;

an die tausend mochten so da hängen, lauter Bilder von Mitgliedern des Korps seit Gründung bis heute. Jeder erhielt hier seinen Platz. Von der Decke hingen riesige Handschuhe, goldene Brezeln, silberne Barbierbecken und ähnliche Innungszeichen herab, wie sie vor den Läden hängen. »Sufftrophäen«, die Korpsbrüder in betrunkenem Zustand abgehängt und als Beute hierher verschleppt hatten. Ich wäre für jede solche »Trophäe« mit mindestens vierzehn Tagen Gefängnis bestraft worden. [...]

»Kinder, Kinder«, knurrte auf einmal Gemsdorf los, »das ist ja alles so fade hier, daß man verrecken könnte! Ich geh' zum ›Seppl‹! Wer kommt mit? Durchlaucht, schließen Sie sich mir doch an? Der ganze Krempel hier ist ja gar nichts gegen den ›Seppl‹. Der ›Seppl‹ ist doch die Perle von Heidelberg!« – »Gut«, meinte ich, wider Willen lachend, »so will ich mir mal die Perle gründlich ansehen.« Die andern gingen mit. Voran ging v. Gemsdorf, den Mantel über die Schulter geworfen, die Hände in den Hosentaschen, mitten auf der Straße. Sein Lieblingslied: »August, wo sind deine Haare?« sang er ohne Rücksicht auf die Straßenpassanten hörbar vor sich hin. Er »parlierte« dauernd mit den Leuten, die uns begegneten. Alle schien er zu kennen. »Tag, Frau Ofen!« schrie er über die Straße. »Das ist die Frau, die uns im Fechtsaal die Öfen heizt. Wird schlankweg Frau Ofen genannt. Der Teufel soll die blöden Zivilnamen dieser Leute behalten.« Auf einmal rief er: »Da geht Frau Blume! Tag, Frau Blume!« grüßte er einer dicken Frau nach, die sehr wenig Ähnlichkeit mit einer Blume hatte. »Das ist die Blumenverkäuferin, heißt eigentlich Sauerbrey. Aber Blume klingt doch besser als Sauerbrey. Puh!« [...]

Beim Abendessen führte der Graf den Vorsitz. Jetzt hatten auch die Burschen, namentlich der versoffene Gemsdorf, nichts zu lachen. Dieser Gemsdorf hatte Manieren wie ein Bierkutscher. Ihn essen zu sehen, bedeutete wirklich eine Zumutung. Er bepackte die Gabel wie einen Heuwagen, sperrte dann das Maul weit auf und schob die ganze Ladung hinein; es dauerte einige Minuten, bevor er, mächtig kauend, die Speise herunterhatte. Hierbei schlang er so, daß er hernach ständig rülpsen mußte. Es war beängstigend, ihm zuzusehen, da man ständig fürchten mußte, es komme ihm alles wieder hoch. Da auch andere zu rülpsen begannen, fragte ich den Grafen verwundert, ob das hier gang und gäbe sei, worauf der Graf erwiderte, alle Studenten täten es. Gleichwohl war er sehr verlegen. Plötzlich fragte er mich laut, wobei er Gemsdorf scharf ansah, ob wir im Kasino in Potsdam ebensolche Fresser hätten; v. Gemsdorf tat so, als ob er den Grafen nicht im mindesten verstände, und kaute unbeirrt weiter. Ich erwiderte daher ziemlich von oben herab, aufrichtig gesprochen seien mir solche Tischsitten unbekannt. Gemsdorf schickte sich eben an, die Kartoffel auf seinem Teller zu einem Brei zu verrühren und rief dröhnend: »Soße! Soße!« Da wurde es dem Grafen doch zu toll. »Gemsdorf! Doppelt aufschreiben wegen viehischen Fressens!« – »Noch einmal!« Gemsdorf ließ sich nicht im geringsten stören. »Gemsdorf! Nochmals aufschreiben«, rief der Graf jetzt scharf. Jetzt zog's. »Ja, was willst du denn von mir?!« fragte Gemsdorf verwundert. »Ich werde doch noch essen dürfen!« sagte er empört. Der Graf war ganz rot geworden; er schämte sich vor mir. »Dazu sind wir hier! Du ißt ja nicht, du frißt!« Gemsdorf murmelte ziemlich laut das bekannte Zitat des Götz von Berlichingen und schien für einen Augenblick verstimmt. Es dauerte jedoch nicht lange, so warf er derart mit wüsten Redensarten über den Tisch, daß mir schwindlig wurde, obwohl ich wirklich nicht zimperlich bin. »Gemsdorf, aufschreiben wegen gemeiner Redensarten!« – »Nochmals aufschreiben wegen Schweinigelns!« So ging es in einem fort. Zum Mittagessen hatte man sich noch zusammengenommen, aber jetzt, wo man dem Gast nähergekommen war, ließ man sich vollständig gehen. Ich war heilfroh, als endlich die Zigaretten gereicht wurden. […]

Die Kneipe ging weiter und das Saufen wurde immer unheimlicher. Auf einmal faßte mich Gemsdorf unter den Arm und sagte: »So, Prinz, jetzt müssen Sie kotzen lernen. Reisleben, anschwirren! Zum Kotzen!« Darauf goß Reisleben noch rasch einen Liter Bier hinunter. Wir verfügten uns in ein Nebenzimmer, das eigens für diese Zwecke eingerichtet war. Der Beau folgte in das Lokal für die Bierleichen, dessen ganze Einrichtung aus einer harten Pritsche bestand. Als einziger Schmuck hing ein Schild von der Decke, auf dem zu lesen war: »Hier hat Goethe mit Vorliebe, sinnend und dichtend, in den Herbsttagen des Jahres 1814-1815 geweilt.« Als Gemsdorf meine Verwunderung darüber merkte, sagte er stolz: »Ja, alte Sufftrophäe oben vom Schloß.« Der junge Reisleben begann jetzt zu kotzen. Ich versuchte es vergebens. Gemsdorf kommandierte: »Eins, zwei, drei, fertig! Los!« Reisleben netzte noch rasch zwei Finger unter der Wasserleitung, steckte sie in den Mund und mit affenartiger Geschwindigkeit hatte er es fertiggebracht. Der Anblick war derartig, daß ich selbst gar keinen Versuch mehr unternahm. Der Beau machte jetzt alle Anstrengungen, mich zu animieren. Mit einem Blick auf die Bescherung, die Reisleben hinterlassen hatte, äußerte er etwas so Ekelhaftes, daß mir alles rundging. *(1926)*

WALTER BENJAMIN

Heidelberger Schloß

Ruinen, deren Trümmer gegen den Himmel ragen, erscheinen bisweilen doppelt schön an klaren Tagen, wenn der Blick in ihren Fenstern oder zu Häupten den vorüberziehenden Wolken begegnet. Die Zerstörung bekräftigt durch das vergängliche Schauspiel, das sie am Himmel eröffnet, die Ewigkeit dieser Trümmer. *(1928)*

SA-Treffen in Alt-Heidelberg, Juni 1931

Kaum eine deutsche Stadt wurde so oft und gern besungen wie Heidelberg. Die Neckarstadt und das alte verwitterte Schloß sind auch heute noch der Inbegriff verwehter deutscher Romantik. Tausende deutscher Volksgenossen eilen an schönen Tagen, einige Stunden in den Mauern des sagenumwobenen Heidelberg zu verbringen. Zwar sind die Heidelberger in den letzten Jahren andere geworden, härter und bitterer; auch vor Heidelberg hat das Elend und das Chaos, das eine glorreiche Revolution über die deutschen Lande brachte, nicht Halt gemacht. Aber auch hier sammelten sich Deutsche, neues deutsches Bewußtsein zu künden. Heute steigt in inniger Verbundenheit mit stolzer geschichtlicher Überlieferung das Hakenkreuz zukunftsverheißend über das traute Neckarstädtchen.

Die auswärtigen SS-Kameraden und Parteigenossen, die der Weg zum ersten Mal nach Heidelberg führt, werden den Einklang der in vielen Jahrhunderten erwachsenen deutschen Kultur und der in reicher Fülle gespendeten Naturschönheiten nicht vergessen. In den dienstfreien Stunden der SA werden die alten Schloßmauern unzählige Braunhemden sehen und werden ihnen von vergangenen, lebenswahreren Zeiten erzählen. Ein Rundgang soll dann durch die Stadt führen über den Marktplatz mit der Heiliggeistkirche und über die alte Brücke mit ihren Standbildern, hinauf zum Philosophenweg, der den schönsten Blick des Gesamtbildes der Stadt bietet. Sehenswert bleiben ferner die Hirschgasse, das historische Mensurlokal der Studenten, wo zu einer Zeit gefochten wurde, als noch kein feiges parlamentarisches Geschlecht es zuließ, daß hohe Strafen auf die Schlägermensuren verhängt wurden; in der Hauptstraße der »Ritter« als Renaissancebau aus dem 16. Jahrhundert und schließlich der Kornmarkt. Ein trauriger Anblick im städtebaulichen Bild ist dagegen der neue amerikanisierte Universitätsbau, ein weißer Kasten, der, erst vor kurzem eingeweiht, von amerikanischen, zum größten Teil jüdischen Geldgebern »gestiftet«, die Einheit der übrigen Architektur zerreißt. Von dieser »neudeutschen« Geschmacklosigkeit abgesehen, wird es in den wenigen Stunden kaum möglich sein, die anderen Sehenswürdigkeiten eingehend zu besichtigen.

Und trotzdem wird das Bild Alt-Heidelbergs mit seinen versonnenen Gäßchen aus einer verträumten unbekümmerten Zeit und den lebendigen braunen Bataillonen einer lebensheischenden Zukunft jedem, der diese Tage unserer SA miterleben darf, unverwischbar sein. Diese Tage bleiben eines der schönsten Gedenken in der harten Geschichte unseres Kampfes um die deutsche Freiheit.

Das deutsche Heidelberg grüßt die braunen Kämpfer in seinen Mauern.

ANONYM

Rings um den Bücher-Scheiterhaufen

Heidelberger Tageblatt, 18. Mai 1933

Der Kampfbund für deutsche Kultur hatte auf gestern Abend Direktor *Dr. Beringer* (Mannheim) zu einem Vortrag über das Thema »Herabwürdigung der deutschen Kunst in den Jahren 1918 bis 1933« eingeladen. Der Vortrag fand im überfüllten Hörsaal 13 der Neuen Universität statt und war von Lichtbildern begleitet. Nach Begrüßungsworten von Musikdirektor *Otto Seelig* wurde die Leitung der Veranstaltung übernommen von *Exz. von Reichenau*. Es begann dann Dr. Beringer mit einer Darstellung der Kunstentwicklung ab Hellas
[...]

Ruhe und Ordnung herrschen in Deutschland!

Die nationale Regierung hat den Willen und die Kraft, die nach den unruhigen Zeiten vor den Wahlen wiederhergestellte Ruhe und Ordnung in Deutschland aufrecht zu erhalten.

Niemand ist in seiner persönlichen Sicherheit in Deutschland gefährdet! Auch das Geschäftsleben vollzieht sich ungestört.

Jeder Gast aus dem Auslande findet in deutschen Städten, Bädern und Hotels gastlichste Aufnahme.

Wir appellieren an das Gerechtigkeitsgefühl unserer Leser im Auslande und bitten, alle anderslautenden Meldungen als das zu erkennen, was sie sind: Politische Zwecklügen und wirtschaftliche Konkurrenzmanöver.

Heidelberger Fremdenblatt

Schriftleitung und Verlag.

40 *Heidelberger Fremdenblatt, 8. April 1933*

Im Anschluß an diese Veranstaltung begab man sich hinunter auf den Universitätsplatz, wo bereits

der Scheiterhaufen

hoch aufragte, den die Studentenschaft hier errichtet hatte zum Zweck der symbolischen Verbrennung undeutscher und sonstiger schlechter Bücher. Deutsch wie die Kunst soll auch die Literatur sein! Verkleidet war der aus Büchern aufgetürmte Scheiterhaufen mit roten beschrifteten *Transparenten,* die in verflossenen Zeiten von den *Kommunisten* in ihren Demonstrationszügen mitgeführt wurden. Zuoberst auf dem Scheiterhaufen lag eine Reichsbanner-Mütze, darunter blinkten Sichel und Stern. Als der große studentische Fackelzug mit seinen Fahnen und Kapellen, mit den Wehrverbänden und Kriegervereinen bzw. mit deren Abordnungen auf dem Platz aufmarschierte, in dunkler Nacht bei rotzuckendem Licht der Fackeln, da war dies ein sehr prächtiges Schauspiel. Die dunkel aufglühenden Hauptgebäude der Universität waren ungemein eindrucksvoll. Die Zuschauer drängten sich um den abgesperrten Platz in unübersehbaren Mengen, im übrigen vollgeladen mit Schaulust, Freude und in Pfälzer Ausgelassenheit.

Die braunen, feldgrauen und schwarzen Uniformen der Wehrverbände, zu allermeist von Studenten getragen, und dazu noch die blauen Uniformen der Polizei beherrschten den Universitätsplatz, auf dem an vier Stellen die zusammengeworfenen Fackeln in schönen und großen Feuern abbrannten.

Der Führer der Studentenschaft Heidelberg, *Scheel,* eröffnete die Kundgebung mit folgender Ansprache:

Kameraden!

Deutsche Volksgenossen!

In feierlicher Handlung protestiert am heutigen Tage die Heidelberger Studentenschaft gegen den undeutschen Geist, gegen den Schund und Schmutz in der Literatur. Die große Aktion, welche in dieser Woche von allen Studentenschaften des Deutschen Reiches gegen jüdisch-zersetzende, gegen marxistischbolschewistische, gegen gemein-frivole Schriften geführt wird, hat ihre Begründung in dem festen Willen, uns und unser Volk endlich freizumachen vom Geist eines Gumbel, eines Remarque, eines Heinrich Mann, eines Kurt Tucholsky und wie die Verbrecher am deutschen Geiste alle heißen mögen.

Wir Studenten der deutschen Revolution müssen hier ausdrücklich feststellen, daß leider auch teilweise an unserer Universität schwer gesündigt wurde. So hat Herr Prof. v. Eckardt, der heute wieder versucht, sich ein nationales Mäntelchen umzuhängen, in der letzten Zeit für nicht weniger als 320 RM Bücher des Bolschewisten Lenin angeschafft, während er für die notwendigsten Handbücher der Zeitungswissenschaft nichts übrig hatte. Und dies zu einer Zeit, in der SA-Kameraden von bolschewistischen Verbrechern feige niedergeschlagen und ermordet wurden.

Kameraden! Und so mögen die Flammen verzehren den undeutschen Geist! Sie mögen ein Symbol sein, auch in uns selbst die letzten Reste dieser Unkultur zu beseitigen zum Wohle unseres deutschen Volkes! Gleichzeitig wollen wir geloben, nicht zu ruhen und zu rasten, bis hier in Heidelberg und Umgebung auch das letzte Schund- und Schmutzbuch entfernt ist. Wir wollen dafür den deutschen Wissenschaftler und Dichter ehren und so am Aufbau der deutschen Kultur tatkräftig und maßgebend mitarbeiten. In diesem Kampfgeiste erklinge heute freier denn je der Ruf: »Burschen heraus!«

Während die Versammelten das Lied anstimmten »Burschen heraus!«, wurde der Scheiterhaufen in Brand gesteckt. Der lodernde, funkensprühende Bücherhaufen bot ein nächtlich schönes Bild.

Später sprach noch *Dr. Lingens* (alter Herr der »Frankonia«), der vornehmlich daran erinnerte, daß treuer Dienst am Vaterland studentische Tradition sei. Es brauche also der von der Studentenschaft gegen Gumbel und Gumbels Geist und gegen alle sinnesverwandten Bücher unternommene Schritt kein bißchen wundernehmen: das sei selbstverständliche Tradition,

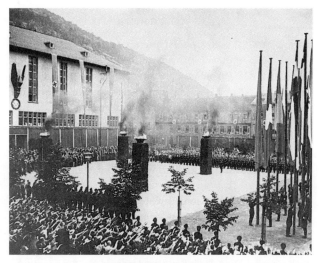

41 *550-Jahr-Feier der Universität, 1936*

ebenso selbstverständlich wie die in früheren Kriegen immer
wieder bewiesene studentische Bereitschaft, fürs Vaterland das
Leben zu opfern. An dieser Tradition hätten sich alle Novem-
berlinge die Zähne ausgebissen. Mit Gummiknüppeln und
Auflösungen habe man den Studenten nicht beikommen können. Zuletzt habe die bolschewistische Welle erreichen sollen,
was auf allen anderen Wegen mißlungen war: da aber sei Hitler
erstanden und habe dem bolschewistischen Spuk innerhalb der
Reichsgrenzen ein Ziel gesetzt. Voll Dankbarkeit fühlten sich
jetzt die Studenten mit Hitler verbunden.

Die große Kundgebung klang aus mit Heilrufen auf
Deutschland und auf Hitler und schloß mit dem Gesang des
Deutschland-Liedes und des Horst-Wessel-Liedes.

OTTO LAUBINGER

Reichsfestspiele 1934

Der Geist des lebendigen neuen deutschen Theaters, den Reichsminister Dr. Goebbels in diesem Jahre zu großen und weithin sichtbaren Manifestationen aufgerufen hat, soll nun auch an jener Stätte Gestalt annehmen und Ausdruck gewinnen, die wie keine andere in Deutschland mit ihren Türmen und Brücken, mit dem Zauber ihrer Berge und Ruinen der schönste Ausdruck deutschen Wesens und deutscher Landschaft ist.

Ich könnte mir keinen deutschen Schauspieler denken, der nicht wie ich sein bestimmendes und unvergeßliches Erlebnis hier gehabt hat, wo ihn durch die leeren Fenster des Schlosses das leidvolle Gesicht der deutschen Vergangenheit ansieht und doch ein jedes Ding, jeder Baum und jedes Haus, der nächtliche Himmel und der ziehende Rhein unbeirrbar sein Lied von der Unsterblichkeit alles Deutschen singt.

Ich könnte mir auch keinen deutschen Menschen denken, der nicht fühlte, was es bedeutet, wenn hier der »Sommernachtstraum« gespielt wird oder der »Götz« und die »Räuber«. Es ist als hätten unsere großen Dichter ihre Werke eigens für diese Stätte geschaffen und als könnte es gar nicht anders sein, als daß das deutsche Volk hierher strömt, um sie zu erleben.

Das Erlebnis dieser Dichtungen muß für die Deutschen bedeuten, sich selbst in der Harmonie von Kunst und Natur zu erleben. Die Heidelberger Festspiele sind mehr als nur Theater-Aufführungen. Sie sind eine heilige Handlung, zu der sich Schauspieler und Zuschauer vereinen. Hier besinnt sich der deutsche Geist auf sich selbst, hier vermag er sich mit seiner Vergangenheit zu versöhnen und an seine Zukunft zu glauben.

CARL NEINHAUS

Rede zur Grundsteinlegung der Thingstätte, 30. Mai 1934

Mit zwei weithin sichtbaren Werken verleiht das nationalsozialistische Heidelberg seinem Sein den Sinn großer deutscher Zeiten; mit dem Heldenfriedhof südlich des Neckars verewigt es das Gedenken an den großen Krieg und an seine in ihm gefallenen Söhne; mit der Thingstätte am Heiligen Berg beschwört es den Geist germanisch-heldischer Vorzeit. Als symbolhafter Ausdruck solch verjüngenden Tuns soll gelten, daß Ehrenfriedhof und Thingstätte auf freien Höhen gelegen sind, und daß zum ersten Male in der städtischen Geschichte die den Göttern näheren Berge in den Dienst an volkhaftem Erleben hineingestellt werden. Mit vollem Bewußtsein entfernt sich so das städtische Sein in diesen beiden geweihten Stätten von dem Gewirr der Straßen und Gassen, von der Lieblichkeit des Tales und von der romantischen Ruine der Burg; in vollem Bewußtsein gräbt die Stadt ihrem ausdrucksvollen schicksalskundigen Gesicht neue heldische Züge ein: Ehrenfriedhof und Thingstätte, räumlich getrennt voneinander und doch eines Wollens gedoppelter Ausdruck, aus Erde und Stein sich formende Gestaltung des erneuernden Denkens, das uns alle trägt und erfüllt, aus dem heraus auch heute unser erster Gruß seinem Schöpfer, unserem großen Führer, gilt. [...]

Und wie heute, an diesem festlichen Tage, der Heilige Berg zu uns zu reden beginnt, so wird auch die Ebene vor unseren Augen lebendig. Es formen sich die Züge der Cimbern und Teutonen, der Alemannen und Franken, der Kelten und Römer, die einst vor hervorbrechender germanischer Volkskraft das Feld räumen mußten. Es grüßen die Kaiserdome aus Speyer und aus der Nibelungenstadt. Es feiert mit uns zu unseren Füßen das weite badische Land, es winken vertraut die Berge der Pfalz, hinter ihnen breitet sich, mit besonders heißen Wünschen gegrüßt, das Schicksalsland des deutschen Westens, die stammesverwandte, uns besonders verbundene Saar.

Fürwahr, ein geweihter, ein Heiliger Berg! Aus seinem roten, blutfarbenen Sandstein wird nunmehr die volksnahe Stätte neuen Schauens und Hörens wachsen. Ein von aller bisherigen Theaterkultur verschiedenes Gebilde, das seine eigenen zukunftsreichen Gesetze lebt, das keine Kulissen und keine Ränge, keinen Klassenkampf und Standesdünkel mehr kennt, das die Kluft zwischen Dichter, Spieler und Zuschauer nicht mehr bestehen läßt, das in der Glut nationalsozialistisch-volkhaften Denkens uns alle zusammenschmiedet zu einer einzigen, großen politischen Gemeinschaft innersten Erlebens; aus Gestein und Erde dieses Berges wird die Stätte entstehen, in der kämpferische nationalsozialistische Erziehungsarbeit dichtester Gegenwart geleistet werden wird, die nach dem großen, von uns allen ersehnten Dichter und Gestalter ruft, die Stätte der großen völkischen, politischen und kultischen Feiern.

Von der jungen Mannschaft unseres Volkes in freiwilligem Ehrendienst aus deutscher Erde geschaufelt, aus dem Stein gesprengt und gehauen, erwächst diese Thingstätte am Heiligen Berg als wirksamste Waffe im Kampf um der deutschen Volkwerdung ureigenstes Geheimnis, im Ringen um den deutschen Mythos erwächst diese Thingstätte zur jungen Künderin und Priesterin im Dienst am ewigen, heiligen Volk und Reich der Deutschen und vor allem an seiner Jugend...

HERMANN LENZ

Sommer 1935

Der tat nur so, als ob es für ihn lustig sei, das merkte sie deutlich heraus; und jetzt war er in Heidelberg. Wie dieses Heidelberg denn sei, wollte sie in den Ferien von ihm wissen, nachdem Herr Bitter zu ihm gesagt hatte, er solle doch einen Roman unterm Pseudonym ›Major Tellheim‹ schreiben, doch wollte ihm das Pseudonym nicht recht gefallen. Er zeigte ihr eine Aufnahme aus dem Fenster seiner Heidelberger Bude, wo er bei einer Frau von Killian gewohnt hatte, und sie sagte: »Du hast, scheint's, eine Schwäche für adlige Damen, weil du in München bei einer Baronin Crailsheim g'wesen bist.« – »Ach so... Ja, das kann stimmen.« Und er erzählte von der Bude in der Hauptstraße über einem Kino, dessen Ventilator er zuweilen brummen hörte; denn diese Bude mit einem Balkönchen, das nicht breiter als ein Kinderbett war und einen blechbelegten Boden hatte [an einer Stelle war dieses Blech huppelig, und wenn er drauftrat, bumste es], bot eine Aussicht, welche ihn an Künzelsau erinnerte, also an Kindertage, Eindrücke von Anno dazumal; und sonderbar, daß jetzt schon diese Zeiten wie ein Anno dazumal im Fernen lägen... »Aber ich will dir Heidelberg hinstellen, wie's für mich im Sommer neunzehnhundert-fünfunddreißig dagewesen ist«; übrigens auch schon eine historische Epoche, sozusagen; man nenne das also ›jüngste Vergangenheit‹, obwohl Vergangenheit immer nur vergangen sei und weder jung noch alt; es gebe nur Vergangenes. – »Aber jetzt sitzt du jedenfalls hier?« – »Schon nicht mehr so wie vorhin, als du mich daran erinnert hast.« Denn in Gedanken war er dort in Heidelberg, wo Dächer, braun und moosig, sich im Morgen- und im Mittags- und im Abendlicht veränderten. Also ein enger Hof, und ringsum Dächer. Rechts drüben hatte ein Bildschnitzer sein Atelier, einer, der Madonnen und elfenhafte Mädchen machte, ein beneidenswert Grauhaariger mit einem elfjährigen Töchterle, einem schönen, das verwöhnt wurde, denn so etwas merke man doch gleich. Am Sonntagvormittag kam der Papa mit ihr vom Waldspaziergang heim, und sie hatte einen Wiesenblumenstrauß dabei. Daneben aber wohnte eine Hure [hu, wie schlimm], und bei der stünden die Studenten manchmal Schlange. »So haben sie g'sagt, die Leut, die drum herum wohnen; ich habe aber nichts davon gemerkt. Die hat bloß manchmal finster zu mir 'raufguckt, also nicht besonders

animierend. Und mein Balkönchen soll übrigens lebensgefährlich g'wesen sein; baufällig, weißt du.« Überm Dach aber, unter dem die Hure wohnte, war die Fassade der Jesuitenkirche
da, eine rosafarbene und gemeißelte Wand vor einem Linden-
baum, der sich überm Nachbarsgarten heraufwölbte. Und all
das sei halt bloß das Äußere und auch ein bißchen eng. »Du
aber willst vom Innenleben etwas wissen, gelt?«

Wieland war auch in München – damals im November – aus
der SA ausgetreten, und das nur nebenbei; oder nicht nebenbei,
weil es halt die Hauptsache sei. Er war doch froh, wenn er sich
nicht alleine gegen das andere stellen mußte; und dieses andere
war immer noch der Hitler mit seinen Anhängern: »Ich kann
da halt einfach nicht mit. Es ist mir widerlich, und es liegt an
den Menschen. Primitive Bande... Aber lassen wir's beiseite«,
sagte er [also ein bißchen affektiert war er halt immer noch]
und erzählte vom kunsthistorischen Institut, in dem er all dies
auch nicht hatte übersehen können, weil es sich ihm immer

wieder entweder in den Weg stellte oder durchsickerte. Er bekam's zu spüren, aber wie? Zunächst nur, weil er sich fremd fühlte. Die andern saßen drüben vor der Bücherwand, und einer hatte dicke Brillengläser; später würde er kahlköpfig werden – »das siehst du an seiner Stirn« –, und weil der in der bleichen Backe eine Narbe hatte, veränderte ihn jedes Lächeln so unangenehm. Freilich, der konnte nichts dafür, aber halt trotzdem... Eugen bekam keinen festen Platz im Institut, doch war das weniger auffallend. Ein Professor, der Wieland gefiel, hatte sich einen schimmeligen Kinnbart stehen lassen [»Du kannst auch ›meliert‹ sagen«] und ein gewisses Augenglitzern [vielleicht dämonisch] angewöhnt; er rollte auch das R und redete wie memoriert, ein Gespreizter, der als Böser in einem blutrünstigen Theaterstück – also sagen wir: auf der Bühne des Saals im Künzelsauer Hotel ›Zum Rappen‹ – eine tolle Figur hätte hinschmeißen können; oder er erinnerte an einen Zwerg im Kaisermantel, der in einem Schrebergärtchen ganz gut ausgesehen hätte, nur war das zu harmlos gedacht; denn irgend etwas an ihm wirkte hinterhältig. Einmal sagte er, sein Schneider habe ihm geflüstert: »Ich hab noch gute Stoffe ohne Zellwolle aus der alten Zeit«, worauf er den Mann habe wissen lassen: »Wenn es verlangt wird, tragen wir Anzüge aus Papier!« Er rollte seine kleinen Augen und bekannte sich auf diese Weise zu ›unserem heißgeliebten Führer‹, ohne ihn zu nennen; zwar nicht ganz ungeschickt, aber auch feige oder abgefeimt.

Dagegen war die Unterhaltung mit dem anderen Professor dann ein Labsal. Im neuen Anzug aus feinem Tuch, einer noch guten Qualität von früher und aus jener Schmach-und-Schande-Zeit der verflossenen vierzehn Jahre, ging Eugen neben Wieland ins kunsthistorische Institut als ein tadellos rasierter Student, die Bügelfalten scharf, wie sich's geziemte, und meldete sich bei dem anderen Professor an, der August Grauerbach hieß.

Der war ein schmunzelnder und langer Herr, dem sich gebleichtes Haar auf dem Hinterkopf stachelig sträubte. Eine Zigarette in den Lippen – die grüne Schachtel ›Memphis‹ lag griffbereit auf dem Fenstergesims –, sah er ein Diapositiv an. Man setzte sich, redete und merkte es sich gegenseitig an. Vielleicht war's etwas Bürgerliches, man sah es an der Kleidung, oder weil die beiden jungen Leute nicht gerade laut und selbstgewiß auftraten; auch las der eine, jener Eugen Rapp, bald danach im Erfrischungsraume unterm Boden, den er und Wieland ›Café Sarg‹ benannten, in ›Herr und Hund‹ von Thomas Mann, als sich der Professor zu ihm setzte und ein abtastendes Gespräch begann. Eugen erzählte vom Besuch der Villa Poschingerstraße eins in München und bedauerte, Thomas Mann dort nicht mehr begegnet zu sein. – »Wär er dagewesen und hätt er mich hineingelassen, so wäre mir der Gaumen vor Aufregung ausgetrocknet und halt die Spucke weggeblieben.« Der Professor lächelte: »So schlimm wär's sicher nicht gewesen.«

Er erkannte also ihren Bruder, und es freute sie; da würde der in Heidelberg von nun an ein bißchen florieren. – »Ach, weißt du, erfreulich ist es trotzdem nicht besonders«, sagte er zu ihr. Die Spannung zwischen Grauerbach und jenem Bärtigen übertrug sich auf die Studenten, weil der Bärtige den Grauerbach wegdrücken wollte, denn Grauerbachs Frau war Jüdin; und deshalb gab es solche, die zu Grauerbach gehörten [»Wir sind in der Minderzahl«] und jene, die der Bärtige mit dem rollenden R um sich versammelte; das war eine vitale Gruppe, denn alle Nazi waren ja enorm vital.

Margret verstand zwar nicht genau, was er mit ›vital‹ meinte, empfand es aber trotzdem; es war schon merklich. Und dann hörte sie wieder zu, ließ sich erzählen, wie die anderen Studenten waren, und erfuhr, daß Damen auch dazugehörten; besonders eine Blonde, Breite namens Spengler, die leider schon zu Anfang des Semesters ihre Doktorarbeit gemacht hatte und nun bei der Heidelberger Zeitung über Filme schrieb. – »Ja, sie hat so einen entwickelten Sinn fürs Deftige«, sagte Professor Grauerbach, und jetzt lachte auch Wieland mit, der ebenfalls dabeisaß. Dann gab es an der Heilig-Geist-Kirche Bretterbuden mit Auslagen, Läden wie aus moderigen Zeitentiefen und sanft belegt mit Patina, von denen der des dicken Mannes, der sich ›Buddha‹ nannte, nadelmalereigeschmückte Kissen anbot [das Heidelberger Schloß in bengalischer Beleuchtung unter hellen Raketenbögen], während nebenan der Herzer eine Bude mit alten Büchern offenhatte, wo es sich im Sommerwinde bequem stehen, schmökern und blättern ließ. Dort nahm Eugen ›Die Grammatik der Liebe‹ mit, es fanden sich die ›Bemühungen‹ Thomas Manns, und der Professor schaute ihm über die Schulter. An der Oberlippe hatte Grauerbach vom Zigarettenrauch einen gelben Flecken, und da und dort waren ihm Bartstoppeln weiß gesproßt. Den Hut aus der Stirne gerückt, stand er dabei und sagte: »Wollen Sie nicht mit mir in diese Bodega?« und ging vorgeneigt, ein ›langes Laster‹, dessen Zigarette im Mundwinkel klebte, in die Weinstube nicht weit vom Hotel ›Ritter‹, die grünweißrot drapiert war und Eisenstühlchen mit geschweiften Lehnen hatte. Dies erinnerte Grauerbach an Italien, das er gerne einmal wieder »con amore« bereist hätte »und nur so…«. Er streckte den Arm aus, als umfasse oder grüße er eine bewundernswerte Dame. […]

Auch das Elegante gehörte zum dicht gewobenen Gespinst, das schützte, und die Veränderung von Luft und Licht über der alten Stadt mußte beachtet, notiert werden; sie war im Tagebuche da, und ihm erschien's, als lebe sie erst richtig auf, wenn er sie schreibend hervorrufe.

Jemand spielte bei offenem Fenster einen Walzer, und er hörte es auf dem Balkon. Draußen lagerte die schwüle Sonne. Von einem Kuchenstück roch's nach Erdbeeren, und er trank starken Kaffee; schwelende Wärme wurde hergeweht. Der Wald war mit Licht bestaubt, eine Birke regte sich im Garten, und der Wind trieb Samenflocken her. Eugen setzte olivgrüne Celluloidschalen vor seine Brillengläser, damit er von der Sonne nicht geblendet wurde. Die Luft fühlte sich an, als wäre sie versengt. Und später, als er unten am Fluß ging, glänzte das Gras, und Salbei regte sich. Wolken vergingen in der Weite, die Ebene wurde mit der Ferne eins, und andre Wolken bauten, aus dem Dunst emporgewachsen, verschwimmende Konturen auf. Immer wieder liefen silberige Strähnen durch das Gras, verloren sich, und der Mohn schwankte. Beim Antiquar Herzer war ein Eichenholzrähmchen an die Bretterwand der Auslage gelehnt und ließ hinter Glas ein vergilbtes Papierblatt sehen, auf dem geschrieben stand: »Herzlichen Dank für die guten Kirschen – Adolf Hitler, Heidelberg, 27. April 1927.« Ein Führer-Autograph also, für das Antiquar Herzer fünfunddreißig Mark verlangte.

ANONYM

Heidelberg: *Wächter der Westmark*

> Kurpfalz und Neckartal
> Leuchten im Sonnenstrahl!
> Feurig im Lichtpokal
>   Trink ich die Glut,
> Die aus den Wolken schießt,
> Purpur ins Wasser gießt,
>   Brände wie Blut!
>
> Um die Ruinen spinnt
> Efeu sein Blattgewind!
> Raschelndes Rauschen rinnt
>   Kühl aus dem Laub,
> Das um den Sandstein rankt.
> Altes Gemäuer wankt,
> Wo sich die Dohle zankt,
>   Sturz in den Staub!

Hoch mit erhob'ner Hand
Grüß' ich den Tag im Land!
Was ist im Tal entbrannt?
　Fahnengeziert!
Häuser auf – Ufer lang,
Tönt aus der Stadt Gesang,
Trommelton – Pfeifenklang:
　Kurpfalz marschiert!

Heilig und königlich
Grüßen zwei Berge mich!
Schimmernd erkenn' ich dich,
　Sinn dieser Welt,
Wo mich ihr Geist umweht:
Über den Zeiten steht
Zwischen Befehl und Gebet
　Herrlich der Held!

Schaut, was vom Rhein her droht?
Kampf ist sein altes Gebot!
Wächter im Morgenrot,
　Seid auf der Hut,
Wahret den schönsten Kranz,
Söhne des Vaterlands,
Freiheit und Jugendglanz:
　Heiligen Mut!

(1934)

43 *Alfred Mombert, Bildnis von Carl Hofer*

ALFRED MOMBERT

Stimme der alten Linde auf dem
Heidelberger Schloß

Einem schönen Lande zugehörig ganz
bin ich tief verwurzelt meiner guten Erde
herber Säfte reich im schwarzen Efeu-Grunde.
In die lichten Räume dürfen meine Äste
frei eindringen, schwingen auf den Äther-Winden
weit hinaus. Dort atmen meine Knospenwipfel
reine Lüfte, wie sie niedergleiten an der
Berge Quellen-Feuchte, kühlem Wald-Gesäusel.
Hochab schauen meine Wipfel, auf die braunen
Dächer, Plätze, auf die Kirchen der alten Stadt,
in die fahnenwimpelnden Gassen, oft durchzogen
von Musik der Jüngling-Bünde feiernd Feste.
Schauen längs dem Fluß dem vielgeliebten, dreimal
überbrückten, hinaus in die städtereiche Ferne,
drin es glänzt und strahlt und blitzt aus tausend Spiegeln;
zu des Kaiser-Domes schlankem Türme-Gevier;
dorthin, wo des weltgerühmten Rheines strömende
Silber-Liebe endlich meinen Fluß umarmt.
Hinter dem strahlenden Wall der fernsten West-Gebirge
sinkt der Glut-Ball dem Donner-Alten in den Schoos.

Dort in Dünsten dräuen ernste Schicksale.
Aber hier ist immer hold die Frühlingzeit,
und das Leben hold, wann aus der unteren Stadt
Jünglinge und Jungfrauen in trautem Bunde
bergan steigend nahen; um die alte Linde
schlingen ihrer Maien-Tänze heiteren Reigen.
Über blonden Häuptern rauschen meine Wipfel
treu die Sage der entschwundenen Geschlechter.
So versammle ich bei mir ein ganzes Volk.

Jeder kommt einmal hierher. Gern träumt die Jugend
auf der Bank um meinen Stamm. Sie hört die Amseln
schlagen aus Dämmerung ins Licht des Abendsterns.
Und den Liebenden tönt noch die ferne Flöte
eines Einsamen in tiefer Mitternacht.

Solche kamen einst geschritten durch die duftenden
Sommer-Gärten der Ataïr-Nacht: zwei Liebende
wandelten im Blüten-Glück der alten Linde.
Er nannte sie Radha, sie hieß ihn Hari:
selige Geister wohl aus erdefernen Reichen.
Meinen Stamm umwandelnd sangen sich die Glücklichen
vielen Glanz der unendlichen göttlichen Welten.
Sangen von einem Baum, der auf den Äther-Höhen
Himalayas, droben zuhöchst im ewigen Eise
seligblühend duftet, lichtkristallen leuchtet:
fernen Wunder-Indiens, ewigen Frühlings Fürst.
»Dorthin, riefen die Verzückten, laßt bald uns pilgern,
daß wir noch vor Herbstes dunklen Leiden-Stürmen,
vor der Wut der Winter-Finsternis heimkommen
droben ins dauernde Licht. Denn dort ist unsere Heimat.«

Dorthin! – Dorthin! –
Wann Winde mich erregen –
Herbst-Stürme mich grausam peinigen –
Regen bricht herein –
es seufzen meine Zweige –
fast zerbrech' ich alter Stamm –
fassungslos entwirbeln mir die welken Blätter –:

– In finsteren Nächten naht mir der Dichter,
er legt die Heiler-Hand an wunde Rinde:

Dann schweift meine Sehnsucht hin zu Radha-Hari
wohnend unterm seligeren Bruder Baum, der duftet
fern auf Himalaya-Höhen im ewigen Frühling. *(1936)*

ALFRED MOMBERT

An Hans Reinhart

Camp de Gurs, 30. Oktober 1940

Lieber Muri:

»Es fließt Alles von mir ab wie großer Regen.«

Es ist mein Schicksal, daß Alles, was ich prophetisch klangvoll gedichtet habe (zum »ästhetischen« Genuß der Deutschen), ich später in grausamer Realität erleben muß. Mit kurzen Worten – vielleicht haben die Zeitungen schon berichtet –:

»Es *floß* Alles von mir ab.« Oder: »*Ich* floß von Allem ab.« Die »Halle«, die schöne, ist gänzlich aufgeflogen. Abgesehen von einigen Köfferlein und Paketen, die zum Teil mit mir ankamen, mußte *Alles* zurückbleiben. Die ganze Bibliothek, etc. etc., auch meine Manuskripte und alle Briefwechsel etc. etc. Also: »Alles«. Wohnung versiegelt durch Gestapo. Mitnahme von *sage 100 RM* (die in französische Franken gewechselt wurden) war gestattet. Ich mit meiner Schwester (72 Jahre alt) samt der gesamten jüdischen Bevölkerung Badens und der Pfalz (wahrscheinlich auch von anderen Gebieten) samt Säugling und ältestem Greis (auch Kranke) ohne vorherige Ankündigung binnen einiger Stunden zunächst auf Lastwagen zum Bahnhof und dann mittelst Extrazugs abtransportiert (»entrückt«). Via Marseille-Toulouse zu den Basses Pyrénées, nahe der spanischen Grenze, in ein großes Internierungslager (Camp de Gurs). Bei dem riesigen und ganz plötzlichen Menschendrang die Verhältnisse sehr schwierig und primitiv; kaum etwas zu kaufen. Ganz leichte Holzbaracken bei nächtlich kalter Witterung. Jedoch gute Luft (700 m Höhe). Man gibt sich anerkennenster Weise große Mühe, zu bessern, soweit möglich. *Meine Schwester* (72 Jahre alt) ist bei mir, aber getrennt in anderen Baracken. Die Zukunft ist *völlig dunkel.*

Wie lange wird dieser Zustand dauern können? Wie lange

wird man unter den gänzlich ungewohnten primitiven Verhältnissen durchhalten können?

– Ob Ähnliches je einem deutschen Dichter passiert ist?

Eine spätere Rückkehr nach Deutschland ist wohl ausgeschlossen nach dem, was sich ereignet hat. Ich kann heute keine Schilderung geben, sondern möchte Muri, den alten treuen Helfer bitten: 1) den Rettungswagen nach Deutschland, der so oft und dankbar empfangen wurde, *sofort* abzustoppen, da alles weggenommen wird, ich also nichts erhalte.

2) Meine Hauptbitte ist, Muri der Alte möchte sich *möglichst bald* mit Erfahrenen in der *Schweiz* in Verbindung setzen mit dem Ziel, daß mir und meiner Schwester die Einreise in die Schweiz gestattet wird. Sollte die Schweiz dem Dichter, der so viele Jahre als begeisterter Gast auf ihrem Boden weilte und ihre Berge wie kein anderer besungen hat, ihre Tore verschließen? Sei es auch zunächst nur für begrenzte Zeit.

3) Möchte ich bitten, Dr. Richard Benz, sowie dem Majordomus Ludwig Jahn meine jetzige »Adresse« mitzuteilen. Direkt ihnen zu schreiben, ist Umstände halber *nicht rätlich*. Ebenso bitte kurze Nachricht an Dr. Friedrich K. Benndorf, und auch an E. R. Weiß (mit Vorsicht).

Zu 2): Braucht man Referenzen, so wäre vielleicht Professor Faesi in Zürich, vielleicht Hermann Haller, vielleicht Gamper anzugehen. Mein letzter Verleger Salman Schocken sagte mir bei Kriegsausbruch, falls ich in die Schweiz kommen könnte, Hilfe zu. Zur Zeit ist er mir unerreichbar.

Vor der »Abreise« konnte ich Benz noch kurz in Kenntnis setzen, und was er *dort* tun kann, wird er sicher tun. Aber es wird wohl sehr wenig sein. Das eigentliche MS meiner letzten Dichtung (»Sfaira der Alte in den Welten«) scheint in einem Koffer verloren gegangen zu sein; doch besitze ich den größten Teil in MS *Konzept.* (Sfaira der Alte II. Teil).

Wann werde ich einmal etwas von Muri hören? Der Weg ist frei, und wohl kaum eine Zensur da.

Mein einziges Labsal hier ist der Anblick der hohen Pyre-

44 *Die Hauptstraße, um 1940*

näenkette mit teilweise verschneiten Gipfeln. Freilich habe ich vorher den Berg Moira gesichtet, der *mehr* war.

»Ehe denn die Berge waren.«

Mein Gruß der alten Schweiz, und Kareol, und *Muri, dem Getreuen.*

Ich erhoffe eine rettende Gletscherspalte!

»Hier dreht sich Aeons ewiger Welten-Gang.«

Die schönsten Grüße

von Sfaira dem Alten

Alexander Mitscherlich

Standgericht

Während sich die amerikanischen Truppen in der Osterwoche 1945 Heidelberg näherten, vernahmen wir zum ersten Mal während des Krieges Kanonendonner. In unseren Ohren waren das die Salutschüsse im Eröffnungszeremoniell einer neuen Epoche.

Wir konnten vor Freude über das nahende Ende kaum unsere Fassung bewahren, taten aber gut daran, die Tarnhaltung beizubehalten. Jeder unvorsichtige Blick konnte uns noch immer ein Todesurteil einbringen. Man konnte bis zuletzt unter die Räder des destruktiven Wahns geraten. Völlig ungeordnet wanderten Hunderte von jungen Soldaten an uns vorbei. Sie hatten, willentlich oder nicht, den Anschluß an ihre Truppenteile verloren oder aufgegeben; gleichzeitig versuchten letzte SS-Einheiten, die nicht begreifen wollten, daß das Ende des Dritten Reiches sich vollzog, durch Standgerichte und Erschießung die Flüchtlingsflut zum Halten zu bringen. An der nördlichen Ausgangsstraße von Heidelberg, dort wo in wenigen Wochen die berühmte Obstblüte einsetzen würde, konnte man jetzt zwei junge Soldaten, die derartig standgerichtlich abgeurteilt und erschossen worden waren, an Apfelbäumen aufgehängt sehen als Beispiel, das abschrecken sollte. Kaum war das Feldgericht weitergezogen, da kamen die Bauern der Bergstraße und fällten die Bäume, an denen sich die sinnlose Exekution vollzogen hatte, als seien sie »unrein« geworden.

Zwei Tage später, am Karfreitagmorgen um 7 Uhr, hörte ich unweit das Rasseln von Tanks, bestieg mein Fahrrad, um mich zu informieren. Als ich an der Hauptstraße angekommen war, sah ich den ersten amerikanischen Panzer meines Lebens, ein ziemliches Ungetüm, auf dem zuoberst ein Schwarzer, damals hieß es noch »Neger«, saß und sich die Zähne putzte. Ich war überwältigt, es brach aus mir hervor. Endlich war die schreckliche Zeit zu Ende. Ich war außer mir vor Freude. Einen Augenblick vergaßen wir die millionenfachen Greuel, die in dem vergangenen Jahrzehnt in unser aller Namen verübt worden waren. In überschäumendem Glück ging ich auf den nächsten amerikanischen Soldaten zu und wollte ihn umarmen. Er verstand diese Geste aber überhaupt nicht, sondern schaute mich höchst mißtrauisch an, zeigte dann auf mein linkes Handgelenk, an dem sich meine Armbanduhr befand, und wollte sie mir »abkaufen«, wobei es aber sicher war, daß es sich dabei um ein »Wegorganisieren« der Uhr gehandelt hätte. Mit Mühe konnte ich diesem zweifelhaften Handel entgehen.

Die erwähnte Exekution war Ausdruck einer Justiz ohne Menschlichkeit. Der Kriegsrichter, der die Hinrichtung dieser vielleicht 17jährigen Jungen angeordnet hatte, blieb auch nach dem Krieg im Amt, und zwar als Professor des Strafrechts. Die jüngere Vergangenheit hat gezeigt, daß dieses nur ein Fall unter ungezählten ist. Das klingt wie eine Angstmär und ist doch schlichte Wirklichkeit. Die Szene mit den verschiedenen Erlebnishorizonten wird noch unheimlicher, wenn man erfährt, daß dieser Kriegsrichter keineswegs ein Nazi war, sondern einfach ein professioneller Unmensch, der der »Gerechtigkeit« freie Bahn zu schaffen wähnte. Was ich beobachten konnte, war

45 *Die gesprengte Alte Brücke, 1945*

eine Gewalttat in dem winzigen Bruchteil des Krieges, der sich unmittelbar vor meinen Augen abspielte.

Am Abend aber vollzog sich, was auf manche Kämpfer unwiderstehliche Anziehungskraft entfaltete: Im Tanzsaal eines Restaurants, auf Strohsäcken, begatteten sich Dutzende amerikanischer Soldaten und deutsche Mädchen in offensichtlicher Eintracht.

HELMUT KRAUCH

Frühling 1945

Mit dem Frühling kam auch der Kanonendonner. Man hörte ihn mehrere Tage, und er wurde lauter. Die Amerikaner kamen von Nordwesten, und da alle Neckarbrücken gesprengt waren, besetzten sie zuerst Neuenheim und Ziegelhausen. Auf der

Schlierbacher Seite waren noch einige deutsche Soldaten. Über dem Neckar flog ein amerikanisches Aufklärungsflugzeug niedrig hin und her. Ein ziemlich vergammelter kleiner deutscher Soldat nahm sein Gewehr und schoß. Deutlich konnte ich hören, wie die Kugel in das Flugzeug einschlug. Der Pilot schwenkte kurz ab, und wenig später setzte Granat-Feuer ein. Vor unserem Nachbarhaus wurde Horst Zimmermann von einem Splitter getroffen und verblutete.

Am nächsten Morgen kamen amerikanische Kampftruppen in unser Haus und suchten nach deutschen Soldaten. Sie zogen bald weiter, aber bereits einige Stunden später kam eine amerikanische Spezialeinheit, die auf der Suche nach meinem Vater, nach Patenten und Erfindungen war. Meinen Vater fanden sie erst Wochen später in Oberbayern. Er wurde in der folgenden Zeit häufig verhört, denn er war Direktor der IG Farben. Zuerst hauptsächlich wegen Erfindungen und Patenten, die die Amis abstaubten. Dann wegen des in Vorbereitung befindlichen Prozesses gegen den IG-Farben-Konzern. 1947 wurde er verhaftet und zusammen mit den Direktoren der BASF nach Nürnberg gebracht.

Von den Bergen zeigte sich Heidelberg wie zu Hölderlins Zeiten, nur die Brücken lagen im Wasser. Etwas oberhalb der heutigen Theodor-Heuss-Brücke hatten die Amerikaner eine Ponton-Brücke errichtet. Noch bis zum Sommer traf man in den Wäldern immer wieder deutsche Soldaten, die sich Zivilkleider besorgt hatten und nach Hause strebten. Dieter Hofert hatte sich in Jugoslawien abgesetzt und zu Fuß durch die Wälder bis Heidelberg durchgeschlagen. Am 23. April 1945 kam er nachts den Heiligenberg herunter und wurde im Hainsbachweg, wenige hundert Meter von der Wohnung seiner Mutter entfernt, von einem amerikanischen Wachtposten gestellt. Er versuchte zu fliehen. Der Wachtposten schoß. Dieter Hofert starb zwei Tage später in der Chirurgie.

46 Brückentor, 1945

Herbst 1945

Eine Behelfsbrücke trug uns über den Rhein. Die Ruinen von Mannheim. Machtvoll trotzdem, bei allen Blessuren, das barocke Riesenschloß. So also hatte sich die Voraussage des Österreichers erfüllt, seine Werberede von 1933, ich hatte sie noch im Ohr. Man solle ihm vier Jahre Zeit geben. »Dann werdet ihr Deutschland nicht wiedererkennen!«

Weiter ging's nach Heidelberg. Das bedeutete, für mich jedenfalls, auch für die Mitreisenden, neue Verstörung. Da war eine Stadt noch einmal davongekommen. Die alte Neckarbrücke hatte man gesprengt, auch sonst allenthalben die kleineren Spuren einer Kriegszeit, doch als jämmerliche Misere. Ich fand die gerettete Stadt bedrückender als alle Ruinen. Hier gab es noch Reste vom friedlichen Alltag eines Großdeutschen Reiches. Wer aus der Schweiz kam, stutzte sogleich bei all den Inschriften und Ankündigungen in gotischer Schrift. Man wollte sich auch in der Formung der für Nichtdeutsche (und bald auch für Deutsche!) unlesbaren Buchstaben von der übrigen Welt unterscheiden. Vermutlich war geplant, nach dem Sieg über die Welt, allenthalben die entsprechenden Buchstaben zum entsprechenden Text zu verordnen: die Fraktur also.

Der Jeep hielt vor einem Haus in der Vorstadt. Das Schild eines Arztes. Es war Zeit zum Mittagessen. Man hatte uns erwartet, war freundlich. Die Gastgeber kannte ich nicht, ihr Name war mir unbekannt; allein da waren bereits zwei andere Gäste, die mich herzlich (und neugierig) begrüßten. Einen kannte ich seit der Schulzeit, ich hatte ihn verehrt und sein rasches Scheiden von Köln tief bedauert. Der Regisseur *Gustav Hartung* hatte die Leitung des Kölner Schauspielhauses nach bloß einer Spielzeit wieder abgegeben. Das war zur Zeit unseres Abiturs im Jahre 1925. Der Oberbürgermeister mißbilligte die Stücke und auch die Spielweise eines Ensembles mit Schauspielern wie Heinrich George und Maria Koppenhöfer, mit Elisabeth Lennartz und Ewald Balser, mit den Regisseuren Hartung und Heinz Hilpert. [...] Hartung ging nach Berlin, entdeckte in seinem Renaissance-Theater den rätselhaften neuen Stückeschreiber Ferdinand Bruckner und mußte natürlich emigrieren. Ich sah ihn wieder als Emigrant in Basel. Das Theaterspielen hatte man ihm dort ebenfalls abgewöhnt.

Nun war er nach Heidelberg zurückgekehrt. Dort hatte er im Sommer gegen Ende der zwanziger Jahre im Schloßhof und im Bandhaussaal des Schlosses schöne Spiele veranstaltet. Mit George als Oberon und Florian Geyer. Der Schauspieler Heinrich George war in einem Lager der sowjetischen Zone gestorben, das hatte ich noch in der Schweiz gelesen. Wie fern war alles. Nun sah ich Hartung wieder. Es war die letzte Begegnung. Er starb bald darauf.

Den anderen Mann kannte ich dem Namen nach: ein angesehener Komponist, dessen Partituren auch in der Schweiz besprochen wurden: Wolfgang Fortner. 1977, nach genau zweiunddreißig Jahren, hielt ich in Heidelberg eine Geburtstagsrede auf den siebzigjährigen Musikerfreund. Nach dem Mittagessen ging es weiter. Erst viel später wurde mir klar, daß ich mein erstes warmes Essen auf deutschem Boden beim Doktor *Alexander Mitscherlich* erhalten hatte.

WALTER GÖRLITZ

Heimkehr und Neubeginn

Ein blasser, fast schon von frühlingshafter Ahnung erfüllter Februarnachmittag neigte sich dem Ende zu, als ich im Jahre 1946, aus amerikanischer Kriegsgefangenschaft entlassen, zum ersten Male Wiedersehen mit der Stadt am Neckar feierte. Die OEG, die uns von Weinheim her in die Stadt führte, war, wie üblich, überfüllt. Aber Heidelberg umgab damals ein fast

47 *Amerikanische Soldaten bauen eine Behelfsbrücke über den Neckar*

mythischer Ruf: Es war eine unzerstörte Stadt inmitten des zerstörten Deutschland. Der Krieg, der uns von Nordfrankreich bis in den Ruhrkessel getrieben hatte, kannte eigentlich nur mehr Ruinenstädte. Eine Fahrt als Kriegsgefangener durch Frankfurt am Main im Juni 1945 hatte Eindrücke von einer gespenstischen Trümmerlandschaft hinterlassen. Von der Stadt Goethes schien nur mehr das Skelett, ausgebrannte Häuserruinen, übriggeblieben zu sein.

Trotz der Scharen von Menschen, die sich durch die enge Hauptstraße in Heidelberg wälzten, trotz der vielen fremden Soldaten, trotz des großen bunten Schildes über den Kolonnaden am Bismarckplatz, das die Anwesenheit des Hauptquartiers der 7. amerikanischen Armee verkündete, hatte sich jedoch die Stadt den Zauber der Vergangenheit, der alten bürgerlichen Kultur wie des Geistes der Hochschule, bewahrt, nicht nur weil die majestätischen Formen des Schlosses, die Kirchen und Gassen unversehrt geblieben waren. Tagsüber fuhren damals bisweilen noch Panzerspähwagen der Amerikaner mit der drohenden Aufschrift »Riot Squad« durch die Straßen. Aber den Heidelbergern lag nichts ferner als der Gedanke an Aufruhr. Für den Kriegsgefangenen aus dem deutschen Osten, dessen Habe nur umgefärbte Uniformröcke und ein alter feldgrauer Uniformpelz ausmachten, wirkte die Stadt im Gegenteil so friedensmäßig, daß ihn manchmal anfänglich Hemmungen befielen, ein Café mit den vielen oft gut bürgerlich gekleideten Gästen zu betreten.

Es war ein sehr nüchterner Grund, der mich 1946 bewog, nach Heidelberg zu gehen. Der Verlag, zu dessen Autoren ich rechnete, befand sich hier, und nach dem Verlust der pommerschen Heimat waren diese alltäglichen Bindungen und Verpflichtungen sozusagen der einzige Aktivposten, der noch geblieben war. Aber die Stadt am Neckar gab dem Heimatlosen viel mehr, als dieser so irdische Beweggrund ahnen lassen konnte.

Die Schönheiten des Stadtbildes und der Genius loci ließen auch jenen Beamten der Flüchtlingsbehörde beinahe gegenstandslos erscheinen, der einem zunächst mit strenger Amtsmiene bedeutete, als Pommer habe man hier nichts zu suchen. Pommersche Ostflüchtlinge gehörten ressortmäßig in die Britische Besatzungszone, hier gehe es um Bestimmungen, nicht um persönliche Interessen und Neigungen.

Freilich, wenn der Blick zurückging in das letzte Friedensjahr, in dem ich Heidelberg gesehen hatte, in die letzten, von einer seltsam warmen, goldenen Herbstsonne überfluteten Oktobertage des Jahres 1937, so war vieles anders geworden. Im »Europäischen Hof«, in dem ich damals abgestiegen war, gingen amerikanische Offiziere ein und aus. Die ein wenig verträumte, beschauliche und noch vom romantischen Zauber der alten Studentenherrlichkeit verklärte Atmosphäre der kleinen Universitätsstadt war dahingeschwunden. 1937 herrschte weniger Leben in den Straßen als in der hektischen Zeit dieser ersten Nachkriegsjahre. Trotz des Dritten Reiches, das allüberall seinen Totalitätsanspruch anmeldete, wirkte Heidelberg damals auf den Besucher noch wie eine Oase geistiger und gesellschaftlicher Kultur. Bei der ersten und einzigen Schloßbesichtigung, die ich je in meinem Leben mitgemacht habe, erlaubte ich mir derzeit einen Einwand gegen eine historisch unrichtige Bemerkung des Kustoden. Darauf kam die strenge Frage: »Wer ist hier der Führer? Sie – oder ich?« Der lustige Doppelsinn war sicher dem Braven gänzlich entgangen. So harmlos konnte man damals noch sein!

Ungeachtet der Nahrungs- und Wohnungssorgen des Jahres 1946 bildete Heidelberg in dieser Zeit für den geistig interessierten Menschen so etwas wie einen neuen Mittelpunkt. Es gab ein fast überreiches Konzertleben, das Theater blühte wieder auf, vor allem das Schauspiel erlangte zeitweilig in den Kammerspielen einen hohen Rang, die Universitätsbibliothek begann allmählich wieder zu arbeiten, und die im Herbst 1946 eröffnete Amerikanische Bibliothek in den Räumen der Firma Edmund von König am Universitätsplatz – die Keimzelle des heutigen Amerika-Hauses – gab dem geschichtlich interessierten Deutschen die ersten Mittel und Möglichkeiten, wieder den Kontakt mit dem Leben der Welt wie mit den Schicksalen des eigenen Volkes zu gewinnen – ein Verdienst, dessen man sich dankbar erinnern sollte.

Vielleicht waren diese ersten Nachkriegsjahre in der Geschichte der Stadt wie der Universität Heidelberg die geistig anregendsten, die beide je erlebt haben, sieht man von den Blütezeiten der Hochschule während des neunzehnten Jahrhunderts ab. Die unzerstörte alte deutsche Bürger- und Gelehrtenstadt wurde damals in dem in verschiedene Zonen geteilten Deutschland zu einem Anziehungspunkt für viele Wissenschaftler, Künstler und Geistesschaffende. Theater- und Verlagsleben erhielten neuen Auftrieb, nach geistiger und politischer Neubestimmung strebende Kreise sammelten sich hier, Zeitschriften von hohem Gehalt wie die »Wandlung« erschienen. Die aus dem Krieg und dem Dritten Reich heimgekehrte

Studentengeneration wußte zwar nichts mehr vom fröhlichen, unbeschwerten, manchmal auch überschäumenden Lebensgenuß der alten und hochberühmten Corps und Burschenschaften, deren Farben im Dritten Reich schon verblaßt waren, aber es hat wohl selten eine Studentengeneration in Heidelberg gegeben, die unter mancherlei weit geschätzten Lehrern so ehrlich um die Ergründung neuer Sinngebung des Daseins gerungen hat wie diese. Und dieses Bild des Heidelberg jener oft sorgen- und mühevollen Nachkriegsjahre, die gleichwohl ihren eigenen Reiz und ihre eigene Ausstrahlungskraft besaßen, wird immer dankbar in der Erinnerung des Fremden aus dem Osten des Reiches haften, der hier eine neue Heimstatt fand, gerade weil sich seither der Charakter des Lebens in der Stadt wieder gewandelt hat, weil sie manche geistige Aufgabe an andere, größere städtische Zentren, die wieder aufblühten, abgeben mußte und weil es heute dem Beobachter oft scheint, als triumphiere die »Fremdenstadt« mit ihren ungezählten Scharen von Besuchern über den Geist der Heimstatt der altehrwürdigen Ruprecht-Carl-Universität.

WALTER HELMUT FRITZ

Als der Krieg vorbei war

Mehrere Freunde saßen bei Schenk. Auch Neubach. Die Rede war von Ortegas Hoffnung auf die Bildung einer europäischen Nation. Dann von den verschiedenen Möglichkeiten, das Studium durch Nebenbeschäftigungen zu finanzieren. Vom Mangel an Öfen und Büchern. Vom ersten Besuch Schweizer Studenten in Heidelberg.

– Das Ernährungsamt hat ihnen die Marken verweigert, weil erst die Zuzugsgenehmigung des Wohnungsamts vorliegen müsse, sagte einer.

Man sprach über den Asta. Über die Taschendiebe, die sich

im Gedränge der Straßenbahnen zu schaffen machten. Den Plan, für Studenten einen Notdienst einzurichten. Über die Wagenfähre, die oberhalb der zerstörten Hindenburg-Brücke eingerichtet werden sollte.

– Man bemüht sich inzwischen um ein Motorboot, das den Personenverkehr zur Chirurgischen Klinik und zwischen den beiden Stadtteilen regeln soll.

Zwei der Anwesenden hatten kein Zimmer gefunden, fuhren täglich zurück zu ihren Heimatorten.

– Diese Wohnraumnot. Ich lernte eine Flüchtlingsfamilie kennen, zehn Köpfe, die nur zwölf Quadratmeter haben. In der Großen Mantelgasse lebt eine Frau mit vier Kindern in einem winzigen, unheizbaren Raum.

Drei Tage verließ Neubach sein Zimmer kaum. Er war gierig nach Stille.

Mehrfach fiel ihm der Satz ein, Zeit sei eine Einrichtung, die verhindere, daß alles gleichzeitig geschieht. Er wußte aber nicht mehr, wo er ihn gelesen hatte.

Eine Kabarettvorstellung, die er besuchte, fand bei Kerzenlicht statt.

Auch eine Märchenvorstellung des Schichtl-Theaters habe bei Kerzenlicht begonnen, sei aber schon nach einer halben Stunde geschlossen worden, erfuhr er.

Die Stadtverwaltung hatte vor kurzem für alle Theater, Kinos, Varieté-Veranstaltungen, Konzerte und öffentliche Vorträge ein Verbot erlassen, um Strom zu sparen, hatte es allerdings nach einigen Tagen wieder aufgehoben, weil sie eingesehen hatte, daß man keinen Strom sparen kann, wenn man etwa die Kinos schließt, sondern daß er dadurch in erhöhtem Maß gebraucht wird, da die Menschen dann zu Hause ihre Glühbirnen brennen lassen.

Das Jahr ging zu Ende. Die Menschenschlangen in den Geschäften wurden länger. Für Bucheckern bekam man Kaffee und Schokolade. Der erste Schnee fiel. Manchmal besuchte Neubach seine Eltern in Bruchsal.

An Silvester wurde die Sperrstunde auf zwei Uhr verlegt. Feuerwerkskörper durften nicht abgebrannt werden.

Im Januar gab es Frost. Neubach saß im dicksten Pullover, hatte sich eine Decke umgewickelt, fror trotzdem.

Frau Baureis sagte, mit Brennmaterial würden zuerst die Krankenhäuser versorgt, die Gastwirtschaften und die städtischen Werke.

Der Neckar fror zu. Die Schulen mußten schließen. Zumindest bis Anfang Februar sollte kein Unterricht stattfinden.

Auch auf dem Rhein war keine Schiffahrt mehr möglich, hörte man. Schon seit Wochen gab es zu niedrigen Wasserstand.

Frau Baureis ging oft in den Wald, um Holz zu sammeln, in zwei großen, alten Taschen.

– Sie glauben gar nicht, sagte sie einmal, als sie zurückkam, wie viele Menschen man draußen sieht, die Reisig suchen. Vor allem ältere Frauen. [...]

Neubach hatte noch nie ein Hochwasser erlebt. Er sah am nächsten Tag, daß die Stadthalle von Wasser umgeben war. In der Steingasse stand es so hoch, daß man nicht mehr zur Alten Brücke kam. In mehreren Gassen versorgte man die Bewohner mit Hilfe von Booten.

Aus den Wohnungen im Parterre brachte man Hausrat in Sicherheit. Man räumte Keller aus. Die Feuerwehr war damit beschäftigt, sie auszupumpen.

In der Nacht stieg das Wasser um einen weiteren halben Meter. Am nächsten Morgen reichte es in der Schiffsgasse und in der Bauamtsgasse fast bis zur Hauptstraße.

Dann sank es verhältnismäßig rasch. Zurück blieb Morast, grau und zäh. Als höchsten Pegelstand stellte man sieben Meter fünfundzwanzig fest.

Oft war Yvonne in diesen Tagen im Auftrag der Redaktion unterwegs.

48 *Hochwasser in der Altstadt*

— Stell dir vor, sagte sie, die Alte Brücke hat dem Druck einer Wassergeschwindigkeit von dreißig Kilometern standgehalten, obwohl die Bögen zeitweise fast bis oben hin gefüllt waren. In den schlimmsten Stunden konnte man die Brücke nicht mehr passieren, weil die Zufahrtstraße unter Wasser stand.

Eine Folge des Hochwassers sei die Hinauszögerung der Arbeiten an der neuen Friedrichsbrücke.

Noch nach Tagen standen Hunderte von Kellern unter Wasser. Viele Wohnungen waren verschlammt und feucht, und man befürchtete eine Epidemie.

Yvonne erzählte ihm von einer Frau, die nicht geglaubt hatte, daß das Wasser noch weiter steigen könnte, sich abends ruhig mit den Kindern ins Bett gelegt hatte, nachts aber in Panik geriet, als sie merkte, daß ihre Betten im Begriff waren, sich in dem überfluteten Zimmer selbständig zu machen.

Yvonne half mit, von Haus zu Haus festzustellen, welche Familien Schaden in Keller und Wohnung hatten. Diesen Familien wollte man zwei oder drei Zentner Brikett geben, damit sie sofort durchheizen konnten.

In der Ebert-Schule hatte das Rote Kreuz Quartiere mit einigen hundert Betten eingerichtet für Menschen, die obdachlos geworden waren. [...]

Den Tag über war der Himmel grau gewesen. Jetzt – sie stand nur noch einige Finger breit über dem Horizont – brach die Sonne durch.

Sie warf ihr Licht über die Stadt, die zu glühen begann. Für Minuten brannten einzelne Fenster.

In den Bäumen stieg das Feuer, verteilte sich in Ästen und Zweigen.

Das Rathaus leuchtete, der Marstall. Die Alte Brücke leuchtete, von den Pfeilern floß die Helligkeit in den Fluß.

Die Fassaden des »Seppl«, des »Roten Ochsen« und der »Schnitzelbank« leuchteten.

Es leuchteten Läden, Werkstätten, Häusernischen und Pflaster.

Das rote Licht war auf den Gesichtern der Menschen, auf den Karosserien der Autos; es war auf dem Krankenwagen, der mit laufender Sirene durch die Hauptstraße raste.

Es erfaßte das Mädchen, das minutenlang übermütig auf den Fußspitzen vorwärts tanzte.

Die Dinge verloren ihre Härte. Es schien nicht möglich zu sein, sich an ihnen zu stoßen. Menschen blieben stehen, sahen zurück, in die Höhe, gingen weiter, hielten erneut an, schüttelten den Kopf.

Suchte das Licht auch das Leben hinter den Mauern? Würden die Menschen aus den Fenstern sehen?

Neubach beobachtete die Fassaden. Hier deutete ein Mann mit ausgestrecktem Arm nach Westen, und Kinder folgten ihm mit den Augen.

Dort sah man eine alte Frau unbewegt in die Ferne blicken.

Das Licht verging. Neubach kehrte zurück.

Hans-Georg Gadamer

Der Philosoph auf der Parkbank

Als ich von mehrwöchentlichem Aufenthalt in Argentinien nach Frankfurt zurückkam, erwarteten mich zwei Nachrichten; die Nachricht vom Tode meines Freundes Oskar Schürer, von dem ich einige Wochen vorher in der Beckerschen Strahlenklinik in Heidelberg Abschied genommen hatte, als er schon vom Tode gezeichnet war – und meine Berufung auf die Nachfolge Jaspers' in Heidelberg. Ich kam gerade noch zu Oskar Schülers Beerdigung auf dem Augsburger Friedhof zurecht und widmete dem verstorbenen Freunde, einem wahren Genie der Freundschaft, am offenen Grabe im Namen aller seiner zahlreichen Freunde Worte des Dankes – und fuhr dann in der trüben Abschiedsstimmung, die mich erfüllte, zur ersten Fühlungnahme nach Heidelberg. In Stuttgart, wo ich am späten Abend eintraf, wollte ich übernachten, aber es gab nicht ein einziges Bett mehr in den wenigen Hotels, die der deutschen Bevölkerung zur Verfügung standen. So fuhr ich weiter nach Heidelberg, wo ich nach Mitternacht eintraf. Die gleiche Sache. Ich irrte vergeblich von Tür zu Tür. Einmal, es war wohl schon nach zwei Uhr nachts, schien ich Glück zu haben. Eine Tür öffnete sich gerade, um Gäste herauszulassen, ich eilte beglückt herbei – aber es war eine Rote-Kreuz-Pension nur für Frauen. Ich war ratlos. Auf dem Bahnhof, dem alten Gebäude des späten Biedermeier, das ein fast romantischer Zauber umwob, konnte man nicht bleiben: der Warteraum war mit verdächtigen Gestalten überfüllt. Schließlich waren es die chaotischen Jahre nach dem Kriege, in denen eben auch jede Reise beinahe wie ein Urweltabenteuer war. Was tun? Es war eine milde Mainacht, und so streckte ich mich schließlich auf dem Bismarckplatz auf einer Bank zum Schlafen aus, mein Köfferchen als Kopfkissen unter mir, und schlief den Schlaf des Gerechten – bis mich, wohl gegen 7 Uhr morgens, plötzlich eine rauhe Faust schüttel-

49 *Hans-Georg Gadamer, 1984*

te und ein strenger Polizist vor mir stand, der mir erklärte, hier dürfe man nicht schlafen. Ordnung ist doch etwas Schönes. Ich besänftigte schließlich mich und auch ihn, nachdem er meinen Paß eingehend studiert hatte – immerhin war ich nun wach und durchschlenderte die langsam erwachende Altstadt, schritt an Jaspers' mir von manchem Besuch wohlbekanntem Haus in der Plöck vorbei und wartete – traurig bewegt von dem Verlust des Freundes und von manchem anderen bedrückt – auf meinen Amtsantritt an der Heidelberger Universität, an der ich ein Vierteljahrhundert lehren sollte.

Im Seminargebäude wurde ich in Jaspers' Zimmer geführt, das ein altes Sofa zierte, auf dem später in zahlreichen Sitzungen des Verlagsausschusses der Deutschen Forschungsgemeinschaft Dr. Springer, Lambert Schneider, Dr. Knecht, Dr. Hanser, die Vertreter des Verlagswesens, einträchtiglich nebeneinander zu sitzen pflegten. Dann wurde mir die Seminarbibliothek gezeigt, deren Räume Jaspers nie betreten haben soll, die aber dank Ernst Hoffmanns gelehrter Sorgfalt gar nicht so ganz schlecht gepflegt war.   *(1949)*

GERTRUD VON LE FORT

Bestandenes Schicksal

An das Heidelberger Schloß

Du aber droben am Berg,
Du schönes Wunder einer zertrümmerten Pracht,
Wie hast du dein Schicksal bestanden!
Wie groß trugst du es aus, wie zauberisch ging es ein
In deines neuen Daseins liebliche Ordnung.

Alles, auch das Verhängnis ward dir gesegnet:
Zerstörung nahmst du an als Meisterin edler Gestaltung,

Ein jeder Stein, der sich löste,
Er löste sich wie nach verborg'nem, aber edlem Gesetze,
Und auch der Wald bekannte dieses Gesetz,
Wenn er sich in die klaffenden Mauern schmiegte,
Und Mond und Sterne, deines gläsernen Saales
Erlauchte Nachtbewohner, bekennen es
Mit ihren Silberspuren im offenen Getrümmer,
Und, o wie glühend bekennt es auf deinem zerrissenen Antlitz
Die Abendröte!

Denn wohl, noch immer verwaltest du tief im Erinnern
Das Unvergeßliche,
Immer noch schimmert
Um deine verwundete Stirn der Glanz des Verlor'nen,
Aber nichts heimweht zurück,
Und nichts empört sich wider die finstre Erfahrung –
Schwermutlos, ganz ins Verbliebene eingezaubert,
Ganz holde Gegenwart und heit'res Vertrauen
In's Schöpferische noch der zerbrochenen Kraft:
So wurdest du Weisung und Zeichen
Und sanfte Tröstung einem zu tröstenden Volk.

(1952)

HANS BENDER

Die Zeit der Konturen

Die »Konturen – Blätter für junge Dichtung« waren neun Hefte von jeweils vierundzwanzig Seiten. Sie erschienen zweimonatlich, vom 1. Juli 1952 bis zum 1. Dezember 1953. V. O. Stomps setzte die ersten drei Hefte mit der Hand und druckte sie auf einer launischen Presse, in einer Mietwohnung in Frankfurt am Main, Ginnheimer Landstraße 143. Das Papier war faserig, bläulich oder gelblich; das Hochformat (12 × 22 Zen-

50 *Matthias Köppel: Schönes Motiv in Heidelberg, 1978*

timeter) ungewohnt. Die *Konturen* – ich wünsche es jeder Zeitschrift – spalteten die Meinungen. Eine junge, damals oft gedruckte Lyrikerin kündigte schon nach der ersten Nummer ihr Abonnement, weil sie Christa Reinigs »Bomme-Ballade« zu »unanständig« fand; doch »Munkepunke«, Alfred Richard Meyer, dessen »Lyrische Flugblätter« in der Frühzeit des Berliner Expressionismus Furore gemacht hatten, schrieb eine enthusiastische Zustimmung.

Ich war damals Student in Heidelberg, ein spät aus Rußland zurückgekommener, vom Studium nicht sehr begeisterter Student der Germanistik und der Kunstgeschichte. Ein paar Schritte weit von der Universität hat der Süddeutsche Rundfunk sein Heidelberger Studio; da haben schon viele Studenten ein Taschengeld verdient. Ich schrieb: »Garantie der Pünktlichkeit / ist die genaue Laco-Zeit!« und andere Zwei- und Vierzeiler für den Werbefunk. Mit 200 Mark bezahlte ich die ersten Druckkosten der Zeitschrift, die nun mir allein gehörte.

Ein aufregendes Steckenpferd. Nach dem dritten Heft hatte ich fast dreihundert Abonnenten. Die *Konturen* sprachen sich herum. Möwenweg 1, Heidelberg-Pfaffengrund, war die Herausgeber-Adresse. Das war ein Zimmer im ersten Stock eines Kinos, neben den surrenden Maschinen des Vorführraums, die das »Schwarzwaldmädel« und »Das Kabinett des Professor Bondi« auf die Leinwand projizierten. Ich bewachte für meinen Bruder Theo dessen »Filmpalast«; dafür wohnte ich mietfrei. Eine stimmungsvolle Bude. Nie hatte ich mehr Besuche. In die Mannheimer und Heidelberger Buchhandlungen brachte ich die Hefte persönlich hin. Nach zwei Monaten bekam ich sie unverkauft zurück. Dafür setzten Heckenhauer in Tübingen und Marga Schoeller in Berlin sich entschiedener ein. Fünf bis zehn Stück pro Heft bestellten sie. Wie gern schrieb ich ihre Adressen! Handschriftlich.

Es ist lehrreich, allein eine Zeitschrift ins Leben zu rufen und zu unterhalten. Mit Fehlern fängt man an. Man druckt die Autoren, mit denen man auch Bier oder Kaffee trinken geht; man läßt sich drängen von den Hartnäckigen; man spekuliert, wie lassen Ruhm und Auflage sich steigern. So geraten die Beiträge ins Heft, die man später bereut, die modischen Beiträge, Vers und Prosa, gescheckt und getupft von den Symptomen und Symptömchen des Tages.

Ein Herausgeber muß Barrieren um sich stellen. Poeten, die ihre Manuskripte persönlich ins Haus bringen, wollen ihren Charme oder ihr Schicksal hinzugeben. Autoren, die Rückporto beilegen, verraten ihre eigene Unsicherheit. Diskutable Manuskripte sind stets auch ordentlich getippt; nicht zu ordentlich jedoch. Die »Genies« sind daran schuld, daß die Redakteure früh zu Brillenträgern werden. Die Programmatiker schicken ihre Experimente per Eilboten ins Haus, und die Komplizierten lassen ihre Ehefrauen den Kampf um das Zeitschriften-Debüt mitkämpfen. Die Halbstarken der Lyrik beschimpfen in den ersten Sätzen ihrer Begleitbriefe den Herausgeber oder die Zeitschrift, in den letzten Sätzen flehen sie.

Berühmte Namen stimmen den Herausgeber gnädig, deshalb werden von berühmten Autoren so viele belanglose Beiträge gedruckt. Bei unbekannten Namen gilt es, die Aufmerksamkeit zu spitzen. So kommen Entdeckungen zustande. Für sie lohnt sich alles. Viele Entdeckungen werden nur deshalb gemacht, weil das Niveau der tausend Einsendungen so platt ist.

Die Alpträume des Herausgebers sind die Absagebriefe. Diplomatische Umschreibungen werden von den Empfängern selten dechiffriert. »Mit Interesse gelesen«, »kein Platz«, »machen Sie gelegentlich wieder einmal einen Versuch«, »wir planen eine andere Thematik«, sind höfliche Umschreibungen für Wahrheiten, die zu weh täten. Ein Schweizer Redakteur war dafür berühmt, daß selbst seine Absagebriefe bei den Empfängern Entzücken auslösten. Ein bewundernswerter Mann! Viel Zeit müßte der Redakteur haben für die Autoren, die von Versuch zu Versuch ihre Mittel steigern. Eine literarische Zeitschrift muß allem Gedruckten einen Schritt voraus sein. Die Gefahr der Zeitschrift ist ihre Periodizität. Sie sollte auch leere Blätter enthalten. Und sie sollte – es gibt Beispiele dafür – aufhören, wenn die von ihr propagierte Richtung den Höhepunkt überschritten hat.

Die Zeit der *Konturen* war die Zeit nach der Währungsreform – auch für die Dichtung. Die neuen Namen begannen sich zu festigen: Andersch, Hagelstange, Holthusen, Krolow, Eich; die »Gruppe 47« setzte ihre Hechte in die Teiche. Andere Namen hörte man zum erstenmal und behielt sie: Heinz Piontek, Wolfgang Bächler, Paul Celan, Johannes Poethen, Franz Xaver Gwerder, Ernst Meister, Walter Höllerer, Rolf Schroers, Hermann Lenz, Martin Walser, Reinhard Paul Becker, Armin Juhre, Walter Scherfeld, Dagmar Nick, Lore Lenberg – und George Forestier. Sie alle – von denen ich zum erstenmal hörte – stehen in den *Konturen*. Heinz Schöffler schrieb als Einleitungsaufsatz ein Porträt von Wolfgang Koeppen, der mit seinem Roman »Tauben im Gras« den ersten aufregenden Zeitroman geschrieben hatte. Karl Krolow und Hans Egon Holthusen schickten und schenkten mir zwei Essays: »Das Gedicht-schreiben heute« – »Inspiration und Arbeit«, Stellungnahmen und Untersuchungen über das Handwerk des Gedichts, das von da an immer selbstverständlicher wurde (was dem Gedicht mehr genutzt als geschadet hat). Martin Walser war schon damals ein Programmatiker. Heft 4 eröffnete mit seinem Aufsatz »Vor dem Schreiben«, in dem es heißt: »Ich schlage vor, stellen wir unsere Sprache in Frage. Prüfen wir, wo unsere Sätze herkommen, wo sie hinweisen. Verabschieden wir alle abendländischen Bildungsmetaphern, in denen sich das Gestrige häuft. Nehmen wir aus allen Worten, die sich uns mühelos anbieten, das heraus, was in ihnen einen Gegenstand meint; und diesen Gegenstand stellen wir neben uns auf den Schreibtisch in unsere alltägliche Umgebung. Die alltägliche Umgebung wird das Urteil über den im Wort überlieferten Gegenstand fällen. Zum Beispiel: eine Nymphe, oder die Ehre, oder der Engel, oder jubelnde Sieger, oder das Eherne, oder die Freiheit.«

Zwei Sonderhefte waren Yvan Goll und Günter Eich reserviert. Goll, dessen Tod und »Traumkraut« mich und viele damals beeindruckt hatten; Eich, von dem wir wissen wollten: wie waren die Gedichte seiner Jugend? [...]

Walter Höllerer verfaßte zu den Eich-Gedichten das Nachwort. Kurz zuvor war sein eigener Gedichtband erschienen: »Der andere Gast«. Walter Höllerer kennenzulernen, fuhr ich eines Tages mit meiner neuen Lambretta auf den Schloßberg, wo er in einer Villa der zwanziger Jahre in Untermiete wohnte. Ich kam unangemeldet, aber auf dem Tisch lag das Heft 3 der *Konturen,* aufgeschlagen, ein Gedicht auf dem rechten Blatt von Bleistift-Korrekturen überkritzelt. Bei jenem Besuch – obgleich wir uns erst ein Jahr später wiedersahen – wurde ein Kontakt geschlossen, der 1954 eine neue Zeitschrift zünden half.

Zu ihr waren die *Konturen* nur ein Vorspiel; für mich ein unwiederholbares, das die Erinnerung – so wenig Jahre es erst sind – vielleicht schon verklärt.

ANDREAS RASP

Heidelberg

Es kommt vor
da bleibe ich stehn
auf der alten brücke
und schaue
wie ein durchreisender
in die pastellne einfalt
des neckartals
vergessend
daß ich hier wohne
seit jahren und länger
als man bestaunen kann
ein und dasselbe
daß mich der drogist
ecke kaiser und rohrbacher
als kunden betrachtet
und im konsumladen
die verkäuferin weiß
welchen honig ich vorziehe
vergessend
und ich würde gern
wenn sich das schickte
einen passanten fragen
wie denn die leute hier leben
wo sich versammeln
die kinder und ratlosen
aus welchem der türme
wer die gefahr läutet
und was gemeinhin
fließt wie dieser fluß

(1961)

51 *Karl Heidelbach: Heidelberg, 1975*

ARNFRID ASTEL

Heidelberg

du hast hier ausgehalten
dich schief ansehen lassen
weil du auch das beleuchtete schloß
noch in kauf nimmst
dich von den hüpfenden
bergen im fluß
nicht trennen kannst
dort immernoch schilf siehst
kalmus gräbst und schälst
der den auspuff
übergrünt
überinnert..

aber nun bimmeln sie jeden tag
mittags um zwölf
alt-heidelberg-du-feine
und abends um sechs
ihr gaudeamus-igitur
vom rathausturm
der kein leuchtturm ist
nicht einmal kirchturm
sondern weder alt noch fein
weder jung noch erfreulich
sie bimmeln nicht
›lange lieb ich dich schon‹
nicht ›dein geist der nun auch‹
denn das läßt sich nicht bimmeln
aber bimmeln müssen sie
dich aufbimmeln aus deinen gedanken
dich und den vogel des walds
der bogen für bogen
den bogen beschreibt
über den trüben fluß –
diese unberatenen stadträte
die du nicht gewählt hast

(1962)

HILDE DOMIN

Meine Wohnungen

Vielleicht wäre es mir nie eingefallen, über »meine Wohnungen« zu schreiben, wohnte ich nicht hier in Heidelberg hoch
über dem Neckar, im Anblick all meiner Studentenzimmer: als
sei ich niemals von hier fortgegangen. Als sei alles nach Vor-
schrift verlaufen, ich habe dort unten studiert, in diesem Gebäude, über dessen Eingang Gundolfs Worte stehen: »Dem le-

bendigen Geist« (wieder stehen wie damals. Zwischendurch stand dort »Dem deutschen Geist«). Als habe ich dort unten in der Mensa im Marstallhof, die auch weiter die Mensa ist, vor soundsoviel Jahrzehnten einen Studenten getroffen, mit dem ich dort in der großen Aula, die noch dieselbe ist, in Jaspers' Vorlesungen und Seminaren gesessen habe, Zettelchen austauschend, und den ich dann nach den beiderseitigen Doctorexamen geheiratet habe, und der jetzt in Heidelberg Professor ist (wenn auch in einem anderen Fach), wie er es schon als Student gewünscht hatte.

Als sei dies ein Film, aus dem nur der Mittel- und Hauptteil weggeschnitten zu werden braucht, und die beiden Enden passen nahtlos zusammen. Aus dem Leben wird nichts weggeschnitten. Diximus hesternae die, »Ich fahre fort, wo wir stehen geblieben waren«, sagte Jaspers, wie er es immer am Anfang seiner Stunde tat, als er 1945, nach etwa zehnjähriger Unterbrechung, seine Vorlesung im alten Hörsaal wieder aufnahm.

22 Jahre waren wir weg, als wir in Bremen landeten. Aber bis wir in Heidelberg wieder seßhaft wurden, waren es knapp drei Jahrzehnte, daß wir die Stadt und damit Deutschland verlassen hatten. *Du verläßt das Land deiner Geburt…, der Tag deiner Auswanderung steht fest. Es war ein guter Tag, denn du konntest noch aufrecht fortgehen, du fielst nicht mit dem Gesicht auf den Boden, weil du von rückwärts gestoßen wurdest. Niemand hat dich hinausgeworfen, beinahe bist du von selbst gegangen. Es ist wichtig, nicht öffentlich beschämt zu werden. Du brauchst niemandem zu erzählen von dem Weidenbaum, unter dem du geweint hast, ehe du gingst. Ein kleiner Weidenbaum, er wäre jetzt groß. Wir haben ihn gesucht, aber der Fluß ist eingedämmt, wo er stand.*

[…]

Eine Maklerin, die meine Gedichte kennt, fand uns diese Wohnung, in der ich sitze und schreibe. Es ist die schönste, die wir je hatten, seit der Via Monte Tarpeo, was ich nur mit

52 *Hilde Domin, 1976*.

Schüchternheit ausspreche. Ich glaubte nicht, daß es wahr sei, als sie mir die Adresse gab. [...] Ich habe ein Turmzimmer, halbrund wie das Zimmer der Droste und mit vier Fenstern, den Gaisberg gleich gegenüber mit seinen wunderbar dichten Bäumen, zu jeder Jahreszeit schön, noch die zarten Stämme im Winter, die ich fast einzeln kenne. Und unten die Stadt und der Neckar. Ein Hölderlinblick, sagen die Leute. Es ist ein Zimmer, in dem man nie freiwillig auf das Leben verzichten könnte, denn wenn man nur über die Nacht kommt, ist das Aufwachen zu schön. Ein Zimmer wie verordnet für einen Menschen wie mich, der ich seit meiner Rückkehr nach Heidelberg eher noch mehr auf der Kippe bin als früher. Mannheim und Ludwigshafen, dieser Horizont ist von hier oben wie eine Küste, die Schornsteine werden zu Schiffskaminen, und wir haben Sonnenuntergänge wie an einem südlichen Meer, wenn die Sonne die Abgase rötet.

Der goldene Hahn auf dem Turmknopf der Jesuitenkirche, scheinbar in Augenhöhe, zeigt uns den Wind an. Die Stimmung in der Universität bekommen wir akustisch mit, am Hörhorizont. Immer aber sind wir in Reichweite der drei Glocken: der Jesuiten, der Peterskirche und von Heiliggeist. Und des Glockenspiels unten am Rathaus.

(Übrigens ist in diesem Hause, im Dachgeschoß, »Akzente« gegründet worden. Höllerer wohnte dort bei der alten Konditorsfrau Lene Schwehr in dem Zimmerchen über der Treppe, wo auch jetzt ein Student wohnt. Die Konditorei Schwehr im ersten Stock, auf der Hauptstraße, war früher unsere Lieblingskonditorei.)

Um dieses Haus liegen meine Anfänge wie Vororte gruppiert. Halbkreisförmig. Ich kann mir selber fast in die Fenster sehen. Das selbständige Leben begann für mich hier, in Heidelberg. Von hier sehe ich sogar noch die ehemalige Pension, in der meine Mutter, nach gemeinsamer Zimmersuche, mich noch meiner Cousine ans robuste Herz legte, was diese nicht wenig entsetzte, worauf Mutter dann nach Köln zurückfuhr und die Schwimmleine durchgeschnitten war. Köln war damals viel weiter von Heidelberg als heute, subjektiv und auch objektiv. Aber pünktlich gingen meine Wäschepakete hin und her und kamen nie ohne Extrageldscheine und ein gebratenes Hähnchen, damals noch etwas Besonderes, oder den geliebten Tapiocapudding meiner Kinderzeit oder sonst ein Schutzsignal zurück.

Die »Anlage« sehe ich vom mittleren oder rechten Fenster meines Turms, gleich unterhalb des Gaisberg. Dreimal habe ich dort gewohnt, zweimal rechts und einmal links, über der Eisenbahn, die damals noch die Straße entlangfuhr, jetzt in den Berg zurückgewichen ist, und der sogenannten »Südtangente« Platz gemacht hat. […] Wo die herrlichen Kastanien standen, ist es bunt von parkenden Autos. Mein Zimmer war in dem Haus, in dem noch vor kurzem eine Hippiekommune wohnte, und hatte etwas von einem Kinderzimmer, mit seiner hellgeblümten Tapete. Ich wohnte dort im 2. Semester, als ich zum erstenmal einen leibhaftigen Emigranten kennenlernte, einen jungen russischen Sozialdemokraten. Ich verliebte mich dort zum erstenmal, vielleicht war es ein Glück, daß ich mir in den Ferien den Kopf verbrannte, weil die Lockenwickel aus Zelluloid Feuer fingen. Ich mußte das Semester abbrechen und in Köln weiterstudieren, bis ich wieder flügge wurde und nach Berlin ging. Zum Sommersemester 31 kam ich wieder nach Heidelberg und zog auf die rechte Seite der »Anlage«, in eine Mansarde mit Aussicht zur Peterskirche, also ganz nah von hier. Wie lang doch all diese Semester damals waren, unendlich lang, es ging viel mehr Zeit hinein als jetzt. Ich erinnere mich noch an die Kleider, die ich trug, an die Tanzabende im Ausländerclub und in dem jetzt gerade abgerissenen Schloßkasino, an die langen Diskussionen im Café Krall, das die Eckenseite des heutigen Schafheutle einnahm, den Eingang zur Ecke hatte, und wo es ein besonderes Gebäck für Studenten gab, das sogenannte »Krallinchen« zu 10 Pfennig, eine Art Eintrittspreis und Tischmiete, für das man bis nach Mitternacht dort sitzen und diskutieren durfte, bis die Stühle auf die Tische gestellt wurden.

Es war der Anfang dieses Sommersemesters, als ich dem schon erwähnten Studenten an einem Tisch der Mensa begegnete, am selben Tag, als er in Heidelberg angekommen war. »Wo wohnen Sie?« fragte er, als wir miteinander in der Schlange zur Essensausgabe gingen. »Anlage, Ecke Schießtorstraße«, sagte ein Junge hinter uns, und ich hörte später, das habe einen fragwürdigen Eindruck gemacht. (Vermutlich war es jemand von unserer »Gruppe«, die eine Art Stammtisch hatte.) In der Mansarde dort lasen wir zusammen Plato, er war ja zünftiger Altphilologe. Die erste einer langen Reihe herrenloser Katzen hörte uns dabei zu und bestand darauf, auf der Treppe zu übernachten, was zum Protest des Hausherrn und schließlich zu meinem Umzug in die Hirschgasse führte, in das bekannte Braus'sche Haus, das von oben bis unten eine einzige Studentenbude war, meist von Zeitungswissenschaftlern bewohnt (das Zeitungswissenschaftliche Institut war damals im Buhlschen Haus). Es wohnten dort sowohl künftige Emigranten, wie künftige Goebbels-Assistenten, aber das war noch eingewickelt.

Das Haus ist gleich das erste quer gegenüber, man sieht es vom Wohnzimmer und der Terrasse, besonders im Winter, wenn die Birken kahl sind. Das ganze Jahr über oben vom Fenster von Frau Schwehr. Ich kochte dort auf einer elektrischen Kochplatte unendlich alte Suppenhühner, meine erste Kochtat. Heute gibt es gar keine so alten Hühner mehr, die nicht gar werden, und deretwegen man Jaspers versäumen könnte. Das war das Semester, wo wir gemeinsam paddelten, bis hinauf nach Neckarsteinach. Es gab keine Schleuse oberhalb der an der Hirschgasse, die bequem für seinen Nachhauseweg in die Altstadt lag. Im Neckar konnte man noch schwimmen, es gab weder Möwen noch Schwäne, aber eine Schwimmanstalt. Ich schwamm von Ufer zu Ufer oder bis an die Alte Brücke hinauf. Oder auch hinter dem Boot her, »Luderchen« hieß es und gehörte dem Fischer Österreicher in Ziegelhausen.

Mein nächstes und letztes Zimmer in Heidelberg liegt in

schiefer Linie rechts unter uns, in der Karlstraße. Als ich wiederkam, stand das Haus noch, samt der gipsernen hellenistischen »Muse« im Hausflur. Es war ein berühmtes Haus, das Thibauthaus. Oben wohnte Richard Benz. Ich wohnte im ersten Stock bei dem Flötisten der Oper. Vor mir hatte Christiane von Hofmannsthal dort gewohnt. Und zwischen ihr und mir eine rothaarige Zeitungswissenschaftlerin, die ich nur flüchtig kannte, von der ich aber das Zimmer erbte. 1946 traf ich sie zufällig in New York, in der New York Public Library oder in Columbia University, und »revanchierte« mich so spät noch für das Zimmer: Ich lud sie mit einem brüderlichen Freund von mir ein, einen Exildominikaner. Sie heirateten stehenden Fußes.

Die Wohnung des Flötisten hatte es in sich. Die Ehe Heinrich Zimmer – Christiane von Hofmannsthal war auch dort entstanden, die Präliminarien den Vermietern in unfreundlicher Erinnerung. Wenn ich abends den Schlüssel zum Fenster hinunterwarf, das Haus wurde offenbar früh abgeschlossen, so schimpfte Frau Schmiedl: »Genau wie Frl. v. Hofmannsthal!« Morgens fand ich den Schlüssel dann wieder in einer kleinen Bäckerei auf der Hauptstraße, die immer noch existiert und sich gerade sehr vergrößert hat. Hinten hatte das Thibauthaus einen parkähnlichen Garten, der bis ans Schloß hinaufging. Dort hatten wir unsere ersten Kaninchen, es war unser erster gemeinsamer Besitz, wir hatten sie auf dem Wredemarkt erworben. Sie hießen Leontion und Chrysostomos und waren ganz zahm, und oft ließen wir sie frei auf dem Rasen herumlaufen. Wir wohnten ja nahe beieinander, auch sein Zimmer, das erste, das ich für ihn gemietet habe, hatte einen ungewöhnlichen Vormieter gehabt, Alfred Mombert. Das Haus besteht heute noch, nur parken jetzt immer Autos davor, wenn ich vom Schloß herunterkomme und durch den Friesenberg zum Karlstor gehe. An der Stelle des Thibauthauses steht heute das Germanistische Seminar, mit einer andern Stockwerkverteilung, mein Bett im damaligen ersten Stock hinge jetzt etwa halbwegs zwischen erstem und zweitem in der Luft. Wo wir die Kaninchen hatten, ist statt des Rasens und der Hecken ein zementierter Parkplatz. Darüber der alte Garten, in den ich nicht mehr gegangen bin.

Damals hatten Studentenzimmer noch kleine Waschschüsseln, kaum größer als zur Goethezeit. Ich hatte immer die sogenannte »Nilpferdwanne« mit, eine große runde Fußwanne aus Gummi, in der man sich richtig Wasser übergießen konnte: kaltes, wie ich es von zu Hause gewöhnt war. Das »Zimmer« bestand aus zwei Zimmern hintereinander, ein sehr hübscher Schlauch, der zwei Fenster zur Straße hatte und in der Mitte durch einen Vorhang geteilt war. Hinten das Schlafzimmer, vorne das Wohnzimmer mit Biedermeiermöbeln. Die gleiche Einrichtung, nach der sich Heinrich Zimmer sofort mit viel Detailkenntnis erkundigte. Dort hatte ich auch meine ersten antiquarisch gekauften Bücher. Dort lernte er, wie lebenswichtig es ist, die Zeitungen auch über dem Strich zu lesen, nicht nur das Feuilleton. Alles war dort zum erstenmal. Vieles aber auch zum letzten.

Auf der Karlstraße wohnten damals Anhänger beider extremer Parteien. Die Kinder spielten »Umzüge«, Kommunisten oder Naziaufmärsche, je nach den Eltern, die dazu aus den offenen Fenstern die Internationale per Grammophon und das Horst-Wessel-Lied per Harmonium beisteuerten. Es war eine Art Liederkrieg in der schmalen Straße: welche Hymne die klangstärkere war. Das stellte sich bald heraus. Aber da waren wir schon ausgewandert. Die weißen Kaninchen, deretwegen es in vielen Ländern, und noch auf den Antillen Kaninchen bei uns gab, schenkten wir Zimmers, mit der Auflage, daß sie nie gegessen werden durften. Als wir Heinrich und Christiane Zimmer in den Tagen vor Kriegsausbruch in Oxford auf der Straße trafen, wir kamen aus der entgegengesetzten Richtung die Straße entlang geschlichen, ich sehe uns noch die Fahrbahn überqueren, beiderseits Arm in Arm, und aufeinander zugehen, da öffnete einer von uns den Mund und fragte: »Bitte, was ist aus den Kaninchen geworden?« Und sie gaben Auskunft. Keinem der vier war nach Lachen zumute, wie wir so das Gespräch begannen.

»Leontion« und »Chrysostomos«, »Löwchen« und »Goldmäulchen«, meine Mutter tadelte es, daß wir ihnen so verrückte griechische Namen gegeben hatten, als sie uns in Heidelberg besuchte und ihn als Sohn annahm, lange bevor wir auf dem Kapitol, nach den beiderseitigen Doctorexamen, vor dem römischen Standesbeamten standen, der die Tricolore um den Bauch gewickelt hatte, wie es bei Eheschließungen dort Sitte ist, und wir dann in die Via Monte Tarpeo zogen.

Von wo wir auf einem Umweg über den halben Globus wieder nach Heidelberg gekommen sind. Und zuletzt noch auf den »Jettahügel« über der Stadt. Wo ich von diesen »Wohnungen« schreibe, meinen »Aufenthalten«. Und mich fürchte, wenn ich den Plural setze. Heute, am letzten Abend des Jahres 73. Und ich erinnere mich, wie das Turmzimmer der Droste über dem Bodensee plötzlich ins Schwimmen geriet und sich mit mir zu drehen begann, daß ich fast hinfiel, als ich im Frühjahr dort war, während in Wirklichkeit nur ein Schiff draußen auf dem See von Fenster zu Fenster fuhr. Und das Zimmer dann wieder ins Stehen kam.

Um vier ging der letzte Freund weg. Ich bin allein auf dem letzten Zipfel des Jahres wie auf einem Schiff. Gestern haben wir sechs Minuten von Heidelberg nach Mexiko gesprochen. »Wie geht es Dir in deinem geliebten Turm?« sagte er. »Ich bin gut an der Arbeit«, sagte ich. »Morgen werde ich fertig. Und bald bin ich reisefertig.« Und wenn ich »Reise« sage, so meine ich Reise. Eine Abfahrt, mit Rückfahrkarte. Wo ich ankommen kann und den Schlüssel umdrehen, meine Türe öffnen und die Treppe heraufgehen und zu Hause sein darf, wie andere Menschen auch. Wie, ich weiß, viele immer von neuem nicht.

Herbert Heckmanns Kneipenseminar

Die Kombination von Wurst und Vorlesung läßt mich an Herbert Heckmann denken, einen literarischen Feinschmecker und Menschen aus der entschwundenen Heidelberger Vergangenheit. Heckmann, der Hofdichter der Bergstraße, war um 1960 wissenschaftlicher Assistent am Deutschen Seminar und ein glühender Verehrer des Eßbaren. Ich habe ihn seit Jahren nicht gesehen, aber ich stelle mir vor, daß sich seine eindrucksvolle Rundlichkeit wahrscheinlich nicht verändert hat. Er sah aus wie jemand, der sich auf die anschauliche Darstellung von Gargantua und Pantagruel vorbereitete. Das bedeutet, daß er vielleicht heute schon wie der Kulmbacher Mönch aussieht. Er hatte etwas gutmütig Rabelais'sches an sich. Am besten sah er aus mit einer Gabel in der einen und einem Buch in der anderen Hand. Er hatte auch etwas vom *puer aeternis* an sich. Er sah aus wie ein zu weit aufgeblasener Cherub.

Heckmann schmiß seinen eigenen Laden, und der war nicht besonders akademisch. Ein über die andere Woche traf sich eine Krethi- und Plethi-Gruppe von Studenten und Assistenten im Hinterzimmer einer Kneipe in Neuenheim, um über Bücher zu sprechen. Der Raum war voll, alle saßen um einen großen Tisch, die Luft war dick und blau von Tabakrauch, viel Bier war deutlich sichtbar. Wir sprachen stundenlang über irgendein Buch, das wir gemeinsam zu diskutieren bereit waren. Die Diskussionen waren eifrig, häufig hitzig, verbohrt. Sie gaben Anlaß zu langwährenden Auseinandersetzungen. Heckmann hatte die Funktion des Vorsitzenden, des Schiedsrichters und des Buchhalters für die Bierrechnung. Ja, wir diskutierten die neueste Literatur, aber in einigen – und nicht den schlechtesten – Sitzungen ging es um klassische, historische Texte. In einem Hinterzimmer über Bier und Zigaretten, ohne didaktische Autorität, die versuchte, uns etwas zu lehren, ohne Gedanken an richtige

Antworten und Examen, ohne geprüft zu werden oder bei jemandem, der der Karriere dienen konnte, Eindruck zu machen, war die Literatur, wenn auch im Schatten der Universität, ganz gewiß eine andere und erfreuliche Sache. Nichts ist tödlicher für die Wirkung eines Buches, als es für einen Kurs oder ein Examen zu lesen. Sich mit anderen über Literatur streiten, ist letzten Endes eines der großen Vergnügen im Leben. Keine dieser unterhaltsamen oder gar bemerkenswert hitzigen Auseinandersetzungen schien jemals in einem Seminar über Literatur stattgefunden zu haben. Wenn ich zurückschaue auf jene literarischen Abende in Neuenheim, unter der Leitung des rundlichen Maestro, denke ich an die ungewöhnliche Mischung von akademisch literarischer Umgebung und derbem, gutem Gespräch und vielleicht einer gemeinsamen Ernsthaftigkeit und Erregbarkeit, die über die Jahre abgenommen und ihre Belange verändert hat. Sie war, unter anderem, meine wirkliche Einführung in die deutsche Literatur.

SOZIALISTISCHER DEUTSCHER STUDENTENBUND

Kulturschändung

Die Mitteilung, daß in Mexiko über 20 Demonstranten erschossen wurden, nur aus dem einen Grund, daß die größte und geistloseste Selbstdarstellung einer koexistierenden Welt in Ruhe und Frieden stattfinden kann, hat sie kaum erregt. Sie fanden es zwar bedauerlich, aber halt doch auch notwendig. Daß in der Nacht von Freitag auf Samstag, als sie sich schon in jenem olympischen Frieden wiegten, den Gewehrsalven herbeiführten, Plakate geklebt wurden, die diesen Frieden als große Schweinerei denunzierten, trieb sie auf die Barrikaden. Heidelbergs vereinigte Kleinkrämer und ihre Presse sind zutiefst betroffen. Die Buchhandlung Ziehank, die ihre Geschäfte unter anderem mit sorgfältig publizierten Plakaten vom Pariser Mai macht, stellte Strafantrag. Der Ruf nach der Polizei zeigt den tiefen Zusammenhang zwischen dem Frieden, der jetzt wieder in Mexiko herrscht, und jener Ruhe Heidelbergs, die in einem normalen Geschäftsgang besteht.

Aber nicht nur, daß Heidelbergs Ladenbesitzer den Samstagmorgen mit Reinigungsritualen beginnen mußten, das Wahrzeichen Heidelbergs selbst, das Schloß, war durch politische Parolen entweiht worden. Das Herrschaftssymbol des absolutistischen Staates, unter dessen Schutz die Stadt ihre Geschäfte macht und in dessen Räumen ihr kulturelles Leben dahinsiecht, hatte Farbe bekommen. Dort sollte am Abend im geschichtslosen Königssaal eine neue Generation von Bürgern ins öffentliche Leben eingeführt werden. Unter dem Bild der Königin Victoria, deren Mief noch heute die bürgerliche Sexualität bestimmt, wollte der neue Feudalherr die Jungbürger das Fürchten lehren, meinte er doch, »daß die Erfahrung mit der ersten Jungbürgerfeier im vergangenen Jahr gezeigt habe, daß der gewählte Weg richtig« ist (OB Zundel am Abend). Fragt sich: richtig wozu? Die Jungbürger sollten durch das persönliche Gespräch und durch gemeinsamen Tanz ein für allemal davon überzeugt werden, daß es Rechtens ist, wenn ihnen weiterhin auf der Nase herumgetanzt wird. Wer kennt nicht von den Großeltern her jene Zinnbecher und Bürgerbriefe, die man früher bei ähnlichen Anlässen überreicht bekam, und wer kennt nicht den naiven Stolz jener, die noch Gelegenheit hatten, »ihrem« König ins blaue Auge zu schauen. Auf solche Herrschaftsmechanismen kann der bestehende Staat um so weniger verzichten, als seine Herrschaft objektiv auf tönernen Füßen steht. So wird der symbolische Angriff auf diese Herrschaftsmechanismen zum unmittelbaren Angriff auf die Herrschaft selbst. Wo immer man diese antippt, muß sie den ganzen Manipulationsapparat in Gang setzen, um die Betroffenen weiterhin hinters Licht zu führen. Selten zeigte sich diese manische Verschleierungssucht so offen wie bei jener Jungbürgerfeier am Samstag.

53 *Studenten-Demonstration in der Hauptstraße, November 1967*

Die Schriftzeichen sollten die apolitische und enthistorisierte Atmosphäre des Königssaales etwas entlüften, indem sie ihn aktuell dekorierten, an die Stelle Victorias den wirklichen Zundel setzten, um so die Herrschaft auf ihren aktuellen Begriff zu bringen. Aber Zundel auf den Begriff bringen, heißt der Sprachlosigkeit anheimfallen, und so fielen die Slogans nicht übermäßig geistreich aus. Schon sie genügten freilich, um den ganzen Apparat in Gang zu bringen: »Bis 12.30 Uhr am Samstag hatte man geschrubbt und abgewaschen und wenigstens erreicht, daß dem ahnungslosen Besucher am Abend nichts Besonderes mehr auffiel« (Rhein-Neckar-Zeitung). Der Einbruch der Geschichte konnte abgewehrt werden, die Ahnungslosigkeit der Besucher konnte gewahrt bleiben. Nur die Täter müssen noch liquidiert werden, ehe alles im alten Trott weitergehen kann: »Es wird Aufgabe der Polizei sein, auf Grund der hinterlassenen Spuren die Täter zu erwischen, damit diesem im wahrsten Sinne des Wortes schmierigen Treiben endlich einmal ein kräftiges Ende bereitet werden kann.« Wände können eines Tages, wie jetzt schon in Griechenland, zum einzigen demokratischen Forum werden. Das muß heute schon verhindert werden.

NUTZT DIE WÄNDE, SOLANGE SIE DA SIND!

(Oktober 1968)

VOLKER MUELLER

Ich habe den Kampf aufgenommen

Als einer von fünf Angeklagten hat sich seit Montag voriger Woche der Heidelberger Asta-Vorsitzende Volker Mueller, 25, vor dem Landgericht Heidelberg wegen angeblicher Rädelsführerschaft bei Land- und Hausfriedensbruch zu verantworten. SDS-Mitglied Mueller, der Germanistik und Theologie studiert, war zusammen mit einigen Kommilitonen im Januar 1968 in eine Veranstaltung des Akademischen Auslandsamts eingedrungen, wo er eine Diskussion erzwingen wollte. Vor Gericht machte Mueller seine »Angaben zur Person« in Form eines politisch-ideologischen Glaubensbekenntnisses, das er während der Untersuchungshaft zu Papier gebracht hatte. Der SPIEGEL veröffentlicht einen Auszug aus diesem Text:

Ich gehöre zu denen,
die in der Schule faschistische Lehrer gehabt haben, die in ihren Schulstunden die unverdauten Kriegserlebnisse ihrer Lehrer auf den Tisch gekotzt bekommen haben, die mit parlamentarischen Illusionen vernebelt wurden.

Ich gehöre zu denen,
die sich vom Studium etwas erwartet hatten, die Althochdeutsch, Griechisch und Gotisch übersetzten, die sich was von Innerlichkeit und Schöpfungsordnung vorschwafeln ließen.

Ich gehöre zu denen,
die es nicht mehr aushielten, nach der Zeitungslektüre vom Massenmord in Vietnam zur Gedichtinterpretation überzuge-

hen, die sich gefragt haben, warum sie in der Universität denn nichts zu diesen Fragen erfuhren, die gemerkt haben, daß sie in ihrem Studium um die Frage der Praxis betrogen wurden.

Ich gehöre zu denen,
die sich für die Vernebelungstaktik der Regierung bei den Notstandsgesetzen zu interessieren begannen, die sich fragten, warum ehemalige KZ-Häftlinge heute wieder warnend die Stimme erheben mußten, denen von dem Zynismus der Barzel und Schmidt schlecht wurde.

Ich gehöre zu denen,
die auf Diskussionsveranstaltungen sehen mußten, daß die berühmte öffentliche Meinung keine Argumente hat, daß die Professoren nicht dort waren, daß die Masse des Volkes um Erkenntnisse betrogen wurde, die uns als Privilegierten möglich waren.

Ich gehöre zu denen,
die endlich ihr Wissen in Praxis umsetzen wollten, die ihren Protest auf die Straße tragen wollten, um die Öffentlichkeit aufzurütteln, die dabei von der sprachlosen Menge mit der Gaskammer bedroht wurden.

Ich gehöre zu denen,
die den Zynismus der herrschenden Klasse erleben mußten, als unser Genosse Benno Ohnesorg erschossen wurde, denen verboten wurde, auf der Hauptstraße zu demonstrieren, um die Ordnung und Sicherheit Heidelbergs nicht zu stören, die sich davon nicht einschüchtern lassen durften, da sie nicht schweigen konnten, die als angebliche Hauptverantwortliche dafür einen Strafbefehl von zwei Monaten und 600 Mark Geldstrafe bekommen haben.

Ich gehöre zu denen,
die aktiv gegen den Faschismus der NPD gekämpft haben, die diese Partei Punkt für Punkt als faschistische entlarvt haben, die dafür einen Strafbefehl von einem Monat und 200 Mark Geldstrafe bekommen haben (wegen Abreißens von NPD-Plakaten.)

Ich gehöre zu denen,
die die Phrasen der herrschenden Klasse von Gewaltlosigkeit
nicht mehr ertragen konnten, die sich weigerten, durch das Studium in diese herrschende Klasse aufgenommen zu werden und
zum Kreis der Eingeweihten zu gehören, die im Theologiestudium gemerkt haben, wie diese Wissenschaft ihre Ergebnisse
den Massen vorenthält, weil sie die Aufklärung der Massen
fürchtet.

Ich gehöre zu denen,
die die Brutalität der Polizei am eigenen Leibe erfahren haben,
die im Gefängnis die Solidarität der Gefangenen erfahren haben (ich habe gestern die reaktionäre Predigt des Gefängnispfarrers öffentlich unterbrochen).

Ich gehöre zu denen,
die nicht erwarten, daß in diesem Gericht Recht gesprochen
wird, die wissen, daß die herrschenden Gesetze die Gesetze der
Herrschenden sind, die sich nicht vor diesem Gericht, sondern
allein vor denen zu verantworten haben, die mit ihnen gegen
Kapitalismus und Imperialismus kämpfen.

Ich gehöre zu denen,
die diese Richter fragen, an welchen Demonstrationen sie jemals teilgenommen haben, die diese Richter fragen, wie sie die
Pressemanipulation bekämpft haben, die diese Richter fragen,
welche Erfahrungen sie im Kampf gegen die NPD gewonnen
haben.

Ich stehe hier nicht als einzelner. Ich bin geschützt durch die
Solidarität der Genossen und Kommilitonen. Ich habe den
Kampf gegen die politische Justiz aufgenommen. *(1969)*

ERICA JONG

Eine Amerikanerin in Heidelberg

Wenn ich die Augen schließe, kann ich mir die Mittagsstunde in
Mark Twain Village, Heidelberg, mit allen Einzelheiten ins Gedächtnis zurückrufen. Der Geruch nach Fertigmahlzeiten in
den Gängen. Der AFN, der die letzten *football*-Ergebnisse und
die (nach oben hin manipulierte) Verlustziffer des Viet Kong
auf der anderen Seite der Erdkugel in die Gegend plärrt. Krei-
schende Kinder. Fünfundzwanzigjährige sommersprossige
Matronen aus Kansas, die, den Kopf voller Lockenwickler, im
Morgenrock umhergehen und Tag für Tag auf den Großen
Abend warten, der die Lockenpracht wert sein würde. Er
kommt nie. Statt dessen kommen die Händler, die sich durch
die Hausflure heranpirschen und an den Türen klingeln und
alles nur Denkbare an den Mann bringen wollen, von Versiche-
rungen aller Arten und illustrierten Konversationslexika (mit
leicht verständlichem Text) bis zu orientalischen Teppichen.
Neben amerikanischen Gammlern und englischen Dropouts
und pakistanischen Studenten, die ›unter der Hand‹ etwas ver-
kaufen wollen, gibt es eine ganze Armee von zwergenhaften
Deutschen, die alles nur mögliche verhökern, angefangen von
›handgemalten‹ Ölgemälden mit verzuckerten Berggipfeln und
rosenrotem Alpenglühen über Bierkrüge, die ›God Bless Ame-
rica‹ spielen, bis hin zu Schwarzwälder Kuckucksuhren, die ununterbrochen schlagen. Und die Army-Leute kaufen und kaufen und kaufen. Die Ehefrauen kaufen, um ihr leeres Leben
aufzufüllen, um in ihren tristen Unterkünften die Illusion eines
›Heims‹ zu schaffen, um mit ihrem amerikanischen Geld um
sich zu werfen. Die Kinder kaufen Helme und Kriegsspielzeug
und Khaki-Overalls, um ihr Lieblingsspiel – Viet Kong gegen
Green Berets – zu spielen und sich damit auf ihre Zukunft vorzubereiten. Die Männer kaufen elektrische Bohrmaschinen mit
den verschiedensten Aufsätzen, um das Gefühl ihrer Ohn-

macht zu kompensieren. Und alle kaufen sie Uhren, als seien diese ein Sinnbild dafür, daß die Army ihnen Stunde um Stunde und Jahr um Jahr ihres Lebens stiehlt.

Heidelberg als Ort war trostlos. Eine wunderschöne Stadt, in der es zehn Monate im Jahr regnet. Die Sonne versucht tagelang, sich durch die Wolken zu kämpfen, scheint dann etwa eine Stunde lang und verschwindet wieder. Und wir lebten in einer Art Gefängnis, in einem seelischen und intellektuellen Ghetto, aus dem wir buchstäblich nicht fort konnten, ohne tatsächlich im Gefängnis zu landen. Bennett hatte sich verloren – in der Army sowohl wie in seiner Depression. Er konnte mir keine Hilfe bieten. Ich konnte ihm keine Hilfe bieten. Ich ging häufig im Regen allein durch die Straßen der Altstadt. Stundenlang wanderte ich durch Kaufhäuser, nahm diesen und jenen Gegenstand in die Hand, obwohl ich wußte, daß ich ihn nie kaufen würde, träumte in der Menschenmenge vor mich hin, hörte um mich herum die Leute lange Unterhaltungen führen, von denen ich anfangs nur hier und da ein Wort verstand, hörte die Werbeweiber lauthals die Vorzüge ihrer Kunstfaser-Perükken, künstlichen Fingernägel, Tranchiergabeln und -messer, Fleischwölfe und Hackbretter anpreisen… »Meine Damen und Herren…«, damit fangen sie an, und jeder längere Satz ist gespickt mit dieser Wendung. Nach einer Weile kriegt man sie nicht mehr aus dem Ohr. […]

Manchmal, wenn ich ziellos umherwanderte, mit der Straßenbahn fuhr, in einem Café Bier und Salzbrezeln bestellte oder Kaffee und Kuchen in einer Konditorei, überfiel mich die Vorstellung, ich sei der Geist eines Juden, der am selben Tag in einem Konzentrationslager ermordet wurde, als ich zur Welt kam. […] Zum erstenmal in meinem Leben verspürte ich ein brennendes Interesse an der Geschichte der Juden und der des Dritten Reiches. Ich ging zur USIS, der *Special Service*-Bibliothek und vertiefte mich in Bücher, die ausführlich vom Grauen der Deportationen und der Todeslager berichteten. Ich las über die ›Einsatzgruppen‹ und stellte mir vor, wie ich mein eigenes

Grab aushebe und, mein Baby umklammernd, am Rand einer tiefen Grube stehe, während die Nazi-Schergen ihre Maschinenpistolen schußbereit halten. Ich hörte im Geiste die Entsetzensschreie und das Geräusch stürzender Leiber. [...]

An den seltenen sonnigen Tagen trieb ich mich auf den Märkten herum. Die diabolische Schönheit der deutschen Obst- und Gemüsemärkte faszinierte mich. Es gab einen Samstagsmarkt hinter der Heiliggeistkirche, auf einem Platz aus dem 17. Jahrhundert: rot-weiß gestreifte Markisen und Berge von Früchten, rot-blutend wie von Menschenblut, Himbeeren, Erdbeeren, violette Pflaumen, Blaubeeren. Wahre Massen von Rosen und Päonien. Alles blutfarben und blutfarben blutend, hinein in die hölzernen Blumenkästen und hinunter auf die Holzbretter der Stände. Waren die Seelen der toten jüdischen Kinder *hier* zu finden? War es *das* hier, was mich an der Leidenschaft der Deutschen für Blumenzucht und Gartenarbeit so verstörte? All diese Wertschätzung des geheiligten Lebens am falschen Ort? So viel Liebe, die sich in der Aufzucht von Pflanzen und Tieren ihr Ventil sucht? *Aber wir haben doch nichts davon gewußt, was mit den Juden geschah,* sagten sie immer und immer wieder. *Es stand nicht in der Zeitung. Ich war ja damals erst zwölf.* Und einerseits glaubte ich ihnen sogar. Einerseits verstand ich sie sogar. Und andererseits hätte ich mich an dem Anblick weiden mögen, wie sie alle einen langen, qualvollen Tod sterben. Es war die blutrünstige, höllische Schönheit der Märkte – die alten Weiber, die all diese blutenden Früchte auswogen, die derben, blonden, jungen Frauen, die den Kunden die Rosen abzählten –, die unweigerlich meine heftigsten Empfindungen gegen Deutschland wachrief.

Später war ich fähig, über diese Dinge zu schreiben und damit die Dämonen zu bannen – zumindest zum Teil. Später war ich fähig, mich mit Deutschen anzufreunden und sogar Liebenswertes an der Sprache und der deutschen Dichtung zu entdecken. Doch in jenem ersten, einsamen Jahr war ich unfähig zu schreiben, und ich kannte fast keinen Menschen. Ich lebte wie ein Einsiedler, las, ging spazieren und hatte das Gefühl, meine Seele sei mir entschlüpft und die Seele eines Menschen, der statt meiner gestorben war, hätte sich in meinem Körper eingenistet.

Ich kundschaftete Heidelberg aus wie ein Spion und entdeckte all die Wahrzeichen des Dritten Reiches, die mein Reisehandbuch geflissentlich unterschlug. Ich entdeckte den Ort, an dem sich die Synagoge befand, bevor sie niedergebrannt wurde. Nachdem ich meinen Führerschein gemacht hatte und nun auch die weitere Umgebung der Stadt für mich erreichbar war, stieß ich auf ein stillgelegtes Nebengleis der Eisenbahn mit einem alten Güterwagen, auf dem REICHSBAHN zu lesen stand. (Auf all den blitzblanken neuen Waggons stand BUNDESBAHN.) Ich kam mir vor wie einer von jenen fanatischen Israelis auf den Spuren von Nazis in Argentinien. Bloß, daß ich im Grunde meiner eigenen Vergangenheit nachspürte, meinem Judentum, an das ich bisher nie wirklich hatte glauben können. Was mich wohl am allermeisten aufbrachte, war die Art und Weise, in der die Deutschen ihre Schutzfärbung veränderten, die Art und Weise, mit der sie über Frieden und Nächstenliebe sprachen, und wie sie alle behaupteten, an der russischen Front gekämpft zu haben. Die *Heuchelei* war es, die mich so anwiderte. Wenn sie sich offen dazu bekannt und gesagt hätten: *Wir haben Hitler geliebt,* so hätte man ihre menschliche Schwäche und ihre Ehrlichkeit gegeneinander abwägen und ihnen vielleicht vergeben können. In den drei Jahren, die ich in Deutschland verbrachte, bin ich nur *einem* Mann begegnet, der es offen zugab. Er war Nazi gewesen und wurde mein Freund.

Auf meiner Suche nach Spuren der Vergangenheit hatte ich die bis jetzt handfesteste Spur entdeckt – ein Nazi-Amphitheater, versteckt in dem hügeligen Gelände oberhalb der Stadt. Dorthin zu fahren, wurde für mich zur Manie. Es schien, als wolle kein Mensch in Heidelberg die Existenz dieser Anlage gelten lassen, und diese allgemeine Verleugnung verlieh dem Amphitheater einen zusätzlichen Reiz. Vielleicht existierte es auch wirklich nur in meinem Kopf. Immer und immer wieder kehrte ich dorthin zurück.

1934 oder 1935 vom Reichsarbeitsdienst errichtet (ich sah sie vor mir: blond, mit nacktem Oberkörper; sie türmen rötliche Sandsteinquader aus dem Neckartal aufeinander und singen dabei ›Deutschland, Deutschland über alles‹, während breithüftige rotbackige Rheintöchter Maßkrüge mit pißfarbenem Bier herbeischleppen), schmiegte sich das Freilichttheater in eine Schlucht des Heiligenberges, wo sich, wie es heißt, einst ein dem Wotan geweihtes Heiligtum befand. Um das Amphitheater zu erreichen, überquerte ich, von der Altstadt kommend, den Fluß, fuhr dann eine breite Straße hinunter, die zu den Vororten der Stadt führte, und, den Hinweisschildern zu der Ruine der St. Michaels-Basilika folgend, weiter den Heiligenberg hinauf. Für das Freilichttheater als solches gab es – merkwürdig genug – keinerlei Hinweise. […]

Auf dem Gipfel des Heiligenberges stand ein kleiner Turm aus rotem Sandstein, mit moosigen ausgetretenen Stufen, die sich zu einer Aussichtsplattform hinaufwanden. Ich erkletterte die glitschigen Stufen, um einen Blick auf das Panorama tief unter mir zu werfen: auf den glitzernden Fluß, die buntscheckigen Wälder, die rötliche, ungefüge Masse des Schlosses. Warum sparen die Chronisten des Dritten Reiches die Tatsache aus, daß Deutschland ein schönes Land ist? Ist das, vom moralischen Standpunkt aus gesehen, zu problematisch? Die Schönheit der Landschaft und die Häßlichkeit der Menschen? Sind wir der Ironie der Sache nicht gewachsen?

Ich stieg wieder hinunter und fuhr tiefer in den Wald hinein, vorbei an einem kleinen Lokal mit dem Namen ›Waldschenke‹, wo im Sommer dickärschige Bürger im Freien Bier tranken und im Winter in der Gaststube Glühwein. Dort mußte ich den Wagen stehenlassen und zu Fuß weiterklettern (raschelnde Blätter unter den Füßen, sich neigende Föhren über mir, die Sonne verdunkelt von Laubwerk). Da die Sitzreihen in die Flanke des Berges eingehauen waren, befand sich der Eingang oben. Plötzlich lag das Theater wie ein gähnender Riesenmund unter mir – Reihe um Reihe steinerner Sitze, verunziert von Unkraut, Glasscherben, Präservativen und Bonbonpapieren. Ganz unten befand sich die weit in den Zuschauerraum hineinragende Bühne, flankiert von Flaggenmasten für das Hakenkreuz oder den Deutschen Adler, dazu zu beiden Seiten Auftrittsmöglichkeiten für Redner (umgeben von Leibwachen in Braunhemden).

Doch am verblüffendsten war die einmalige Lage und Anordnung des Ganzen: eine riesige, von Föhren gesäumte Mulde, eingebettet in die unirdische Stille dieses Märchenwaldes. Der Boden war heilig. Hier war Wotan verehrt worden, dann Christus und dann Hitler. Ich sprang die Sitzreihen hinunter, stand dann in der Mitte der verlassenen Bühne und rezitierte meine eigenen Gedichte für ein Publikum von Echos. [...]

Ich ging in die Heidelberger Stadtbibliothek und blätterte in den verschiedenen Handbüchern. Die meisten waren Schablone: leuchtendbunte Aufnahmen des Schlosses und alte Stiche mit den teigigen Gesichtern der pfälzischen Kurfürsten. Schließlich stieß ich auf ein Handbuch in Bibliothekseinband – englisch-deutsch, billiges vergilbtes Papier, Schwarz-Weiß-Fotos, Frakturschrift –, erschienen 1937. Etwa alle zehn Seiten waren ein ganzer Absatz oder auch nur wenige Zeilen oder ein Foto mit braunem Klebestreifen überklebt. Diese braunen Rechtecke saßen so fest, daß man nicht einmal eine Ecke davon hätte zurückbiegen können. Doch ich wußte sofort, daß ich nicht ruhen würde, bis ich sie alle abgelöst und festgestellt hatte, was sich darunter verbarg.

Ich lieh mir das Buch aus (und dazu noch vier andere, damit der Bibliothekar nicht mißtrauisch wurde) und stürmte nach Hause, wo ich die inkriminierten Buchseiten über die Tülle eines dampfenden Wasserkessels hielt.

Es war höchst interessant zu sehen, was der Zensor zu zensieren für nötig gehalten hatte:

Eine Fotografie des Amphitheaters (damals *Thingstätte* genannt) in seiner ganzen Herrlichkeit: im Winde flatternde

54 *Reichsstatthalter Wagner und Oberbürgermeister Neinhaus legen den Grundstein zur Thingstätte, 30. Mai 1934*

Fahnen, ein Meer von im Nazi-Gruß erhobenen Händen, Hunderte von kleinen Lichtflecken: arische Köpfe – oder vielleicht arische Hirne?

Einen Absatz, der das Amphitheater folgendermaßen beschrieb: Eines der Monumentalbauten des Dritten Reiches, ein gigantisches Freilichttheater, um Tausende von Volksgenossen in festlichen Feierstunden im Gemeinschaftserlebnis der Treuebekundung zum Vaterland inmitten einer erhabenen Natur zu vereinen.

[…]

Ein Foto der alten Aula der Universität mit Hakenkreuzen in jedem gotischen Bogenzwickel…

Ein Foto der Mensa mit Hakenkreuzen in jedem romanischen Bogenzwickel…

Ich war außer mir vor Zorn und moralischer Entrüstung. Ich setzte mich an meinen Schreibtisch und schrieb in wilder Hast einen wütenden Artikel über Aufrichtigkeit, Unaufrichtigkeit und die Allmacht der geschichtlichen Wahrheit. Ich forderte kategorisch Wahrheit, historische Wahrheit statt Schönfärberei, vor allem aber Aufrichtigkeit. Ich kochte vor Zorn und feuerte aus allen Rohren. Ich wies auf die anstößigen Überkleber hin, als Beispiel für all das, was im Leben und in der Kunst hassenswert ist – wie viktorianische Feigenblätter auf griechischen Skulpturen oder mit Kleidern aus dem 19. Jahrhundert übermalte erotische Fresken des Quattrocento. Ich wies auf Ruskin hin, der Turners Bilder von venezianischen Bordellen verbrannt hatte, und darauf, wie Boswells Urenkel die anstößigen Stellen seiner Tagebücher zu unterdrücken suchten, und stellte das dem Versuch der Deutschen an die Seite, ihre eigene Geschichte zu leugnen. […]

Am nächsten Morgen haute ich mein Elaborat mit zwei Fingern in die Maschine und stürmte in die Stadt, um es Horst zu übergeben. Dann ging ich rasch wieder fort. Drei Stunden später rief er mich an.

»Wollen Sie wirklich, daß ich das übersetze?« fragte er.

»Ja.« Und in einem Zornesausbruch erinnerte ich ihn daran, daß er versprochen habe, mir nicht in meine Arbeit hineinzureden.

»Ich werde mein Wort halten«, sagte er, »aber Sie sind jung und Sie *verstehen* die Deutschen nicht, wirklich nicht.«

»Was wollen Sie damit sagen?«

»Die Deutschen *liebten* Hitler«, erwiderte er ruhig. »Wenn sie aufrichtig wären, so würde Ihnen das, was Sie dann zu hören bekämen, keineswegs zusagen. Aber sie sind nicht aufrichtig. Sie sind es seit fünfundzwanzig Jahren nicht. Sie haben nie um ihre im Krieg Gefallenen geweint, und sie haben nie um Hitler geweint. Sie haben alles unter den Teppich gekehrt. Sogar sie selbst kennen ihre wirklichen Gefühle nicht. Wenn sie ehrlich wären, so wäre Ihnen ihre Ehrlichkeit noch mehr zuwider als ihre Heuchelei.«

JÜRGEN THEOBALDY

Kleinstadtgedicht

Ein italienischer Herbst
mit Sonne auf den Balkonen
und reifen Zwetschgen
in den Kisten der Supermärkte.
Du holst die Sommerhemden
aus der Wäscherei, gehst
den Weg am Fluß entlang,
und im Laden an der Ecke
kaufst du Blumen (ja Blumen).
Dort siehst du deine Gewohnheiten
immer teurer werden.
Und massig Arbeitslose
gibt es, massig, sagt er.

Was wir uns gefallen lassen,
sagt die Frau ohne Kleingeld
neben dir, im Fernsehen
zeigen sie nur noch Morde,
Morde und Filme von gestern.

(1976)

CHARLES BUKOWSKI

Die Ochsentour

Am nächsten Tag gab es das nächste Schloß in Heidelberg. Außerdem tauchte noch ein Bursche aus San Francisco mit einem
Film auf, den er nach einer Kurzgeschichte von mir gedreht
hatte. Für meine Begriffe hatte er die Geschichte ganz gut getroffen, es fehlte aber seine persönliche Note. Das gelingt nur
wenigen Filmemachern, jungen ebenso wie alten. Ich wollte
den Film im Anschluß an die Lesung in Hamburg zeigen lassen,
aber zuerst sollte Carl ihn sehen. Ich wußte nicht, wieviel die
Deutschen so abkonnten. Wir hatten unseren geliehenen Projektor wieder zurückgegeben, aber Carl kannte ein paar Studenten in Heidelberg, die einen Projektor hatten. Wir stiegen
mit dem Film eine Treppe hoch, und da waren sie, nette Kerle,
sie hatten hübsche Augen, es waren drei oder vier von ihnen
mit den hübschen Augen, und es gab etwas Rotwein.

Sie kriegten den Projektor in Gang, und wir schauten uns den
Film an. Dann war er vorbei.

»Was meinst du, Carl?«

»Klar, den zeigen wir.«

»Um so besser«, sagte ich, »dann können wir ja mit dem
Rotwein weitermachen.«

»Es ist noch zu früh, um damit voll auf Leistung zu gehen«,
gab Linda zu bedenken. Ich warf ihr meinen Bogart-Blick zu,

ließ eine dicke Rauchwolke aus meinem Mund und kippte mir einen Großen ein. […]

Die Burschen mit den hübschen Augen gingen mit uns zum Heidelberger Schloß. Auf dem Weg dahin lotste man mich in eine Buchhandlung, wo fast alle Bücher von mir zu finden waren. Aber für mich war es mehr peinlich als angenehm, da vor meinen Büchern zu stehen und sie zu betrachten. Deswegen hatte ich sie nicht geschrieben. Natürlich, ich fühlte mich wohl, die Fabriken hinter mir zu haben, aber das war etwas, über das ich mich lieber allein freute, meistens, wenn ich morgens mit einem dicken Kopf aufwachte.

Als wir dann rausgingen, rannte uns die Alte hinter dem Tresen nach und legte los:

»Sie sind der Mann, dem ich meine ganze Liebe schenken könnte.«

»Wau, danke«, sagte ich.

Das hatte Michael, der Fotograf, so hingekriegt, er hatte das mit ihr verabredet. Michael hetzte alle auf mich: Vertreter für Regenmäntel, Wäschereiangestellte, Leute in Cafés, Taxifahrer und junges Volk. Ich hatte die Nase von der Fotografiererei voll. Michael und Christoph, der deutsche Dichter, waren in der Buchhandlung zu uns gestoßen. Mein Weg war vorgeplant, ich wurde rumgereicht, man konnte mich überall antreffen. Ich fühlte mich weit mehr als Tourist als das, was ich war: der deutschstämmige amerikanische Schriftsteller, der auf Besuch war.

Wir ergingen uns also im Heidelberger Schloß, wir brachten das Heidelberger Schloß hinter uns. Wir hatten einigermaßen Glück, es gab dort eine Gastwirtschaft, und in dieser Gastwirtschaft war eines der größten Weinfässer der Welt. Wir saßen an einem Tisch und tranken eine Runde Wein, die Burschen mit den Augen, Carl, Michael, Linda Lee und der deutsche Dichter Christoph, der sich selbst »der Sohn von Bukowski« und »die Sonne von Bukowski« nannte. Ich sehe ihn noch vor mir in seinem Bukowski-T-Shirt, auf das ich ihm ein Autogramm ge-

55 *Charles Bukowski auf dem Schloßaltan, 1978*

geben hatte, als er es trug. Er war ein netter Kerl; ich fand ihn verrückt und lustig, ohne daß er auch nur in etwa beleidigend wirkte.

Wir tranken noch etwas und gingen dann oben auf dem Faß herum, Christoph sprang dort oben herum. Es machte ihm Spaß. Nur eins stimmte mit dem Faß nicht: das Ding war leer…

»Geh näher ran.« Er konnte einfach nicht begreifen, daß all das Trinken und all die Kater am Gleichgewichtssinn eines Menschen nicht spurlos vorübergehen. Ich schwankte also dort herum und tat so, als wenn ich auf den Fluß und die Dörfer schauen würde. Wir waren 600 Meter hoch, hatten keine Fallschirme, und die Kamera machte klick, klick, klack, klack, und ich war froh, da wieder runterzukommen.

Die Burschen mit den hübschen Augen gingen wieder dorthin zurück, wo sie hergekommen waren, um an Bomben rumzufummeln oder an ihren Freundinnen oder an sich gegenseitig oder um Filme zu machen oder übers Leben zu reden oder Würstchen zu braten. Ich war gespannt, wie lange ihre Augen noch so bleiben würden.

Wir fuhren runter in eine Dorfschänke, wo so alte Männer an freundlichen, niedrigen Tischen beim Bier saßen und ihr Leben Revue passieren ließen. Sie waren sehr ruhig, aber sehr lebensnah. Außer Linda war keine Frau in dem Lokal, nur alte Männer. Sie saßen jeder für sich an gesonderten Tischen und sprachen untereinander kein Wort. Ihre Gesichter waren ganz rot, aber ich konnte spüren, wie sie über die vergangenen Tage und Jahre ihres Lebens nachdachten; über die Geschichte, das Gestern und Heute. Sie warteten auf den Tod, aber sie waren deswegen nicht in besonderer Eile: es gab noch so viele Sachen, über die man nachdenken konnte. *(1978)*

JÖRG BURKHARD

der heidelberger herbst

Der himmel ging unter
bürger gingen nachhause
von ihrem geld
blieben die straßen voll
plasticbecher und scherben
schlägereien
ein demolierter bratwurststand
pisse
verlorene kinder
ein umgekippter rollstuhl
verletzte beim fahrfehler eines wagens mit blaulicht
zerstörte absperrungen
abgerissene rückspiegel und antennen
ehekräche
lebensmittelvergiftungen
bierleichen
fünfhundert musiker hatten die bürger
bis dienstschluß 22 uhr in schach gehalten
dann brachen sie los
brüllten
verbrannten
bis die müllabfuhr kam
und mittendurch fuhr
schlag eins
war die stadt sauber
sonntag

(1978)

56 *Sane C. Schweyer: Von den Wettern zerrissen, 1978*

MICHAEL BUSELMEIER

Der Untergang von Heidelberg

Plötzlich gehen alle Laternen aus
unter der Decke, und ich radle
die Ziegelgasse zum Neckar runter
die irgendwo in einem Abgrund endet
mein Fahrrad rutscht weg
warum ists hier so finster am Tag
warum sind meine Füße so kalt
trotz doppelter Wollsocken?
   Gestern stand ich weit draußen
   zur Ebene hin, im Sonnenlicht
   ließ Kieselsteine übers Wasser hüpfen
   von drüben schrien die Hähne, Pappelgeräusch
Wir sind die letzten, ich löse
die Uhr vom Handgelenk des Toten
schubse den Körper in eine Lache
Europa steht durch, brülle ich
wir werden uns in Südbaden festkrallen
das Wasser steigt
ich schleife meinen Toten hinter mir her
Löcher unter den Nägeln
seine steifen geschrumpelten Finger
haken sich in den Fugen des Pflasters fest
Woolworth ist taghell erleuchtet
aus den Kofferradios
werden ERDBEBENARTIGE ERSCHÜTTERUNGEN gemeldet
doch der Oberbürgermeister
hält am Wort BEHAGLICHKEITSLÖSUNG fest
hinter schiefen Rolläden eingehauene Fenster
   Einmal sah ich beim Spazierengehen
   ein Fenster, mit einem Kleiderschrank zugestellt

Sie haben die Treppe mit Spitzhacken zerschlagen
Heizkörper, Waschbecken, Lichtleitungen
aus den Wänden gezerrt
eine zerbrochene Kloschüssel
mit Kot und Mörtel verstopft
und vergilbten Zeitungsartikeln
die Yankee-Flagge aus Plastik steckt drin
Ich irre durch diese vielen Räume
hinter mir bricht der Fußboden ein
schwarzes Loch, plätscherndes Wasser
ich schreie nach meiner Mutter
sie soll mich zum Aufzug führen
der irgendwo oben kreischend im Schacht steckt
ein altmodischer Kasten mit ratternden Türen
über einem leeren Schwimmbad
mit abgerissenen Duschen und blinden Spiegeln
Holzstücke treiben auf der Oberfläche
Unkraut wuchert, es ist still
Ein geborstenes Kino wird reingezogen
bunte Türkenkinder krabbeln
zwischen Trümmern und Stromkabeln herum
Sieh runter auf die zermanschte Landschaft
aus dem 32. Stockwerk des Dresdner Bank Hauses
      Drinnen schimmern BÜRO-LANDSCHAFTEN
      Schreibtisch an Schreibtisch
      im fetten Gras
Ich sehe obszön aufgeschnittene Zimmer
ganz oben eine verwohnte Tapete
mit einem goldgerahmten Gemälde, ein Handtuch
flattert im Wind, Sirenen kreischen, die Bagger
Weit draußen auf einem Hügel
neue SILOS FÜR ARBEITSTIERE
ab und zu ein Mensch an einem Fensterkreuz
ES LEBE DIE ZÄRTLICHKEIT DES BETON
Einschußlöcher in den Scheiben des Sanierungsbüros

der Stadtoberamtmann mit blutigem Kopf
hinter seinem Schreibtisch, Zivilbullen
tasten den Boden nach Projektilen ab.

(1978)

ULRICH GREINER

Mein Liebste ist verschwunden

Lange lieb' ich dich schon, möchte dich, mir zur Lust,
Mutter nennen, und dir schenken ein kunstlos Lied,
Du, der Vaterlandsstädte
Ländlichschönste, soviel ich sah.

So schrieb Hölderlin, als er 1800 in Heidelberg war. Die Zeilen
sind in einen Gedenkstein gemeißelt. Ich lese sie, erschöpft von
der tropischen Mittagshitze, und gehe weiter den Philosophenweg hinab. Verlassen liegt er da in der Sonne. Eine ältere Frau
ist damit beschäftigt, sich auf einer schattigen Bank niederzu-
lassen. Umständlich, da sie mich nicht sieht, hebt sie ihren ge-
blümten Rock, um ihn nicht beim Sitzen zu knautschen. Das
Unternehmen gelingt erst beim zweiten Versuch. Am Wegrand
steht ein Muttergottesbild, davor sind frische Blumen, Marge-
riten, Fingerhut, Katzenpfötchen. Auf der anderen Seite liegt
die Stadt, »*Alt-Heidelberg, du feine, du Stadt an Ehren reich*«,
wie Scheffel sang, der Neckar, eingerahmt von der tobenden
B 37 und der Ziegelhäuser Landstraße, darüber das Schloß,
eine Ansichtskarte, etwas verblaßt im mittäglichen Dunst.

Wie der Vogel des Walds über die Gipfel fliegt,
schwingt sich über den Strom, wo er vorbei dir glänzt,
Leicht und kräftig die Brücke,
Die von Wagen und Menschen tönt.

Jetzt ist sie still, die Alte Brücke; die Menschen meiden die Hitze. Sie liegen auf den Neckarwiesen in Bikinis und Badehosen.

Doch baden können sie nicht. Der Fluß ist zwar kühl, aber schmutzig und schwer von Metall.

I

Heidelberg ist ein Mythos, begründet von deutschen Dichtern, in Geld umgesetzt von der Tourismusindustrie. Goethe war hier, Jean Paul, Hölderlin, Eichendorff, Brentano, Arnim – alle schwärmen sie von der Stadt. *»Komme in dies schöne Land, es ist hier schön, unbegreiflich schön!«* schrieb Brentano an Arnim. Beide sammelten in Heidelberg Volkslieder für »Des Knaben Wunderhorn«.

Heidelberg ist keine Stadt der Dichter mehr. Die Altstadt ist saniert, aufgeräumt, blitzsauber. An der Hauptstraße stehen Automaten »Dog parat«, mit dessen Hilfe Hundebesitzer den Kot ihres Lieblings in Tüten packen können. Wo früher die Straßenbahn an bescheidenen Läden und kleinbürgerlichem Gewerbe vorbeiklingelte, flanieren heute die Touristen und Konsumenten. Sie kaufen in teuren Boutiquen und lassen sich nieder im Queens Pub, in Shepherds Lounge, in den Bistros, Pizzerias, in den edlen Cafés, sie verspeisen Big Mäcs mit Pommes frites bei McDonalds, der ein wunderbares Barockhaus an der Heiliggeistkirche besetzt hält.

Abends im »Villa«. Schöne Frauen in durchsichtigen Kleidern lehnen an der Bar und blitzen mit den Zähnen. Braungebrannten Burschen in weißen Hemden hängt die Zigarette aus dem Mundwinkel. Ich bestelle ein Mineralwasser und bekomme ein »Perrier«. Hier ist das schöne, neue Heidelberg. Es sieht aus wie in Hamburg, Monte Carlo oder Ibiza. Junge Leute aus dem Umland, auch aus Ludwigshafen und Mannheim, strömen am Wochenende in die schicken Quartiere. Ihren Gesichtern ist nichts zu entnehmen, ihre Kleider sind gestern gekauft, sie scheinen einverstanden mit allem. Die anderen, die nicht einverstanden sind, treffen sich woanders, jedenfalls nicht mehr in der Altstadt.

Einer, der nie einverstanden war mit Heidelberg und der doch die Stadt närrisch liebt, ist der Schriftsteller Michael Buselmeier, ein Veteran der 68er Generation. Sein Roman »Der Untergang von Heidelberg« ist voller Trauer und Zorn über den Sieg, den die Technokraten und die Sanierer über die Stadt seiner Jugend errungen haben. Verschwunden sind die alten Kneipen, die gemütlich-schmuddeligen Ecken, zerstört der Bismarckplatz mit seinen Prachtbauten aus der Gründerzeit. Melancholisch denkt Buselmeier an die studentenbewegten Zeiten. »Bin ich der letzte Langhaarige in der Stadt?« Buselmeiers liebster Feind ist der Oberbürgermeister Reinhold Zundel, der zu seinen Verdiensten nicht nur die Sanierung der Altstadt rechnet, sondern auch ihre Säuberung von revoltierenden Studenten. Über Buselmeier hat Zundel einmal bemerkt: »Der Buselmeier ist 'n Irrer.«

Der nunmehr alte Konflikt zwischen der oppositionellen Jugend und den etablierten Vätern ist nicht mehr tragisch. Oft wirkt er nur noch komisch. Er ist allerdings längst nicht verschmerzt. Was damals passierte, als Studenten Barrikaden bauten und Steine warfen, als die Polizei prügelte und festnahm, als die Universität mit Strafprozessen, Verboten und Relegationen sich wehrte, das alles wirkt immer noch fort und schlägt manchmal hysterische Wellen auf der ansonsten glatten Oberfläche des Status quo.

II

Zum Beispiel der Fall Ziehank. Man muß ihn erzählen, weil er – lächerlich und fatal zugleich – typisch ist für Heidelberg heute. Er hängt zusammen mit dem Fall Härdle, und das wiederum ist typisch für Heidelberg: daß aus allem gleich ein Fall wird, und daß alle Fälle zusammenhängen. Der Rechtsanwalt Gerhard Härdle wurde im Mai 1979 wegen des Vorwurfs der Falschaussage, des Landfriedensbruchs und des Widerstands gegen Polizei zu 22 Monaten Haft verurteilt. Härdle hatte lan-

57 *Peter Ackermann: Heidelberg-Bild, 1974*

ge Jahre jene Angeklagten verteidigt, die nach Demonstrationen und Zusammenstößen mit der Polizei vor Heidelberger Gerichten standen. Der Prozeß gegen ihn war »mit Fragwürdigkeiten gespickt«. Der Bundesgerichtshof verwarf eine Revision. Daraufhin erschien am 11. Juni 1981 in der Rhein-Nekkar-Zeitung eine Anzeige, in der 84 Gewerkschaftsmitglieder Protest erhoben. Zu den Unterzeichnern gehörten auch sechs Angestellte (Betriebsräte) der Universitätsbuchhandlung Ziehank. Sie wurden fristlos entlassen.

Jedermann wunderte sich zunächst, warum der Inhaber Torka dies tat. War es nicht jedermanns Recht, Aufrufe, wenn legal, zu unterzeichnen? Torka jedoch hatte sich mächtigem Druck gebeugt: Professoren der Juristischen Fakultät, darunter der Universitätsrektor Adolf Laufs, hatten in auffallend ähnlichlautenden Schreiben an Torka erklärt, sie wollten nicht Gefahr laufen, sich von Leuten bedienen zu lassen, »die eine so schlechte Meinung von der deutschen Justiz haben«. Deshalb

347

würden sie in Zukunft die Buchhandlung meiden. Im Klartext hieß das: Die Professoren drohten ihrem Fachbuchlieferanten mit Boykott. Für Torka war dies kein Fall der Moral, sondern einer des Geschäfts. Das Juristische Seminar war einer seiner größten Kunden. Vorm Arbeitsgericht wurden die gekündigten Buchhändler später rehabilitiert. Nicht wiedergutgemacht wurde jedoch der Eindruck, in Heidelberg sei möglich, was unter anständigen, liberalen Leuten unmöglich ist.

III

Es ist heiß und sehr schwül in Heidelberg. Um zwölf bin ich mit dem Rektor Adolf Laufs verabredet. Die Luft im Amtszimmer ist frisch und kühl. Die Klimaanlage arbeitet lautlos. Der Blick geht hinaus auf den Universitätsplatz. Er liegt leer in der Sonne. Adolf Laufs ist Ende vierzig, schlank, schmal, seine Augen wirken wachsam. Ich frage nach Ziehank. Da wird er sofort lebhaft, verteidigt sich mit Leidenschaft, als wäre gerade ihm damals ein großes Unrecht widerfahren. »Ich bin liberal, und liberal heißt rechtsstaatlich. Das Verfahren gegen Härdle war rechtsstaatlich.« Die von den Buchhändlern unterzeichnete Anzeige sei ein Angriff auf die deutsche Justiz gewesen. »Ich war besorgt, und ich habe einen persönlichen Brief an Herrn Torka geschrieben.«

Der Brief eines Rektors sei keine Privatsache, wende ich ein. »Aber ich bitte Sie«, ruft Laufs, »das ist doch meine persönliche Freiheit, das ist doch mein Recht!« Und er erzählt mir viele Beispiele, wie peinlich er darauf achte, Privates und Amtliches zu trennen. »Aber ich muß doch das Recht haben, meine persönliche Meinung kundzutun.« Er wirkt sehr erregt. »Interessierte Kreise« hätten das alles aufgebauscht. Wen er damit meine? »Die Linksanwälte, die Medien.« Ich äußere den Verdacht, dies alles sei eine Fortsetzung der alten Konflikte. Laufs widerspricht nicht. Er sei aber stolz darauf, die Universität »befriedet« zu haben. Laufs deutet auf die Wände seines Zimmers. Ich sehe alte Ölgemälde. »Das ist jetzt wieder möglich, daß diese Bilder hier hängen«, sagt er, »die Steine, die damals durch die Fenster flogen, habe ich aufbewahrt. Sie liegen dort im Kachelofen.« Zufrieden lehnt er sich zurück und sagt: »Wir sind getrost«, und noch einmal: »Wir sind getrost.«

Ich frage ihn nach Gumbel. »Ach, Gumbel«, sagt er bitter. Emil Julius Gumbel war Dozent der Heidelberger Universität in den zwanziger Jahren, ein Pazifist, glänzender Publizist, der die drohende Gefahr von rechts vorhersah und beschrieb. Der Heidelberger Wunderhorn Verlag hat seine vergessenen Schriften wieder gedruckt und sich für eine öffentliche Rehabilitation eingesetzt. Da aber dieser Verlag von ehemaligen Achtundsechzigern geleitet wird, waren Stadt und Universität bislang nicht geneigt, sich ausführlicher damit zu befassen. Weil Laufs die Verlagsinitiative nicht zu seiner eigenen machen wollte, gab es Kritik an ihm. Auch die findet er ungerecht. Er habe getan, was er konnte. Gumbel, ein ehrenwerter, verdienter Mann – aber eine öffentliche, von der Universität betriebene Rehabilitation, das sei nicht seines Amtes.

»Befriedet« ist die Universität nicht. Es herrscht Ruhe, aber der Krieg geht leise weiter, friedlos und freudlos. Am Germanistischen Seminar zum Beispiel. Die Professorin Roswitha Wisniewski hat kürzlich in den »Mitteilungen des Hochschulverbandes« (2/82) eine rachsüchtige »Chronologie und Analyse« jener Auseinandersetzungen publiziert, die 1976/77 am Germanistischen Seminar stattfanden. Frau Wisniewski, die Mitglied der CDU ist, sieht in den damaligen Forderungen der Studenten bloß »kommunistische Agitation«. Selbstkritik ist ihr fremd. Die ist auch nicht notwendig. Denn die alte Ordinarien-Universität findet längst wieder statt, ungestört. Die Studenten studieren, und manche ziehen sich abends eine Kappe auf und betrinken sich. Die Verbindungen, auch die schlagenden, haben wieder Zulauf. Sie sind aber nicht rechts, sie sind unpolitisch.

IV

»Die Stellung der Universität in der Stadt hat sich auf ein vernünftiges Maß relativiert«, sagt Oberbürgermeister Reinhold Zundel. Er trägt ein kurzärmeliges Hemd mit offenem Kragen. Man sieht seine muskulösen Arme. Im Zimmer ist es heiß. Es hat keine Klimaanlage. Ein warmer Wind bläst durch die geöffneten Balkontüren. Wenn Zundel auf seinen Balkon tritt, hat er über sich das Schloß und unter sich den Kornmarkt mit den eingepackten Resten des »Prinz Carl«. Das ehemalige Hotel hatte Zundel vor vier Jahren wegen Baufälligkeit abreißen lassen, worauf die deutsche UNESCO-Kommission vor »weiteren substanzschädigenden Eingriffen in die historisch gewachsene Stadt« warnte.

Seit 1966 ist Zundel im Amt. »Meine grauen Haare habe ich mir hier geholt«, sagt er, aber das klingt keineswegs melancholisch. Eher so, wie einer seine blauen Flecken nach einem Boxkampf vorzeigt, den er gewonnen hat. Zundel gewinnt die meisten Boxkämpfe. Das macht ihm Spaß, und man sieht es ihm an. Heidelberg ist seine Stadt, er ist der Chef, und wer daran zweifelt, bekommt es mit ihm zu tun. So wie die Stadt heute aussieht, ist sie sein Werk, und er ist stolz darauf. Ich kritisiere die Altstadtsanierung. Er gibt mir zum Teil recht. »Die Pubs können Sie von mir aus auf den Mond schießen. McDonalds hat uns damals reingelegt.« Und er schimpft auf den »verdammten merkantilen Druck«. Da mogelt er natürlich. Denn er wollte ja doch die Stadt »attraktiv« machen für Leute mit Geld, und er hält sich zugute, daß Heidelberg, anders als die meisten Städte, nur geringe Schulden hat. Ja, das ist eine Leistung, und wer noch unbeirrt an Wachstum glaubt, für den ist er der richtige Mann. 79 Prozent haben ihn 1976 gewählt. Er versäumt nicht, die Zahl zu nennen.

Problembewußtsein oder Selbstzweifel sind keine Zundelschen Kategorien. Er hält die Grünen und die Alternativen für »das Schlimmste, was einem Land wie der Bundesrepublik passieren kann«. Zwei dieser Leute hat er in seinem Stadtrat, aber mit dem verfährt er ohnedies nach Belieben. Ich erinnere mich an eine Stadtratssitzung vor einigen Monaten. Damals hatte Zundel das ehemalige Rathaus von Ziegelhausen, das unter Denkmalsschutz stand und in dem Jugendliche sich trafen, über Nacht abreißen lassen. Das war ein genialer Streich: Er war das baufällige Haus los und die Jugendlichen auch.

In der Stadtratssitzung sollte Zundel Rede und Antwort stehen. Aber da nach der baden-württembergischen Gemeindeordnung der Bürgermeister zugleich Vorsitzender des Stadtrates ist, also die Tagesordnung bestimmt und das Wort erteilt, kam es nicht dazu. Er bügelte aufkommende Kritik souverän nieder. Als einige Jugendliche auf den Zuschauerbänken lachten, drohte er sofort, den Saal räumen zu lassen. Die Stadträtin der Grünen, Irmtraud Spindler, eine stille, sympathische Frau, nahm das Wort. Da lachten alle Räte der alten Parteien. Sie lachen über sich selber, dachte ich, denn gegen Zundel können sie nicht an. Er hat alle auf seiner Seite, die Justiz, die Zeitungen, die Universität, die Industrie, er ist erfolgreich, die Stadt gedeiht – wer will ihm da widerstehen?

Zundel ist der Technokrat als Volkstribun, und solange die Rendite blüht, geht ihm keiner an den Kragen. Die paar hundert Alternativen und versprengten Achtundsechziger, die zwei Tage zuvor eine Fahrraddemonstration gemacht hatten, friedlich und sanftmütig, eingerahmt von viel Polizei, sie hassen Zundel, und er haßt sie, aber er hat Macht und sie nicht.

V

Ich verabrede mich mit Michael Buselmeier. Im »Europäischen Hof« holt er mich ab. Er möchte von innen sehen, was er nur von außen kennt: jenes Hotel, wo 1970 der ehemalige amerikanische Verteidigungsminister McNamara wohnte und Buselmeier draußen mit dem SDS Steine warf. Danach wurde der SDS verboten. Wir fahren mit den Rädern hinaus in den Stadtteil Rohrbach, wo damals Eichendorff sein Käthchen liebte und die Zeilen schrieb: »*In einem kühlen Grunde, / Da geht ein Mühlenrad. / Mein Liebste ist verschwunden, / Die dort gewohnet hat.*«

Nicht nur die Liebste ist verschwunden, nicht nur das Mühlenrad, auch der Rohrbach. Er liegt tief begraben unter dem Asphalt, Beginn der Sanierung, die das alte dörfliche Rohrbach hinwegraffen wird. Nur ein Straßenschild steht noch da: »Im kühlen Grunde«. Während wir die Räder den Berg hochschieben, erklärt Buselmeier mir und seinem kleinen Sohn Moritz, der auf dem Kindersitz hockt, was alles sich geändert hat, was früher anders war und schöner. Er weiß Bescheid in Heidelberg wie kein zweiter, und er weiß viele Geschichten, meist traurige, denn die Heimat, die er kennt, ist bald nicht mehr wiederzuerkennen. Er höhnt über die Spekulanten und über die Zundels. »Aber«, sagt er, »wir haben damals die Zerstörung auch nicht gesehen. Vietnam war uns wichtiger als der Bismarckplatz.«

Später fahren wir oben am Gaisberghang entlang und besuchen den Bergfriedhof, der sich steil und schattig zwischen alten Bäumen den Berg hinaufzieht. Hier liegen Friedrich Ebert, Max Weber, Gustav Radbruch, Carl Goerdeler, Wilhelm Furtwängler, Carl Bosch. Es wundert mich, daß Buselmeier sie alle kennt, ihre Namen, ihre Biographien. Er ist tatsächlich ein Archäologe des Heimatgefühls.

Nachmittags steigen wir den Schloßberg hinauf, vorbei an jenem Haus, wo Friedrich Gundolf wohnte, und blicken dann hinunter auf die Stadt. »Sie ist doch schön«, sagt Buselmeier. Wie in einem Keil schieben und drängen sich die alten Häuser, Kirchen, Paläste zwischen die waldigen Hügel und den Neckar. Stadt und Landschaft bilden eine Einheit. Entfernt am Horizont sehen wir die Ebene, wo Industrie den Himmel verdunkelt und wo Autobahnen sich ins Land fressen.

VI

Für den Abend ist ein Feuerwerk angekündigt. Lange vorher schon sind die Straßen von der Polizei gesperrt. Die Neckarufer sind fest in der Hand der Amerikaner. Rund zwanzigtausend leben in Heidelberg, im Hauptquartier der amerikanischen Streitkräfte. Jetzt lagern sich die Soldaten mit ihren Mädchen um die Bierkästen, betrunken und fröhlich. Familien packen ihre Kühltaschen aus, holen Dosen hervor, Coke, Seven-up und Heineken, gebratenes Huhn und Chips, Klappstühle werden aufgeschlagen, Babys trockengelegt, die Väter bauen gruppenweise ihre Stative und Kameras auf. Auf der Straße räumt die Polizei eine »Sicherheitszone« und treibt die Liebespaare vor sich her. Ich sitze am Hang, umgeben von Amerikanern. Jetzt gehen die Straßenlaternen aus, drei Böllerschüsse kommen von der Brücke, und das Schloß geht in Flammen auf. Bengalisch rot leuchtet es gegen den nächtlichen Himmel. Dann entfachen die Feuerwerker auf der Brücke ein Inferno von Raketen und Explosionen. Es klingt, als wäre in der alten Stadt ein alter Krieg ausgebrochen. Der junge Amerikaner neben mir murmelt immer nur »that's right, that's right«. Als die letzte Rakete erloschen ist, bricht alles auf und wartet vor der Alten Brücke, wo Polizisten die Absperrungen wegräumen. Endlich strömt die Masse hinüber in die Altstadt und füllt die Diskotheken und Kneipen. Zurück bleiben Berge von Dosen und Flaschen. Der Mond hängt rund und matt über dem Neckar, und die Schwäne, schwach erhellt von den nun wieder leuchtenden Laternen, tunken ihre Hälse in das schwarze Wasser. *(1982)*

Nachwort

MICHAEL BUSELMEIER

Mythos Heidelberg

Mythen sind Wunschbilder, kollektive Symbole. Sie blicken jeden »wie seine Heimat an«. Daß sie nicht ganz von dieser Welt sind, macht ihre Bestimmung so schwierig, erlaubt es aber dem, der nicht auf Entlarvung ›falschen Bewußtseins‹ aus ist, sie in Chiffren der Poesie einzukreisen.

Der Mythos besteht aus Wiederholungen: Vergleichbare Situationen kehren an verschiedenen Orten und zu verschiedenen Zeiten wieder. Wo man poetische Texte, beispielsweise zu Heidelberg, chronologisch aneinanderfügt, kann man beobachten, wie sich die Bilder ändern und wie anderes über Jahrhunderte gleichbleibt: die Identifikation einer Stadt mit Werten wie Jugend, Heimat, Glücksmoment; eine das Gegenständliche überfordernde, unendliche Sehnsucht, die man ›romantisch‹ nennt. Sie entzündet sich gewöhnlich im Anblick einer schönen Landschaft, die – gerade weil sie so schön ist – »noch irgend eine Befriedigung unerfüllt läßt« (Gottfried Keller).

Heidelberg hat seine mythischen Orte; kaum ein Gedicht, das sie nicht zitiert. Wolfsbrunnen, Stift Neuburg, Palais Boisserée; vor allem Schloß, Fluß und Brücke – gesehen meist aus einer eigentümlichen Perspektive: Von Osten nach Westen vor dem Abendhimmel die Silhouette des Schlosses, dahinter schimmernd die Rheinebene wie ein Meer, in der Ferne begrenzt durch die Haardt, und unten schmal zwischen Strom und Berghang die Altstadt, der Neckar, der zwischen den beiden Gebirgen hervorbricht. Eine Wunsch- und Todes-Landschaft, wie man sie auch auf dem »Das Ende der Welt« genannten Perspektiv im Schwetzinger Schloßgarten findet.

Doch ist dieses poetische Terrain mit seinem schwermütigen Grundton nur ein bestimmender Teil dessen, was den »Mythos Heidelberg« ausmacht: die sanften Berge, dunstiger Laubwald, Tal, Ebene, das milde Klima und die barocken Werke der Architektur in den mittelalterlichen Straßenzügen – Gewachsenes und Gebautes, von einem Künstler-Gott zur *Ideallandschaft* geformt: so hat Goethe sie im Tagebuch der Schweizer Reise von 1797 beschrieben. Und als Hauptmotiv die Schloßruine, Symbol der Vergänglichkeit, zugleich aber ein Ort, an dem die alten Rittergeschichten noch zu beschwören sind – im Sinn der romantischen Erneuerungsversuche.

Zu Natur und Architektur gesellt sich, was man einmal den »Geist Heidelbergs« genannt hat. Er lebte von der 1803 ein zweites Mal gegründeten und in ihrer Substanz erneuerten Universität, die sogleich junge, dem Rationalismus feindlich gesonnene Gelehrte wie Creuzer, Görres, Thibaut, auch unruhige Dichter, Musiker, Maler und poetisierende Studenten von überall her anzog. Wobei anzumerken ist, daß ein Teil des intellektuellen Lebens der Stadt stets neben der Universität herlief, ja gegen sie gerichtet war. Es geht nicht an, Dichter wie Brentano und Arnim, Keller, Toller und Mombert, Kunstsammler wie den Grafen Graimberg, die Brüder Boisserée und Friedrich Schlosser auf Stift Neuburg, widerborstige Wissenschaftler wie Görres, Feuerbach, David Friedrich Strauß, Max Weber und Lukács im nachhinein der Universität zuzuschlagen.

Landschaft, Architektur und die neu-alte Universität als möglicher Ort der Begegnung von Dichtung und (Geistes-)Wissenschaft sind zwar Voraussetzungen der Entstehung des Mythos Heidelberg, doch sie erklären ihn nicht; er läßt sich nicht in ›Bedingungen‹ zerlegen. Er läßt sich auch nicht aufs Kommerzielle, die nackte Warenhaut reduzieren; er ist keine Erfindung der Touristik-Industrie. Sein begrifflich kaum faßbarer Kern scheint mir – wenn auch gebrochen und abgeschwächt – immer noch wirksam. Das oft beschriebene Heidelberg-Gefühl, ein paar Zentimeter über dem Erdboden zu schweben, hält an, solange unser Unbehagen an der Realität vorhält. Heidelbergs genius loci ist romantisch und daher dem Mythos wohl gesonnen. Hier hat Creuzer seine Mythologie geschrieben, Görres die »teutschen Volksbücher« nacherzählt; Arnim und Brentano haben hier die Lieder zum »Wunderhorn« gesammelt. Hundert Jahre später hat Henry Thode in Heidelberg den Mythos von Bayreuth propagiert und Richard Benz die spätmittelalterlichen Legenden ediert.

In Hölderlins Heidelberg-Ode erscheint der Mythos bereits endgültig ausformuliert. Anderthalb Jahrhunderte lang haben Poeten, Maler und dichtende Professoren die von Hölderlin beschworene Aura, seine Bilder nachgeahmt und variiert, und selbst Gegner jeder Idyllik können sich von diesem Vorbild nur mühsam lösen. Denn *Landschaft* tritt hier großartig an die Stelle des göttlichen Ur-Bilds, das vormals die schattenhaften Erscheinungen der Welt bezeugten. Von Hölderlin »Mutter« genannt, wird Heidelberg zur Ur-Landschaft, zum Symbol aller möglichen Landschaften. Die Bewegung der Brücke spiegelt sich im Fluß, kehrt im Flug des Vogels wieder und wiederholt sich in den Ziegelhäuser Bergen – als Gesamtwölbung sowie im Rhythmus der Arkaden. Fluß und Ebene, Wald, Burgruine und Kleinstadt sind einander unterm »verjüngenden Licht« symbolhaft nahegerückt. Hölderlin empfand Heidelberg als bergenden Ort, als einen Traum von Heimat und Schönheit. Wahrscheinlich ist er dreimal dagewesen. Zuerst – das bezeugt ein Brief an die Mutter – am 3. Juni 1788 auf einer fünftägigen Reise von Maulbronn an den Rhein. 1795, wieder im Juni, traf Hölderlin (zumindest sprechen die Indizien dafür) nach der überstürzten Abreise aus Jena in Heidelberg mit dem Arzt und Naturforscher Johann Gottfried Ebel zusammen (»Ein vertriebener Wandrer / Der vor Menschen und Büchern floh«, heißt es in einem Entwurf der Heidelberg-Ode); Ebel vermittelte ihm bald darauf die Hauslehrerstelle bei den Gontards. Die asklepiadeische Ode verschmilzt beide Erinnerungen im mythischen Bild. Ihre ersten Entwürfe sind spätestens im Frühsommer

1798 entstanden. Ob der Vollendung des Gedichts ein weiterer Heidelberg-Besuch vorausging, möglicherweise Ende Mai oder Anfang Juni 1800, ist umstritten.

Dieses genaue Hinsehen des Dichters – ist es nicht jedesmal ein Abschiednehmen, wie ein letzter Blick auf die Welt? Hölderlin projiziert seine Träume und Ängste, die Suche nach Identität und den Wunsch nach einem »Vaterland« (in der Doppelbedeutung von individueller Geborgenheit und politischer Einheit bzw. Freiheit der Nation) in die Landschaft; er spricht die Stadt als vertrautes Wesen an, und es stellt sich ein beinah erotisches Verhältnis zu den Naturdingen her, mit denen der Dichter eins zu werden sich müht. Ist das Flucht vor dem Alltag, Ausdruck romantischer Isolation und Selbstliebe, Eingeständnis der Unfähigkeit, mit den Menschen etwas anzufangen? Oder meldet sich in all dem nicht auch der Wunsch, Geschichte dialektisch anzueignen?

Dem Verlust religiöser Geborgenheit und dem Ende des Fortschrittsoptimismus der Aufklärung folgte die Rückwendung auf Natur und Tradition, aber auch die Suche nach einer neuen, »künstlichen« Mythologie angesichts der Krise der Zeit – bei Friedrich Schlegel und Novalis, bei Richard Wagner, Nietzsche, Stefan George. Um 1800 bemerkt zum ersten Mal eine Generation bürgerlicher Intellektueller, daß die Gesellschaft sich keineswegs von selbst zum Besseren hinentwickelt. Die Französische Revolution ist gestrandet; die Industrialisierung beginnt. Laßt uns wenigstens die eigene Identität ins Gedicht retten! Je verdinglichter die Beziehungen der Menschen im öffentlichen und privaten Bereich, je dominierender die instrumentelle Vernunft, desto heller protestierend erklingt die »chaotische« Feier der romantischen Poesie.

Die Blütezeit der Heidelberger Romantik ist kurz (bedeutende Künstler haben es nie lange in der Stadt ausgehalten). Sie reicht vom Juli 1804 bis zum November 1808, von Clemens Brentanos Ankunft bis zur letzten Abreise Achim von Arnims. Sie umfaßt mit Brentano, Arnim und Görres einen Dichterkreis, der durch Friedrich Creuzer und – am Rand – Caroline von Günderode ergänzt wird. Eine studentische Gruppe mit überspanntem Freundeskult bilden Joseph von Eichendorff, sein Bruder Wilhelm, die Theologen Budde und Strauß sowie Otto Heinrich Graf von Loeben. Einen Nachklang findet die Heidelberger Romantik in den 15 »Divan«-Gedichten, die Goethe 1815 nach der Begegnung mit Marianne Willemer geschrieben hat. Mit Lenaus und Hebbels in Heidelberg entstandenen Gedichten, vor allem mit Immermanns und Gutzkows ironischen Reise-Skizzen und Gottfried Kellers realistischer Prosa – er schrieb um 1849 in einer Kammer am Neckarstaden an der Urfassung des »Grünen Heinrich« – ist die Romantik historisch passé.

Der bezauberndste ›Sänger‹ Heidelbergs war Joseph von Eichendorff. Kein anderer hat die Atmosphäre der Stadt, Gefühle und Erinnerungen, die sie freizusetzen vermag, so sicher in Bilder gefaßt, Landschaft und Dichtung so nah aneinandergerückt, daß ein Wanderer in der Frühlingsnacht sich fragen mag, ob er das alles wirklich sieht und hört oder ob Eichendorffs Verse in ihm widerhallen. Eichendorff, Schlesier, zog 19jährig im Frühling 1807 aus dem Schloß seiner Väter nach Heidelberg, um hier Jura zu studieren. Was er daheim ererbt und erlebt hatte, wurde ihm durch Heidelbergs verwandte Landschaft erst bewußt. Noch war er mehr literarischer Nachahmer denn Dichter mit eigener Stimme. Im Juni 1808 verließ er Heidelberg und kehrte nie wieder zurück. Doch je länger er entfernt war, desto kräftiger leuchtete das Bild der Stadt in seinen Liedern, im Roman »Ahnung und Gegenwart«, in den Novellen – überall rauschen die Wälder und Brunnen von Lubowitz und Heidelberg.

In der Erzählung »Dichter und ihre Gesellen« erinnert sich Fortunat an Heidelberg, in dem Lustspiel »Die Freier« ist es die Gräfin. Ein Prinz träumt in der Novelle »Viel Lärmen um nichts«, er stünde am Neckar bei Heidelberg, aber der Sommer ist vorbei und die Sonne längst untergegangen, »als wäre die

Welt gestorben« (womit sich Schwermut und Todesnähe als Kehrseite und Vollendung der romantischen Sehnsucht nach dem Glück erweisen). In »Halle und Heidelberg« treten die Lehrer der Jugend auf, voran der »Prophet« Görres und die aus der Ferne verehrten Herausgeber des »Wunderhorns« und der »Zeitung für Einsiedler«, Arnim und Brentano. Noch zwei Jahre vor seinem Tod, am Ende von »Robert und Guiscard«, beschwört der 66jährige Dichter Heidelberg: »In dieses Märchens Bann verzaubert stehen / Die Wandrer still. Zieh weiter, wer da kann…«

Eichendorff wußte die Dinge aus ihrem Schlaf zu erlösen. Die Sehnsucht nach dem Glücksmoment ist Antrieb zu seinem Werk. Das irdische Glück liegt in der Vergangenheit, der fast ausschließlich Eichendorffs Aufmerksamkeit gilt. Von der berauschenden Erfahrung jugendlichen Aufbruchs in frühlingshafter Natur – Wandern bei Tagesbeginn, Mondnächte im stillen Wald – hat er zeitlebens gezehrt; sie hat ihn jung gehalten.

Auch Eichendorffs Studienfreund, der biedere Theologiestudent Wilhelm Budde aus Unna in Westfalen, verband mit Heidelberg Werte wie ›ewige Jugend‹, ›geistige Heimat‹, während die Trennung von der Stadt ein frühes Alter in schneebedeckter Öde bedeutete. Wer sich durch Buddes weitschweifiges »Heidelberger Tagebuch« hindurcharbeitet, erfährt zweierlei. Zum einen war die akademische Welt im frühen 19. Jahrhundert eine geschlossene kleine Gesellschaft, innerhalb derer kaum Schranken bestanden. Die Professoren waren stets ansprechbar; Gespräche wechselten mit Festen; Hausbesuche gab es zu jeder Tageszeit. Den Nachmittag verbrachte Budde in Joseph Görres' Arbeitszimmer, den Abend bei dessen Todfeind Johann Heinrich Voß im Familienkreis. Zum andern war die Studienzeit eine streng markierte Lebensphase. Sie bedeutete Jugend und Freiheit in schöner Natur unter anregenden Gesprächen mit bedeutenden Menschen jedes Alters; aber mit Ende des Studiums war dieses »reiche Leben« vorbei. Nach »letztem Abendmahl« und tränenvollem Abschied begann der

Ernst des Daseins in abgeschiedener Provinz, der zähneknirschend hingenommen wurde. Auch Pastor Budde hat Heidelberg und die Freunde vom »eleusischen Bund« nicht wiedergesehen.

Ist das nicht seit jeher der Lauf der Dinge: die früh abgepreßte Versöhnung mit der Realität? Der junge Gottfried Keller hat es – begünstigt durch politische Umstände – verstanden, sich ihr zu entziehen. In Heidelberg, wo er, um Geschichtsstudien zu treiben, von Oktober 1848 bis April 1850 lebte, wurde er Anhänger des Feuerbachschen Materialismus und Sympathisant der badischen Revolutionäre. Die Kunde von der Pariser Julirevolution hatte auch hier die Stille des Biedermeier beendet. Heidelberger Burschenschafter waren führend am Hambacher Fest (1832) und am Frankfurter Wachensturm (1833) beteiligt. Der Verlagsbuchhändler Christian Friedrich Winter, ein Wortführer der Republikaner, Freund von Hecker und Struve, war damals und viele Jahre lang Erster Bürgermeister. Ende 1848 begrüßte er im großen Rathaussaal den radikalen Denker Ludwig Feuerbach und lud ihn ein, hier vor Studenten und Arbeitern ein Semester lang über »Das Wesen der Religion« zu sprechen, da ihm die Universität Räume versagt hatte. Zu Feuerbachs Füßen saß Gottfried Keller und wurde darüber belehrt, daß es die helle Wirklichkeit sei, die den Geist erschaffe.

Kellers Briefe aus Heidelberg geben Auskunft über die Armut der Bevölkerung: »Überhaupt ist hier ein lumpiges, liederliches Volk: alles lebt ganz und gar von den Studenten; die halbe oder drei Viertels Bevölkerung sind uneheliche Studentenkinder und läuft in Fetzen herum.« Dem Mythos Heidelberg hat Keller eine neue, aktuelle Variante hinzugefügt. Nicht daß er die Poesie der *Landschaft* übersehen hätte; er hat sie in Gedicht und Prosa ausführlich gewürdigt. Doch neben sie tritt gleichwertig die Poesie der *Revolution*. In der Skizze »Die Romantik und die Gegenwart. Eine Grille« (1849) heißt es nach einer Schilderung der romantischen Werte Heidelbergs: »Als die Waffenvorräte aus Karlsruhe und Rastatt nach den Pfingsttagen durch das ganze Land verbreitet wurden, kamen große Züge Landvolk in die Städte, um sie in Empfang zu nehmen. Da glaubte man öfter, wandelnde Gärten zu sehen: alle Hüte und die Mündungen der Gewehre waren mit den ersten Mairosen und andern roten Blumen vollgesteckt, so daß ganze Straßen von Blumen wogten, und darunter hervor tönten die Freiheitslieder. Andere Züge hatten sich mit grünen Zweigen und Farrenkräutern geschmückt, so daß man, gleich Macbeth, den Birnamswald nahen zu sehen glaubte. Einem solchen marschierenden Park ging ein Jüngling mit einer Kindertrommel, einem andern ein alter lustiger Geiger voran. Nach und nach verschwand dies liebenswürdige Volk wieder, um sich in den Gemeinden einzuüben. Dafür erschienen aber bald die geordneten Bataillone, die Offenburger Volkswehr und Freischaren. Die Blumen waren zwar weg, aber die keckste malerische Tracht und Behabung in der größten Mannigfaltigkeit da: der Turnerhut in der größtmöglichen Auswahl von Aufstülpungen und mit Bändern aller Art geschmückt, die blaue Bluse, dreifarbig oder rot gegürtet, Ränzel und Bündel in den kühnsten Lagen an Hüften und Rücken; kampflustige frohe Gesichter und bei alle dem Durcheinander eine feste kriegerische Haltung machten viele dieser Scharen zu einem Paradiese für Maler und Romanschreiber, freilich auch zu einer Hölle für Herrn Bassermann.«

Nach der Niederlage der badischen Freischaren gegen die preußischen Truppen wurde es auch um die Poesie still (sieht man von den subversiven Heckerlied-Sängern ab). An die Stelle der ersehnten bürgerlichen Freiheiten trat der Zwang der Reaktion, der sich auch gegen liberale Professoren richtete (Hochverratsprozeß gegen Gervinus, Entsetzung Kuno Fischers vom Lehramt). Dafür zogen andere ein, die ihren Beruf wertfrei verstanden: 1852 wurde der Chemiker Bunsen berufen, 1854 der Physiker Kirchhoff, 1855 der Internist Kussmaul, 1858 der Physiologe Helmholtz. Produktive poetische Köpfe und liberale Kritiker scheinen Heidelberg jahrzehntelang gemieden zu haben, und was nun eigentlich zum Zug kam, war ein zweites Biedermeier, war die Verharmlosung und Trivialisierung des romantischen Mythos zum Trinklied und zum Studentenulk mit Großem Faß und Zwerg Perkeo.

Die Grenze zwischen Spät- und Pseudoromantik ist fließend. Von Viktor von Scheffel, der als gemütvoller, heiterer Lyriker Verdienste hat, leitet sich die Butzenscheibenpoesie der Roquette und Flaischlen her, die bis in die 50er Jahre unseres Jahrhunderts fortlebte und noch heute vielen als *die* Heidelberg-Lyrik gefällt: Beamtenpoesie meist alternder Herren, die in stereotypen Wendungen Schloß, Stadt und Brücke anschwärmen, um die eigene »Burschenzeit« zu verklären, die sie selbst als Philister verraten haben. Diese Heidelberg-Freunde, die weder poetisch noch sonstwie etwas riskierten, waren entweder weinselige Scheffel-Epigonen oder sentimentale Hölderlin-Nachahmer.

Seit der zweiten Hälfte des 19. Jahrhunderts diente Heidelberg zahlreichen Trivialromanen und Studentenstücken als Kulisse. Den Höhepunkt bildete Wilhelm Meyer-Försters in 28 Sprachen übersetzter Welterfolg »Alt-Heidelberg« (1901). Über kein anderes Werk der Literatur (und des Films) sind soviele Tränen vergossen worden, kein anderes hat die Kassen der Wirte so reichlich gefüllt, und ich zweifle nicht, daß dieses Rührstück auch dazu beigetragen hat, daß die Stadt im letzten Krieg von amerikanischen Bomben verschont blieb. Noch einmal Heidelberg sehen und dann sterben! Denn die Jugend ist hin und der Lebensrest schal. »O alte Burschenherrlichkeit! Wohin bist du entschwunden?« Das ist der den Mythos festigende Tenor der mit vollem Kitsch ans Herz greifenden Schlußszenen von Meyer-Försters Stück. An ihm prallt jede noch so begründete Kritik (Brechts, Tucholskys) ab.

Um die Jahrhundertwende kam die Heidelberger Kultur – vor allem die Universität und ihr Umfeld – zu neuem internationalem Ruhm, der, durch den Weltkrieg erschüttert, doch erst mit Beginn der Nazizeit ein Ende fand. Für den George-Jünger Edgar Salin war Heidelberg in den Jahren vor 1914 »die geheime Hauptstadt Deutschlands«. Die Anziehungskraft Berlins auf alle Gelehrten, die urteilslos den Aufstieg des wilhelminischen Reichs bewunderten, habe die »starken Naturen« für die Provinz freigegeben, und es war vor allem Heidelberg, wo dank einer klugen Personalpolitik der liberalen badischen Regierung eine Anzahl der besten Forscher aus fast allen Wissensgebieten zusammentraf. Hinzu kamen viele Ausländer, reiche Erben, Privatgelehrte, Flüchtlinge, darunter russische Revolutionäre um Eugen Leviné, der mit seiner Mutter in einer neugotischen Villa wohnte. Fern von den großen politischen Ereignissen entwickelten sich intellektuelle Milieus, eine – wenn man den Quellen glauben will – Atmosphäre der unablässigen Diskussion; nur Ernst Bloch sprach vom »Mekka des Geschwätzes«.

Um Henry Thode – berühmter Kunsthistoriker und Schwiegersohn Cosima Wagners, für den Böcklin und Thoma Inbegriff deutscher Kunst waren – scharte sich der Richard-Wagner-Verein; Mittwoch abends las man gemeinsam Schopenhauers Werke, oder man debattierte im Salon der Villa Thode über das Gesamtkunstwerk. Auf Stift Neuburg trafen sich bei Alexander von Bernus Literaten zu Lesungen, Gesprächen, Schattenspielen und spiritistischen Sitzungen, unter ihnen Karl Wolfskehl, Stefan George und Friedrich Gundolf, Richard Dehmel, Alfred Kubin und der Maler Wilhelm Trübner. Alfred Mombert kam nur, wenn George nicht da war. Im Park, auf der Terrasse und in der Bibliothek kultivierten die »Stiftsgenossen« eine Atmosphäre geistiger Geselligkeit, deren oft beschriebener Zauber heute kaum vorstellbar ist.

Auch im Haus der Kulturhistoriker Eberhard und Marie-Luise Gothein trafen verschiedene Kreise zusammen, die sonst eher auf Distanz hielten. Es gab einen Zirkel um Heinrich Rickert; der Philosoph hielt sein Seminar in seiner Wohnung ab. Gegner von Rickerts Schulphilosophie sammelten sich um den jungen Dozenten Karl Jaspers. Der Wirtschaftswissenschaftler Alfred Weber sah Studenten aus allen Fachbereichen vor sich, wenn er über die Krise der europäischen und besonders der deutschen Kultur sprach. Auf den »Soziologischen Diskussionsabenden«, die er angeregt hatte, wurden die Bücher und Fragen des Tages besprochen; man stritt heftig. Das Bewußtsein der Krise und die Suche nach neuen Orientierungen (oder verschütteten Werten) wirkten verbindend. Das bedeutete: Abgrenzung gegenüber der Mehrheit (auch der Professoren) im wilhelminischen Deutschland, die von der Brüchigkeit der zivilisatorischen Kruste nichts wissen wollten.

Den oft beschworenen »Geist Heidelbergs« vertraten, neben- und gegeneinander, vor allem zwei Zirkel: der um Max Weber und jener um Stefan George, beide Männer schon zu Lebzeiten legendäre Gestalten. Weber, 1897 auf den Lehrstuhl für Nationalökonomie berufen, las in Heidelberg nur kurze Zeit. Schon 1898 kam es zu einem psychischen Zusammenbruch, in dessen Folge Weber sein Amt aufgeben mußte. Jahrelang war er zu keiner geistigen Arbeit fähig, und er hat später abseits von der Universität gelebt, ein unbequemer, erregbarer Mann, dessen intellektuelle Kraft und sturzbachhafte Kritik für viele belastend war und anregend für wenige.

Um den Besucherstrom zu kanalisieren, hat Marianne Weber den Jour fixe am Sonntagnachmittag eingeführt. In Webers offenem Haus an der Ziegelhäuser Landstraße, dem Schloß gegenüber, trafen sich Wissenschaftler, Literaten und Künstler: Werner Sombart und Georg Simmel, Lukács, Bloch und Jaspers, Ernst Toller und Karl Mannheim. Weber war eine der Sehenswürdigkeiten der Stadt, beeindruckend, wenn er mit einer »sich selbst dämpfenden Löwenstimme« (Radbruch) spontan in die Diskussion eingriff. Die Atmosphäre war sehr liberal, nicht frei von romantischen Genieposen und versteckten Liebschaften, die sich mit dem Bild vom asketischen Wissenschaftler Weber nur schwer vereinbaren lassen.

Wer damals Heidelberg nicht Max Webers Stadt nennen

wollte, konnte sie Stefan George zusprechen. Beide galten als »dämonische« Persönlichkeiten, wechselnd zwischen sachlicher Klarheit und plötzlichem Zorn, ausgestattet mit dem Charisma des Führers. Doch anders als Max Webers Kreis, zu dem die unterschiedlichsten Personen und politischen Ideen zugelassen waren (sie durften nur nicht philisterhaft sein), war der George-Kreis eine mönchisch strenge, zwischen Geheimorden, neuromantischem Dichterbund und Gelehrtenrepublik changierende Gemeinschaft. Georges antidemokratische Haltung, die Unbedingtheit seines Führungsanspruchs und die Bereitschaft der Jünger, dem Meister widerspruchslos zu folgen, erscheinen uns heute weniger politisch gefährlich als düster und komisch. Die Literatur als »neues Reich«, als »Staat im Staate«, zu dessen Dienst der Jüngling wie ein Myste ausgewählt wurde; das Bild einer von Politik und Alltag freien »geistigen Nation« – das sind wohl endgültig überlebte Sehnsuchtsmotive.

Georges Statthalter in Heidelberg war sein »erster Jünger« Friedrich Gundolf, der hier, nicht ohne Widerwillen, 20 Jahre lang (1911-31) Germanistik gelehrt hat. Seine Vorlesungen waren für intellektuelle Touristen eine Attraktion. In den ersten Reihen des Hörsaals saßen fast nur Damen. Unter den Bewunderern Gundolfs war Joseph Goebbels, ein glühender Nationalist, aber parteipolitisch noch nicht festgelegt. Promoviert hat er 1922 bei Max von Waldberg, der wie Gundolf Jude war. Goebbels' Tagebuch-Roman »Michael« spielt zu wesentlichen Teilen in Heidelberg. Der auratischen Faszination dieser Stadt ist Goebbels in ähnlicher Weise erlegen wie sein späteres Opfer Walter Benjamin.

In der Regel traf man in Gründerzeit-Villen zusammen, die so großzügig angelegt waren wie die der Industrieherren und Politiker nebenan; und mit diesen, familiär, wurde man endlich auf dem Bergfriedhof beigesetzt. Da liegen etwa, dicht beieinander, der Industrielle Carl Bosch, der Politiker Gustav Radbruch und der Kunsthistoriker August Grisebach. Mit der kärglich ausgestatteten Institution Universität und den kleineren Geistern wollte man möglichst wenig zu tun haben. Man sprach viel vom lebendigen Geist, ließ sich bedienen und pflegte seine Neurosen.

Diese großbürgerliche Kultur mit ihren immanenten Widersprüchen, der Luxus an Raum, Dienstboten, Interieurs, Kunstsammlungen, geistreicher Gesellichkeit, ist 1933 untergegangen. In der einstigen Professoren- und Künstlervilla Lobstein residiert heute eine Studentenverbindung; Gundolfs Zimmer ist zur Toilette geworden. Man kann solche Säkularisierungen begrüßen. Gleichwohl bewahrt die historische Fassade einen Rest ihrer alten Würde gegenüber der Eisbude und den Andenkenständen im Erdgeschoß. Die elitäre Einsamkeit der Kunst scheint sich dem egalitären Lärm des Tourismus (noch) zu widersetzen, und der mächtige Efeu überwuchert gnädig das Fenster von Gundolfs einstiger Studierklause.

In den Jahren nach dem Ersten Weltkrieg galt Heidelberg noch als »deutsches Athen« (Wolfgang Frommel), ausgestattet mit der »fortschrittlichsten und geistig anspruchsvollsten Universität« (Carl Zuckmayer), und zwar gerade bei der unruhigen, für Unruhe sorgenden Kriegsjugend, den Avantgardisten und Outsidern. Ernst Toller, der hier mitten im Krieg einen pazifistischen Bund gegründet und für den Generalstreik agitiert hatte, mußte die Stadt fluchtartig verlassen: »Die meisten Studenten sind Krüppel und Kranke, die der Krieg freigab.« Beim Ausbruch der Revolution sah Gustav Regler, während er auf dem Neckar ruderte, in einem Giebelfenster des Schlosses die rote Fahne flattern. Die Jungsozialisten Haubach, Mierendorff und Zuckmayer scharten sich um den Kulturhistoriker und Bohèmien Wilhelm Fraenger. Karl Mannheim entwickelte hier die Theorie der »freischwebenden Intelligenz«. Man traf sich nicht mehr im Salon, sondern ging ins Caféhaus, zu Dichterlesungen und politischen Veranstaltungen. 1926 schlich sich der Stadtstreicher Harry Domela als »Prinz Lieven« bei den Saxo-Borussen ein – halb Europa soll darüber gelacht haben.

Und schon hallten die Sprechchöre völkischer Studenten durch die Gassen.

Bereits 1915 hatte der verwundete Kriegsheld Ernst Jünger beim Anblick der blühenden Neckarhänge ein »starkes Heimatgefühl« notiert. »Wie schön war doch das Land, wohl wert, dafür zu bluten und zu sterben.« Heidelberg bedeutete ihm mehr als ein schönes Bild, das dem Rastlosen einen Ruhemoment schenkt: es wird zu einer Funktion des Krieges. Töten und Sterben erscheinen als mythischer Auftrag der Heimat. Auch Liberale wie Max und Marianne Weber haben – angesichts der Heidelberger Landschaft im blutigen Abendschein – den Kriegsausbruch bombastisch begrüßt: »Die Stunde ist da und von ungeahnter Erhabenheit..., die Stunde der Entselbstung, der gemeinsamen Entrückung in das Ganze. Heiße Liebe zur Gemeinschaft zerbricht die Schranke des Ich. Sie werden eines Blutes, eines Leibes mit den andern, zur Bruderschaft vereint, bereit, ihr Ich dienend zu vernichten...«

Die Nationalsozialisten feierten Heidelberg als Sinnbild *deutscher* Kunst und Geburtsort *deutschen* Wesens – eine muffige Verengung des überlieferten Stadt-Bilds, dessen romantische Grundierung aber sonst unangetastet blieb. Die Nazi-Propaganda bediente sich des vertrauten Mythos, um vor der Welt-Öffentlichkeit über die sich verschärfenden Gewaltverhältnisse hinwegzutäuschen. Gleichzeitig jedoch wurde Heidelberg als Szenerie für die Inszenierung *faschistischer* Mythen ausgewählt: »Wächter der Westmark«, Ort der Reichsfestspiele, des Ehrenfriedhofs und der etwa für Sonnwendfeiern neugeschaffenen »Thingstätte« auf dem Heiligenberg.

»Die Heidelberger Festspiele sind mehr als nur Theater-Aufführungen«, schrieb 1934 ein Kulturfunktionär. »Sie sind eine heilige Handlung, zu der sich Schauspieler und Zuschauer vereinen.« So sollten die Thingspiele von Euringer und Heynicke die Idee der NS-Volksgemeinschaft propagieren, faschistisches Massentheater als sakraler Akt. Doch der Versuch, der milden Landschaft Heidelbergs »heldische Züge« einzugraben, mißlang, vielleicht nur deswegen, weil die Leute lieber »Alt-Heidelberg«-Romanzen im Trockenen anschauten als bei Regen den Sprechchören des Freiwilligen Arbeitsdienstes lauschten.

Mit »Kitsch und Pseudoromantik«, Studentenstücken, Operetten, Heidelberg-Schlagern und Gassenhauern wollten die Nazis zunächst nichts zu tun haben. Auch in der Kunst sollte es ernst und deutsch zugehen. Als Bildungsbürger verachteten sie den Leichtsinn der Unterhaltung und das Grelle der Ansichtskarten. Das hinderte sie nicht, bei sommerlichen Schloßbeleuchtungen »Heil Hitler« in Flammenschrift über dem Nekkar aufstrahlen zu lassen.

Schon vor 1933 war Heidelberg eine mittlere Nazihochburg (wofür der Fall des 1932 aus dem Lehramt gestoßenen jüdischen Pazifisten Emil Julius Gumbel beispielhaft ist). Eine der wenigen bürgerlich-kritischen Stimmen ist die von Hermann Lenz. In seinem autobiographischen Roman »Andere Tage« schildert er, wie die Universität Heidelberg »dem Hitler« verfällt. Wie in anderen Universitätsstädten gab es kurz nach der Machtergreifung eine feierliche Bücherverbrennung, einen Nazi-Oberbürgermeister, Carl Neinhaus, der 1952 als CDU-Mann wiederum in dasselbe Amt gewählt wurde, und viele Opfer. Etwa den jüdischen Dichter Alfred Mombert, der, nachdem er arglos mehr als 40 Jahre lang unterm Schloß gelebt hatte, 1940 in das Konzentrationslager Gurs verschleppt wurde. In seinen Vers-Büchern, die dunkel von kosmischen Sphären, von Schöpfung und Chaos raunen, kehrt er immer wieder zur Heimat zurück, nennt Tal, Strom, Brücke und den Garten am Klingenteich. Noch in den Baracken von Gurs taucht Heidelberg als Sehnsuchtsort auf: »Siehe: Abend ward. / Auf Heidelberg-Rosen, späten / Sfairas Traum-Blick ruht. / Der alte Nußbaum! du schöne Kastanie!«

Als die Amerikaner 1945 daran gingen, die Universität wiederzubeleben, da fanden sie für die »Weiße Liste« – eine Zusammenstellung der Professoren, die als unbelastet gelten konnten – 25 Namen, darunter Karl Jaspers, der 1937 wegen

»jüdischer Versippung« zwangsemeritiert worden war. Jaspers' Hoffnung auf »geistige Wandlung« erfüllte sich nicht, und enttäuscht verließ der Philosoph, der 44 Jahre in Heidelberg gelebt hatte, 1948 die vom Krieg unversehrte Stadt. Die Zeit der unaufhaltsamen Rückkehr zur Normalität begann. Die Majorität tat so, als ob nie etwas geschehen wäre, und trug statt braun nun schwarz. Heidelberg blieb vorerst Kleinstadt mit Kopfbahnhof, bis Mitte der 50er Jahre mit der Verlegung des Bahnhofs nach Westen und der Umgestaltung des Bismarckplatzes zur Verkehrsdrehscheibe die neue Zeit anbrach. In ihrem Windschatten lockerten sich die Umgangsformen, sammelte sich kritische Jugend zum Protest gegen falsche Autoritäten. Im Germanistischen Seminar, vor allem aber im Hinterzimmer einer Neuenheimer Kneipe führte Herbert Heckmann in die deutsche Literatur ein. Junge Literaten, die später bekannt wurden, gaben kleine Zeitschriften heraus: Hans Bender die »Konturen« (1952/53), Arnfrid Astel die »Lyrischen Hefte« (1959-65), Jürgen Theobaldy »Benzin« (1971/72).

In Heidelberg – Standort des Hauptquartiers der amerikanischen Streitkräfte in Europa – revoltierten die Studenten 1968 heftiger und beharrlicher als in vielen anderen Universitätsstädten. Das hat mit dem genius loci zu tun, wie ihn schon Gottfried Keller verstanden hatte, mit einer Stadtlandschaft, die die ›Revolution der Poesie‹ ebenso begünstigt wie die ›Poesie der Revolution‹. Noch einmal trat eine junge Generation bürgerlicher Intellektueller, ausgestattet mit einem emphatischen Wahrheitsbegriff, gegen die etablierten Wissensvermittler und Machtapparate an.

Nachdem die Revolte gescheitert war, begann das, was man in den 70er Jahren euphemistisch »Sanierung« nannte: die kommerzielle Erschließung der Altstadt mit Hilfe von Straßentangenten, Park- und Kaufhäusern, Fußgängerzone, Flächenabriß und Neubau. Das ist nun auch vorüber. Man hat die Bevölkerung verjüngt und sozial »aufgewertet« und die Mieten hochgetrieben. Hausfassaden, Bars und Boutiquen sind blitzsauber herausgeputzt. Das intellektuelle Milieu der späten 60er Jahre ist aufgelöst. Das Studium scheint freudlos. Von der Universität geht keine geistig belebende Kraft aus. Niemand demonstriert. Ist ein Mythos untergegangen?

Als ich an einem Regentag des Jahres 1978 den amerikanischen Schriftsteller Charles Bukowski auf das Schloß begleitete, murmelte er, den in seiner stilistischen Widersprüchlichkeit einzigartigen Innenhof durchschreitend: »Wenn du ein Schloß kennst, kennst du alle.« Mit diesem Satz und einer Haltung, die das *Besondere* Heidelbergs nicht mehr wahrnimmt, sind – ernst genommen – Mythos und Geschichte der alten Welt beendet, und es gibt nurmehr Kopien zu sehen. Oder steckt hinter der ostentativen Abwehr der Aura nur ein neuer Kult des Trivialen?

Noch ist Heidelberg kein Museum. Wo Tradition und Aktualität täglich aufeinandertreffen, entstehen Risse und Wunden; Spuren. Das Bild der Heimat ist solange glaubwürdig, wie es deren Gebrochenheit nicht verschweigt. Selbst im Kitsch steckt ein Rest ursprünglicher Empfindung. Die Geschichte bleibt jedenfalls sperrig; der Mythos läßt sich nicht voll kommerzialisieren, wie ja auch Schloß und Park niemals ganz im Touristenrummel verschwinden und selbst dem Kenner stets neue Überraschungen bereiten. Wäre Heidelberg reine Warenhülle, eine Kulissenstadt, austauschbar, widerspruchsfrei, und hätte die Stadt keinen mythischen und historischen Kern, der sich – hinter Efeu, Sandstein und Buchdeckeln verborgen – den dreisten Verkaufsstrategien entzieht, käme bald niemand mehr hierher.

(anonym): Die Freiligrath-Feier der Arbeiter. Aus: R. Noltenius, Dichterfeiern in Deutschland, München 1984, S. 218 f.

(anonym): Heidelberg: Wächter der Westmark! Aus: Heidelberg. Ein Führer von Max Dufner-Greif, Heidelberg 1934, S. 31

(anonym): Hunde auf den Straßen. Aus: Polizeigesetze zwischen 1800 und 1807, Reprint, Heidelberg o. J.

(anonym): Rings um den Bücher-Scheiterhaufen. Aus: Heidelberger Tageblatt, 18. 5. 1933

(anonym): SA-Treffen in Alt-Heidelberg. Aus: SA-Treffen Heidelberg 20.-21. Juni 1931, NSDAP, Ortsgruppe Heidelberg

Achim von Arnim: Brief. Aus: Philipp Witkop, Heidelberg und die deutsche Dichtung. Verlag B. G. Teubner, Leipzig und Berlin 1916, S. 128 f.

Arnfrid Astel: Heidelberg. Aus: Neues (& altes) vom Rechtsstaat & von mir. 2001, Frankfurt am Main 1978, S. 774 f. Abdruck mit freundlicher Genehmigung des Autors.

Hans Bender: Die Zeit der Konturen. Aus: Worte Bilder Menschen. © 1969 Carl Hanser Verlag München Wien, S. 381-385

Walter Benjamin: Heidelberger Schloß. Aus: Einbahnstraße, in: Gesammelte Schriften Bd. IV,1. Suhrkamp Verlag, Frankfurt am Main 1972, S. 123

Richard Benz: Henry Thodes Vorlesung. Aus: Lebens-Mächte und Bildungs-Welten meiner Jugend. Verlag Chr. Wegner, Hamburg 1950, S. 95 ff.

Alexander von Bernus: Sommergäste auf Stift Neuburg. Aus: Dichter und ihre Gesellen, in: In memoriam Alexander von Bernus. Ausgewählte Prosa aus seinem Werk. Verlag Lambert Schneider, Heidelberg 1966, S. 39-41

Johann Baptist Bertram: Goethe vor der Sammlung Boisserée. Aus den Memoiren des J. B. Bertram. Aus: Goethe und Heidelberg, herausgegeben von G. Poensgen, Heidelberg 1949, S. 164

Ernst Blass: Heidelberg. Aus: Die Straßen komme ich entlang geweht, Sämtliche Gedichte, herausgegeben von Thomas B. Schumann © 1980 Carl Hanser Verlag München Wien, S. 75

Ernst Bloch: Symbiose mit Lukács. Aus: Gespräche mit Ernst Bloch, herausgegeben von R. Traub und H. Wieser. Suhrkamp Verlag, Frankfurt am Main 1975, S. 31-33

Bertolt Brecht: Alt-Heidelberg. Aus: Gesammelte Werke Bd. 15. Suhrkamp Verlag, Frankfurt am Main 1963, S. 20f.

Clemens Brentano: Lied von eines Studenten Ankunft in Heidelberg. Aus: Heidelberg und die deutsche Dichtung, S. 110-120

Briefe. Aus: Heidelberg und die deutsche Dichtung, S. 120ff.

Wilhelm Budde: Abschied von Heidelberg. Aus: Heidelberger Tagebuch aus den Jahren 1807 und 1808, Heidelberg 1920, S. 343f.

Charles Bukowski: Die Ochsentour. Aus: Die Ochsentour, Maro Verlag, Benno Käsmayr, Augsburg 1980, S. 56-64

Jacob Burckhardt: Abschied. Aus: Wir rühmen Dich, Heidelberg, herausgegeben von E. Hartmann, Heidelberg o. J., S. 42

Jörg Burkhard: der heidelberger herbst. Aus: In Gauguins alten Basketballschuhen, Gedichte. Verlag Das Wunderhorn, Heidelberg 1978, S. 17

Michael Buselmeier: Der Untergang von Heidelberg. Aus: Radfahrt gegen Ende des Winters, Gedichte. Suhrkamp Verlag, Frankfurt am Main 1982, S. 38-40

Harry Domela: Der falsche Prinz bei den Saxo-Borussen. Aus: Der falsche Prinz. Autoren Edition, Athenäum, Königstein 1979, S. 136ff.

Hilde Domin: Meine Wohnungen. Aus: Von der Natur nicht vorgesehen, Autobiographisches. R. Piper & Co Verlag München 1974, S. 100-111

William S. Duell: Herbert Heckmanns Kneipenseminar. Aus: Wiedersehen mit Heidelberg, Manuskript des Süddeutschen Rundfunks, Studio Karlsruhe, 17.1.1983, S. 54-56. Abdruck mit freundlicher Genehmigung des Autors.

Joseph von Eichendorff: Aus den Tagebüchern. Aus: Werke und Schriften in 4 Bänden, herausgegeben von G. Baumann, Bd. 3, Stuttgart 1958, S. 188ff.

Das zerbrochene Ringlein. Aus: Werke und Schriften Bd. 1, 1957, S. 346f.

Der Tod der Romantik. Aus: Viel Lärmen um nichts, in: Werke und Schriften Bd. 2, 1978, S. 460f.

Die Romantiker in Heidelberg. Aus: Halle und Heidelberg, in: Werke und Schriften Bd. 2, S. 1057ff.

Dichter und ihre Gesellen. Aus: Werke und Schriften Bd. 2, S. 505ff.

Einzug in Heidelberg. Aus: Robert und Guiscard, in: Werke und Schriften Bd. 1, S. 476 f.

Elisabeth von Österreich: Heidelberg. Aus: Das poetische Tagebuch, herausgegeben von B. Hamann, Wien 1984, S. 52

Ludwig Feuerbach: Aus den Briefen an seine Frau. Aus: Ausgewählte Briefe von und an Ludwig Feuerbach, herausgegeben von W. Bolin. Leipzig 1904, Bd. 2, S. 168 ff.

Bernhard Fries: Brief an Gottfried Keller. Aus: J. Baechtold, Gottfried Kellers Leben. Bd. 1, Berlin 1894, S. 336

Walter Helmut Fritz: Als der Krieg vorbei war. Aus: Bevor uns Hören und Sehen vergeht. Roman. © Hoffmann und Campe Verlag, Hamburg, 1975, S. 21 ff.

Hans-Georg Gadamer: Der Philosoph auf der Parkbank. Aus: Philosophische Lehrjahre. Vittorio Klostermann, Frankfurt am Main 1977, S. 166 f.

Stefan George: Fenster wo ich einst mit dir. Aus: Der siebente Ring. Lieder, in: Werke. Ausgabe in zwei Bänden, Band 1, 4. Aufl., Klett-Cotta, Stuttgart 1984

Hermann Glockner: Gundolf und Jaspers. Aus: Heidelberger Bilderbuch. Erinnerungen. Bouvier Verlag, Bonn 1969, S. 7 ff.

Joseph Goebbels: Ich hasse dieses sanfte Heidelberg! Aus: Michael. Ein deutsches Schicksal in Tagebuchblättern. Eher Verlag, München 1929, S. 14 ff.

Walter Görlitz: Heimkehr und Neubeginn. Aus: F. E. Meinecke (Hg.), Große Liebe zu Heidelberg. Heidelberger Verlagsanstalt, Heidelberg 1954, S. 259-263

Johann Wolfgang Goethe: Aus: West-östlicher Divan, S. 144 f., 148, 150. Insel Verlag, Frankfurt am Main 1974

Brief an Christiane. Aus: Heidelberg und die deutsche Dichtung, S. 68 f.

Heidelberg. Aus: Briefe der Jahre 1814-1832, Zürich 1951, S. 19 f.

Percy Gothein: Das Seelenfest in der Villa Lobstein. Aus: Castrum Peregrini Nr. 21, Amsterdam 1955, S. 7 ff.

Martin Greif: Besuch in Heidelberg. Aus: Gesammelte Werke, Bd. 1, Leipzig 1895, S. 124 f.

Ulrich Greiner: Mein Liebste ist verschwunden. Aus: Die Zeit, 2. 7. 1982. Abdruck mit freundlicher Genehmigung des Autors

Friedrich Gundolf: Brief an Stefan George. Aus: Stefan George/

Friedrich Gundolf. Briefwechsel, herausgegeben von Robert Boehringer mit Georg Peter Landmann, Klett-Cotta, Stuttgart 1962

Karl Gutzkow: Heidelberger Charakterköpfe. Aus: Ausgewählte Werke in 12 Bänden, herausgegeben von H. H. Houben, Bd. 11, Leipzig 1908, S. 88-92

Max Halbe: Student in Heidelberg. Aus: Scholle und Schicksal. Die Geschichte meiner Jugend, in: Sämtliche Werke, Bd. 1. Verlag das Bergland-Buch, Salzburg 1945, S. 269-298. Abdruck mit freundlicher Genehmigung von Frau Anneliese Halbe

Friedrich Hebbel: Aus den Briefen und Tagebüchern. Aus: Heidelberg und die deutsche Dichtung, S. 193-201

Nachtlied. Aus: Heidelberg und die deutsche Dichtung, S. 190

Friedrich Hegel: Brief an Christiane Hegel. Aus: Briefe von und an Hegel, herausgegeben von J. Hoffmeister, Bd. 2, Hamburg 1953, S. 166f.

Willy Hellpach: An Friedrich Eberts Grab. Aus der Rede des badischen Staatspräsidenten Hellpach an Eberts Grab am 5. März 1925. Aus: Die Friedrich-Ebert-Gedenkstätte in Heidelberg, herausgegeben von der Stadt Heidelberg und der Friedrich-Ebert-Stiftung, Heidelberg und Bonn 1962, S. 76

Friedrich Hölderlin: Heidelberg. Aus: Gesammelte Werke, Bd. 2, herausgegeben von W. Böhm, Jena 1921, S. 207f.

Ali Hubert: Alt Heidelberg in Hollywood. Aus: Hollywood. Legende und Wirklichkeit. Verlag E. A. Seemann, Leipzig 1930, S. 56ff.

Karl Immermann: Am Schwarzen Brett. Aus: Reisejournal, in: Werke in fünf Bänden, herausgegeben von Benno von Wiese, Bd. 4, Frankfurt am Main 1973, S. 40ff.

Karl Jaspers: Der Heidelberger Geist. Aus: Heidelberger Erinnerungen. Sonderdruck aus »Heidelberger Jahrbuch« 5. Springer Verlag, Berlin-Göttingen-Heidelberg 1961, S. 5-8

Erica Jong: Eine Amerikanerin in Heidelberg. Aus: Angst vorm Fliegen. Fischer Taschenbuch Verlag, Frankfurt am Main 1976, S. 81-94

Ernst Jünger: Wohl wert, dafür zu bluten. Aus: Les eparges, in: In Stahlgewittern, 27. Aufl., Klett-Cotta, Stuttgart 1981

Karl Philipp Kayser: Der Einzug der Monarchen. Aus: Aus gärender Zeit. Tagebuchblätter des Heidelberger Professors K. Ph. Kayser aus den Jahren 1793 bis 1827, herausgegeben von F. Schneider, Karlsruhe 1923, S. 81ff.

Gottfried Keller: Briefe. Aus: J. Baechthold (Hg.), Gottfried Kellers Leben, Bd. 1. Berlin 1894, S. 324 ff.

Die Brücke. Aus: Sämtliche Werke und ausgewählte Briefe, herausgegeben von Carl Heselhaus, Bd. 3, München 1958, S. 430

Die Poesie der Revolution. Aus: Die Romantik und die Gegenwart, in: Gottfried Kellers Leben, Bd. 1, S. 457 f.

Romantisch. Aus: Gottfried Kellers Leben, Bd. 1, S. 455 f.

Vier Jahreszeiten. Aus: Sämtliche Werke, herausgegeben von J. Fränkel, Bd. 1, Bern und Leipzig 1931, S. 193 f.

Justinus Kerner: Auf der Schloßruine zu Heidelberg. Aus: Sämtliche poetische Werke in 4 Bänden, herausgegeben von J. Gaismaier, Bd. 1, Leipzig o. J., S. 79

Helmut Krauch: Frühling 1945. Aus: Nach dem Krieg, in: Heidelberger Reportagen, herausgegeben von E. Bohn und M. Buselmeier, Heidelberg 1984, S. 27

Otto Laubinger: Reichsfestspiele 1934. Aus: Reichsfestspiele Heidelberg. Festspielbuch 1934, S. 8

Gertrud von le Fort: Bestandenes Schicksal. Aus: Ruperto Carola Nr. 6, Heidelberg 1952, S. 4

Jetzt kommt Deutschland. Aus: Der Kranz der Engel. Roman. Insel Verlag, München und Wiesbaden 1956, S. 341-343

Nikolaus Lenau: Briefe. Aus: Sämtliche Werke und Briefe, herausgegeben von W. Dietze, Bd. 2. Suhrkamp Verlag, Frankfurt am Main 1971, S. 89 f.

Die Heidelberger Ruine. Aus: Sämtliche Werke und Briefe, Bd. 1, S. 95 ff.

Hermann Lenz: Sommer 1935. Aus: Andere Tage. Roman. Insel Verlag, Frankfurt am Main 1978, S. 152-157

Otto Heinrich Graf von Loeben: Brief. Aus: Heidelberg und die deutsche Dichtung, S. 159 f.

Klaus Mann: Der Hexenmeister. Aus: Der Wendepunkt. Fischer Verlag, Frankfurt am Main 1963, S. 126-129

Karl Mannheim: Heidelberg, Oktober 1921. Aus: Georg Lukács, Karl Mannheim und der Sonntagskreis, herausgegeben von E. Karádi und E. Vezér. Sendler Verlag, Frankfurt am Main 1985, S. 82-84

Friedrich Matthisson: Elegie. Aus: Gedichte, herausgegeben von G. Bölsing, Bd. 1, Tübingen 1912, S. 114-117

Hans Mayer: Herbst 1945. Aus: Ein Deutscher auf Widerruf.

Erinnerungen, Bd. 1. Suhrkamp Verlag, Frankfurt am Main 1982, S. 316f.

Felix Mendelssohn-Bartholdy: Brief an die Mutter. Aus: Musik in Heidelberg 1777-1885, herausgegeben vom Kurpfälzischen Museum der Stadt, Heidelberg 1985, S. 117f.

Wilhelm Meyer-Förster: Alt-Heidelberg. Aus: Alt-Heidelberg, Schauspiel in 5 Aufzügen. Scherl Verlag, Berlin 1902, S. 103 ff.

Rosa Meyer-Leviné: Russische Revolutionäre. Aus: Leviné, Leben und Tod eines Revolutionärs. Hanser Verlag, München 1972, S. 7-9

Alexander Mitscherlich: Standgericht. Aus: Ein Leben für die Psychoanalyse. Suhrkamp Verlag, Frankfurt am Main 1980, S. 128-130

Alfred Mombert: Brief an Hans Reinhart. Aus: Briefe 1893-1942, herausgegeben von B. J. Morse, Verlag Lambert Schneider, Heidelberg und Darmstadt 1961, S. 144f.

Stimme der alten Linde auf dem Heidelberger Schloß. Aus: Sfaira der Alte, 1. Teil, in: Dichtungen, Bd. 2. Kösel-Verlag, München 1963, S. 373f.

Volker Mueller: Ich habe den Kampf aufgenommen. Aus: Der Spiegel, Nr. 7, 10. 2. 1969, S. 20

Carl Neinhaus: Rede zur Grundsteinlegung der Thingstätte. Aus: Heidelberger Volksblatt, 1. Juni 1934

Alexander Pagenstecher: Als Burschenschaftler in Heidelberg. Aus: Als Student und Burschenschaftler in Heidelberg von 1816 bis 1819, Leipzig 1913, S. 38ff.

Jean Paul: Briefe aus Heidelberg. Aus: Sämtliche Werke, Abt. III, Bd. 7, herausgegeben von E. Berend, Berlin 1954, S. 118-136

Wilhelm Pinder: Brief an Friedrich Nietzsche. Aus: Nietzsche-Briefwechsel, Abt. I, Bd. 1, Berlin und New York 1975, S. 418ff.

August von Platen: Heidelberg. Aus: Die Tagebücher, herausgegeben von G. von Laubmann und L. von Scheffler, Bd. 2, Stuttgart 1900, S. 531ff.

Andreas Rasp: Heidelberg. Aus: Lyrische Hefte, herausgegeben von Arnfrid Astel Selbstverlag, Heidelberg, Nr. 10, 1961, S. 10

Gustav Regler: Heidelberg 1918. Aus: Das Ohr des Malchus. Eine Lebensgeschichte. Suhrkamp Taschenbuch Verlag, Frankfurt am Main 1975, S. 71ff.

Edgar Salin: Um Stefan George. Aus: Um Stefan George. Erinnerung und Zeugnis, zweite, neugest. u. wesentl. erw. Aufl., Klett-Cotta, Stuttgart 1954

Viktor von Scheffel: Alt-Heidelberg. Aus: Der Trompeter von Säkkingen Leipzig o. J., S. 41 f.

Brief. Aus: Viktor von Scheffels Briefe an Karl Schwanitz, Leipzig 1906, S. 64 ff.

Schwanengesang. Aus: Sämtliche Werke, herausgegeben von J. Franke, Bd. 9, S. 42 f.

Max von Schenkendorf: Auf dem Schloß zu Heidelberg. Aus: Heidelberg und die deutsche Dichtung, S. 163 f.

Adolf Schmitthenner: Das deutsche Herz. Aus: Das deutsche Herz. Roman. Deutsche Verlags-Anstalt, Stuttgart und Berlin 1921, S. 2 f.

Robert Schumann: Leben in Heidelberg. Aus den Tagebüchern und Briefen. Aus: Musik in Heidelberg 1777-1885, Ausstellungskatalog, herausgegeben vom Kurpfälzischen Museum der Stadt Heidelberg, Heidelberg 1985, S. 144 ff.

Alexander Skrjabin: Brief aus Heidelberg. Aus: Musik in Heidelberg, Ausstellungskatalog, herausgegeben vom Kurpfälzischen Museum der Stadt Heidelberg, Heidelberg 1985, S. 225

Sozialistischer Deutscher Studentenbund: Kulturschändung. Flugblatt, Oktober 1968

Jürgen Theobaldy: Kleinstadtgedicht. Aus: Zweiter Klasse, Gedichte. Rotbuch Verlag, Berlin 1976, S. 58

Ludwig Tieck: Die Heidelberger Ruine. Aus: Phantasus, in: Ludwig Tiecks Schriften, Bd. 4, Berlin 1828, S. 58

Ernst Toller: Heidelberg 1917. Aus: Eine Jugend in Deutschland, rororo, Reinbek 1963, S. 58 ff.

Kurt Tucholsky: Alt Heidelberg. Aus: Gesammelte Werke, Bd. 1. Copyright © 1960 by Rowohlt Verlag GmbH, Reinbek, S. 1099

Mark Twain: Mensur. Aus: Bummel durch Europa. Aus dem Amerikanischen von Ulrich Steindorf. Ullstein Verlag, Berlin [1922]

Ludwig Uhland: Auf dem Schlosse zu Heidelberg. Aus: Werke, Bd. 1. Herausgegeben von Hans-Rüdiger Schwab. Insel Verlag, Frankfurt am Main 1983, S. 9 f.

Heinrich Voß: Kranz um Jean Paul. Aus: Kranz um Jean Paul. Heidelberger Festtage in ungedruckten Briefen von Heinrich Voß, herausgegeben von L. Bäte, Heidelberg 1925

Johann Heinrich Voß: Brief. Aus: Goethe und Heidelberg, herausgegeben von G. Poensgen, Heidelberg 1949, S. 264

Cosima Wagner: Richard Wagner in Heidelberg. Aus: Die Tagebücher, herausgegeben von M. Gregor-Dellin und D. Mack. R. Piper & Co Verlag, München 1976, S. 1057ff.

Alfred Weber: Der Geist Heidelbergs. Aus: Haben wir Deutschen nach 1945 versagt? Politische Schriften, herausgegeben von Ch. Dericum, R. Piper & Co Verlag, München 1979, S. 15

Georg Weber: David Friedrich Strauß und Kuno Fischer. Aus: Heidelberger Erinnerungen, Stuttgart 1886, S. 209ff.

Marianne Weber: George zu Besuch. Kriegsbeginn. Aus: Max Weber. Ein Lebensbild, S. 526f. Mohr Verlag Tübingen 1926, S. 470-472, S. 526f.

Zacharias Werner: Der steinerne Bräutigam und sein Liebchen. Aus: Zeitung für Einsiedler, herausgegeben von A. von Arnim, Heidelberg, 4. Juni 1808

Marianne Willemer: Zu Heidelberg. Aus: Heidelberg und die deutsche Dichtung, S. 79f.

Carl Zuckmayer: Heidelberg 1919. Aus: Als wär's ein Stück von mir. Erinnerungen. Fischer Taschenbuch Verlag, Frankfurt am Main 1969, S. 238-262

Bildnachweise

1 J. Cousen: Heidelberg, um 1830. Stahlstich nach einer Zeichnung von W. Leitch. Kurpfälzisches Museum der Stadt Heidelberg.

2 Carl Rottmann: Heidelberg mit Blick auf die Rheinebene, 1815. Aquarell. Kurpfälzisches Museum.

3 Peter Friedrich von Walpergen: Die Schloßbleiche, 1792. Kolorierte Zeichnung. Kurpfälzisches Museum.

4 Clemens Brentano. Büste von Friedrich Tieck, 1803. Schloßmuseum der Stadt Aschaffenburg.

5 Titelblatt des zweiten Bandes von »Des Knaben Wunderhorn« (im Hintergrund Heidelberg), Heidelberg 1808.

6 Achim von Arnim. Gemälde von E. H. Ströhling.

7 Joseph von Eichendorff. Jugendbildnis von Joseph Raabe, 1809.

8 Schloßaltan mit Friedrichsbau. Andenken-Teller. Nach einem Stich von Charles de Graimberg, um 1830. Kurpfälzisches Museum.

9 Christian Philipp Koester: Schloß mit Stückgarten, um 1830. Öl auf Leinwand. Kurpfälzisches Museum.

10 Joseph Görres. Radierung von Ludwig Emil Grimm, 1815. Goethe-Museum, Düsseldorf.

11 Friedrich Rottmann: Blutgericht über die Hölzerlips-Bande auf dem Marktplatz, 1812. Kurpfälzisches Museum.

12 Roger van der Weyden: Dreikönigsaltar. Alte Pinakothek, München. Einst ein Hauptwerk der Sammlung Boisserée.

13 Friedrich Rottmann: Einzug der Russen auf dem Karlsplatz, 1815. Aquarell. Kurpfälzisches Museum.

14 Johann Wolfgang Goethe. Gemälde von Gerhard von Kügelgen, 1808/09. Goethe-Haus Frankfurt. (Ursprünglich aus Stift Neuburg.)

15 Carl Philipp Fohr: Selbstporträt, 1816. Zeichnung. Kurpfälzisches Museum.

16 Jean Paul in Heidelberg, 1817. Bildarchiv Preußischer Kulturbesitz, Berlin.

17 Georg Wilhelm Issel: Hirschhorn. Gemälde. Kurpfälzisches Museum.

18 Carl Philipp Fohr: Neckargemünd und der Dilsberg, 1813. Aquarell. Kurpfälzisches Museum.

19 Jakob Götzenberger: Singabend bei Thibaut, um 1833. Aquarell und Bleistift. Kurpfälzisches Museum.

20 Johann Georg Dathan: Perkeo, um 1725. Gemälde. Kurpfälzisches Museum.

21 Georg Philipp Schmitt: Porträt des Sohnes Guido, im Fensterausschnitt Heidelberg, 1848. Aquarell. Kurpfälzisches Museum.

22 William Turner: Heidelberg, um 1840. Öl auf Leinwand. Kurpfälzisches Museum.

23 Gottfried Keller. Pastellzeichnung von Ludmilla Assing, 1854. Aus: Adolf Muschg: Gottfried Keller, Suhrkamp Verlag, S. 349.

24 Bernhard Fries: Heidelberg, um 1848. Gouache. Kurpfälzisches Museum.

25 Heidelberg. Sofakissen, 1978. Aus dem Katalog der Ausstellung »Thema Heidelberg«, hrsg. vom Heidelberger Kunstverein, 1978.

26 Am Neckar, Blick aufs Schloß. Foto: Peter Seng, Heidelberg.

27 Daniel Fohr: Mensur, 1827. Aquatinta. Kurpfälzisches Museum.

28 Unbekannter Lithograph: Studentenulk, um 1880. Kurpfälzisches Museum.

29 Ramon Novarro und Norma Shearer in dem »Alt-Heidelberg«-Stummfilm von 1927. Deutsches Institut für Filmkunde Frankfurt a. M.

30 Ernst Fries: Stift Neuburg, um 1828. Lithographie. Kurpfälzisches Museum.

31 Stefan George. Aus: R. Boehringer, Mein Bild von Stefan George, 2. erg. Aufl. Klett-Cotta, Stuttgart 1967.

32 Georg Edmund Otto Sahl: Heidelberg, von der Terrasse der Fallenstein-Weberschen Villa aus gesehen. Gemälde, 1851. Kurpfälzisches Museum.

33 Karl Jaspers in der Alten Aula der Universität, 1949. Foto: Stadtarchiv Heidelberg.

34 Max Weber und Ernst Toller auf Burg Lauenstein, 1917. Foto aus: Marianne Weber: Max Weber. Ein Lebensbild, Tübingen 1926.

35 Friedrich Gundolf. Aus: R. Boehringer, Mein Bild von Stefan George.

36 Der Georg-Kreis in der Halle der Villa Lobstein, Pfingsten 1919. Aus: R. Boehringer, Mein Bild von Stefan George. 2. erg. Aufl. Klett-Cotta, Stuttgart 1967.

37 Carlo Mierendorff. Aus: C. Mierendorff, Eine Einführung in sein Werk und eine Auswahl, hrsg. von F. Usinger, Franz Steiner Verlag, Wiesbaden 1965.

38 Georg Scholz: Alt-Heidelberg, du feine, 1923. Das Gemälde ist verschollen. Foto aus: Scholz-Katalog des Badischen Kunstvereins Karlsruhe, 1975.

39 Saxo-Borusse. Foto: August Sander, 1925. Aus: August Sander, Deutschenspiegel. Menschen des 20. Jahrhunderts, © C. Bertelsmann Verlag GmbH, München.

40 Ruhe und Ordnung herrschen in Deutschland. Aus: Heidelberger Fremdenblatt Nr. 4, 8.4.1933, S. 2.

41 550-Jahr-Feier der Universität, 1936 auf dem Universitätsplatz. Foto: Stadtarchiv Heidelberg.

42 Heidelberg-Postkarte aus der Nazizeit. Foto: Stadtarchiv.

43 Alfred Mombert. Bildnis von Carl Hofer. Staatliche Kunsthalle Karlsruhe.

44 Die Hauptstraße, um 1940. Foto: Stadtarchiv.

45 Die gesprengte Alte Brücke, 1945. Foto: Stadtarchiv.

46 Brückentor, 1945. Foto: Stadtarchiv.

47 Amerikanische Soldaten bauen eine Behelfsbrücke über den Neckar. Foto: Stadtarchiv.

48 Hochwasser in der Altstadt. Foto: Peter Seng, Heidelberg.

49 Hans-Georg Gadamer, 1984. Foto: Michael Berger, Heidelberg.

50 Matthias Koeppel: Schönes Motiv in Heidelberg, 1978. Bleistiftzeichnung. Aus dem Katalog »Thema Heidelberg«, Kunstverein 1978.

51 Karl Heidelbach: Heidelberg, 1975. Öl auf Leinwand. Aus dem Katalog »Thema Heidelberg«.

52 Hilde Domin, 1984. Foto: Hermann Speer, Mannheim.

53 Studenten-Demonstration in der Hauptstraße, November 1967. Foto: Gerhard Ballarin, Heidelberg.

54 Reichsstatthalter Wagner und Oberbürgermeister Neinhaus legen den Grundstein zur Thingstätte, 30. Mai 1934. Foto: Stadtarchiv.

55 Charles Bukowski auf dem Schloßaltan, 1978. Foto: Michael Montfort. Aus: Charles Bukowski, »Die Ochsentour«, Maro Verlag, Benno Käsmayr, Augsburg 1980, S. 62/63.

56 Sane C. Schweyer: Von den Wettern zerrissen, 1978. Collage. Aus dem Katalog »Thema Heidelberg«.

57 Peter Ackermann: Heidelberg-Bild, 1974. Acryl auf Leinwand. Kurpfälzisches Museum.

Umschlag: Carl Philipp Fohr, Blick auf das Heidelberger Schloß von Osten. 1816, Ausschnitt.

Inhalt

Literatur und Reisen
im insel taschenbuch

158/1/7.88

Literatur und Reisen
im insel taschenbuch

158/2/7.88

Literatur und Reisen
im insel taschenbuch

158/3/7.88

Anthologien
im insel taschenbuch

Anthologien
im insel taschenbuch

163/2/7.88

Anthologien
im insel taschenbuch

Anthologien
im insel taschenbuch

163/4/7.88